대한민국 최상급지
사다리 갈아타기

일러두기

- 이 책의 아파트명 표기는 네이버부동산 표기를 따르되, 해당 아파트의 위치를 짐작하기 어려운 경우에는 행정구역명을 함께 표기하였습니다.
- 이 책의 내용은 2025년 5월 지표를 기준으로 기술되었습니다.
- 책에 소개된 투자 관련 내용은 저자의 의견이며, 실제 투자에 따른 수익 또는 손실의 책임은 투자자 본인에게 있습니다.

대한민국 최상급지 사다리 갈아타기

교육, 직장, 삶의 질을 바꿔놓는 부동산 투자 전략

임실장 지음

page2

부동산을 사기 위해 기다리지 말고,
사고 기다려라.

_월 로저스 Will Rogers, 미국의 정치가이자 부동산 거물

프롤로그

당신에겐
이 3가지가 있는가?

평범한 30대 무주택 월급쟁이가 대한민국 최상급지인 강남 2구의 한강변 아파트를 사는 데는 어느 정도의 시간이 필요할까? 누군가는 빠르면 20~25년 정도면 가능하지 않겠느냐 말할 수 있고, 또 누군가는 은퇴할 때까지 죽도록 일해도 불가능하다고 말할 수도 있다. 실제로 금융기관과 전문가들의 분석에 따르면, 최소 15년 안팎이 소요된다고 한다. 그런데 사실 여기에는 세부적인 조건 수정이 필요하다. 월급을 한 푼도 쓰지 않고 저축해야 하고, 대한민국 최상급지가 아닌 그저 '서울 시내의 집' 마련에 만족해야 한다.

따라서 매달 들어오는 월급에서 생활비를 지출해야 하는 지극히 평범한 현실에서, 대한민국 최상급지인 강남 2구의 한강변 아파트를 마련하고자 한다면, 40~50년이 걸려도 쉽지 않을 수 있다. 하지만 세상에는 언제나 예외가 있는 법이고, 상식을 뛰어넘는 초상식의 현실이 실제로 구현되기도 한다. 내가 그 일을 단 9년 만인, 35세에 이뤄낸 것처럼!

2016년, 26세에 나는 사회 초년생이 되었다. 회사에서 첫 월급을 받으면서부터 시드머니를 모으기 시작해 2019년에 본격적인 투자에 나섰고, 2025년인 현재, 35세인 내가 보유하고 있는 부동산 자산은 서울 한강변 재건축 1채, 강남구 소형 아파트 1채, 서울 재개발 예상 지역의 부동산 1채이다. 자산을 쌓는 과정에 부모님으로부터 경제적인 도움은 전혀 받지 않았으며, 탁월한 혜안에 기반한 조언을 받은 적도 없다. 오히려 나는 늘 부모님의 말씀과 정반대로 투자했다. 그리고 그 결정은 항상 옳았다. 적어도 지금까지는.

도대체 어떻게 했길래 그렇게 빠른 속도로 젊은 나이에 꿈을 이뤘는지 많은 사람이 놀라곤 한다. 혹시 주식으로 엄청난 돈을 모은 게 아니냐고 물어보는 이도 있다. 물론 나도 주식 투자를 하지만, 이는 결국 부동산 투자를 향하는 징검다리에 불과하며, 예전이나 지금이나 모든 투자 자산의 핵심은 오로지 부동산뿐이다. 어쩌면 내부 정보, 혹은 미공개 정보를 이용한 부동산 투기가 아니면 불가능한 결과라고 의심할 사람이 있을지도 모르겠다. 하지만 나에겐 그런 정보를 얻을 수 있는 인맥이 전혀 없다. 친한 사람이라고 해봐야 중고등학교 시절 친구였던 평범한 회사원이나 과거 직장 선후배 혹은 동료

정도다. 그런 고급 투기 정보에는 언감생심 접근할 수가 없다는 말이다. 또 내가 몸을 혹사할 정도로 투잡을 뛰었거나, 연애도 결혼도 하지 않은 채 오로지 돈에만 미쳐 살아온 것이 아니냐고 물어보는 이도 있다. 하지만 그 역시 아니다. 나는 연애도 하고, 결혼도 했으며, 또 사랑스러운 아이도 있다. 저녁이면 아들과 함께 목욕하는 평범한 아빠일 뿐이다.

부동산 투자에서 '특별한 예외'가 있다고 해서 마법사들만이 할 수 있는 미스터리한 방법을 활용한 것은 아니다. '상식을 뛰어넘는 초상식'이라고 하더라도 이 세상에 없는 기기묘묘한 비상식으로 이루어 낸 결과도 아니다. 이 말은 이제까지 내가 활용한 전략과 원칙을 배우고 실천한다면, 누구나 30대에 인생 최대의 투자를 1차적으로 성공시킨 후 안정적인 인생 후반부를 살아갈 수 있다는 뜻이다.

변화의 원동력은 서러움, 두려움, 간절함

이 책은 지난 9년간 내가 실행한 '진격의 투자 기록'이다. 힘들고 고통스러운 때도 많았지만 맹렬하게 달려왔고, 결과는 찬란할 정도로 성공적이다. 이 과정에서 부동산 투자를 통해 인생의 퀀텀 점프를 달성하기 위해서 무엇이 중요하고 무엇이 불필요한지, 무엇을 우선적으로 생각해야 하고 무엇을 버려야 하는지를 철저히 깨달았다. 그리고 기존에 알려진 부동산 투자 상식에 어떤 허점이 있고, 그것이 어떤 낭비를 부르는지도 직접 상처를 입으며 배웠다.

이제 드디어 나는 새로운 투자의 국면으로 접어드는 또 다른 계획을 세우게 되었다. 아이가 학령기에 돌입하는 2030년대 중반에는, 한강변 재건축에서의 생활을 마무리하고 강남 2구 '제대로 된 강남'의 똘똘한 한 채로 이동한 뒤, 남은 자산은 전부 미국 부동산으로 재편해 그간의 투자를 완성한다는 것이다.

내가 그토록 맹렬하게 부동산 투자로 인생을 바꾸려고 했던 것은, 바로 가진 것 없는 30대 직장인으로 살아가면서 느꼈던 서러움과 두려움 그리고 간절함 때문이다. 경기도 의정부에서 자라며 겪어야 했던, 말 그대로 서울에 집이 없어서 겪어야 했던 서러움과 언제든 회사가 나를 버릴 수도 있다는 두려움, 내 가족만큼은 내 힘으로 지켜야 한다는 간절함이 나를 움직였다. 꿈을 이루기 위해서는 서울, 그것도 강남에 내 이름 석 자가 박힌 자산을 가져야 하며, 더는 회사에 휘둘리지 않으려면 더 큰 자산가가 되어야 한다는 생각뿐이었다. 그 시절 느꼈던 감정들은 지금도 여전히 선명하고, 앞으로도 잊지 못할 것 같다. 매일 열심히 사는데도 왠지 모르게 '이게 옳은 건가?' 싶었던, 당시 내 인생을 끊임없이 흔들었던 의문은 지금도 가끔 마음 한 켠을 서늘하게 만든다.

내가 이 책을 쓰게 된 것도 현시점 수많은 직장인이 9년 전 나와 비슷한 심정을 품고 있을 거라 생각했기 때문이다. 그들 모두 현 상황을 타개할 방법을 간절하게 찾고 있을 것이다. 심지어 이미 부동산 투자에 뛰어들었다 해도, 매일 쏟아지는 공포스러운 뉴스에 휩쓸려 잘못된 투자를 선택하고, 아마추어들의 잡담 수준에 가까운 커뮤니티 게시물에 일희일비하며 방황하고 있는 이도 많을 것이다. 물론 나 역시 그랬기에, 이 책을 통해 이들에게도 유용한 정보와 노하우를 전해 주고 싶었다.

투자자에겐 야수의 심장이 필요하다

이 책에 나와 있는 방법이 '100% 정답'이라고 할 수는 없을 것이다. 하지만 이것이 내가 9년 만에 35억 원의 자산가로 거듭나는 데 기여한 전략이자 고수해 온 원칙이라는 사실만은 분명하다. 이 전략과 원칙이 대한민국 부동산 투자 시장이 존재하는 한 변하지 않을 불변의 진리라고 확신한다.

이 책이 대략 지난 10여 년간의 기록이라는 점에서, 혹자는 '서울 부동산의 흐름은 하루하루 달라지는데, 앞으로의 투자에 유효하지 않은 옛날 방식이 아닐까?' 하는 의구심을 가질지도 모르겠다. 그런데 흥미로운 것은, 내가 그토록 진입하고자 애썼던 서울의 핵심 투자처인 한강이 이미 수천 년 전부터 격렬한 쟁탈전의 중심이었다는 사실이다. 고구려 장수왕, 백제 근초고왕, 신라 진흥왕 등은 모두 이 한강 유역을 차지하기 위해 밀리고 밀리는 싸움을 거듭했다. 이처럼 수천 년 전에도 존재했던 한강변의 중요성을 고려한다면, 대한민국이 존재하는 한 결코 변하지 않을 서울 한강변의 가치에 투자하는 것이 얼마나 유용한 전략인지 짐작할 수 있을 것이다. 나는 이를 위한 가장 최신의 기술과 노하우를 녹여 이 책에 담았다.

　마지막으로, 독자들이 본격적으로 이 책을 읽기 전에 꼭 염두에 두었으면 하는 것이 있다. 내가 제일 싫어하는 말이 바로, '부동산 공부'이다. 어떤 이는 부동산에 대해 수능 입시 준비하듯 각 잡고 공부를 한다. 2010~2023년까지 14년 치 서울 도시 개발 계획서를 프린트하고 제본해 늘 곁에 끼고 살면서, 필요한 부분은 암기하고 부동산의 역사를 알아야 미래에 대응할 수 있다고 믿는다. 정말 그런가? 부동산은 공부해야 할 학문이 아니다. 바쁜 일상을 쪼개어 학문으로서의 부동산을 파고들 필요도 없다. 그보다는 철저한 현장 경험과 투자 전략을 기반으로 반복적인 실전 액션을 통해, 성공과 실패를 경험하는 것이 더욱 중요하다. 왜 그럴까? 그러는 과정에서 조금씩 자신만의 지혜와 통찰이 쌓여가기 때문이다. 무엇보다 중요한 것은, 기회가 왔을 때 절대로 머뭇거리지 말고 모든 방법을 총동원하여 목표로 하는 부동산의 등기를 '실제로' 내 손아귀에 쥐는 것이다. 눈앞에 먹이가 있다면 피를 흘려서라도 물어뜯어서 기어이 내 입으로 가져올 수 있는 '야수의 심장'과 실행력을 반드시 길러야 한다. 조용한 스터디 카페에 앉아 수능 준비하듯 열심히 부동산 공부만 한 사람의 투자와, 적으로 에워싸인 채 매일 거친 밀림과 같은 투자의 세계에서 피를 흘리며 싸워본 사람의 투자는 하늘과 땅 차이일 것이다.

　서러움, 두려움 그리고 간절함. 당신에게는 이 3가지가 있는가? 서러움과 두려움을 딛고 간절한 마음으로 도전하는 사람에게는 후

회와 미련이 남을 수 없다. 기회는 그런 사람에게 말없이 열쇠를 내어주게 마련이다. 자신을 믿고 자신을 믿어주는 사람들을 생각하며 주저하지 말고 투자의 길을 성큼성큼 걸어가길 바란다.

이 책이 독자 여러분의 투자 심장에 피를 돌게 하고, 야수의 거친 포효와 날 선 눈빛을 더하는 데 도움이 되기를 바란다. 한 번뿐인 인생 대전환, 서울 최상급지인 한강변으로의 퀀텀 점프는 이런 사람들만이 비로소 해낼 수 있다고 굳건히 믿기 때문이다.

인내는 쓰고 결실은 달다. 부디 당신이 그 달콤한 결실을 맛보게 되길 바란다. 그 여정에 이 책이 조금이라도 도움이 된다면 저자로서 더는 바랄 게 없겠다. 당신의 투자에 건투를 빈다.

임십장

차례

프롤로그 당신에겐 이 3가지가 있는가? 005

1부

30대 직장인, 부동산 자산가로 거듭나라

INTRO 진정한 삶의 주권, 홈 오너십을 위해 018

1장 : 당신은 어떻게 살고 싶은가? 020
지금도 선명한 결핍의 기억들
갈아타기를 통한 다주택자로의 대항해
견고한 시드머니 확보와 월급을 대하는 자세
초기 세팅부터 후반 우량 파이프 선별까지

2장 : 내가 바뀌지 않으면 세상도 바뀌지 않는다 039
선택과 판단의 기로에서 나의 가치를 높이는 일
언제까지 레버리지만 당하며 살 것인가?
첫 투자는 서울 부동산으로 수렴해야 한다
야수의 심장으로 행동하라

2부

최상급지로 가는 하이패스 부동산 투자 전략

INTRO 한강변 자산 파킹에 오답은 없다 062

1장 : 1단계 내가 살 집을 마련하라(N) 067

첫 집 마련을 위한 3대 원칙
첫 등기의 퀄리티가 10년을 결정한다
서울 3호선 중심부에서 신혼집 구하기

2장 : 2단계 투자용 집을 마련하라(N+1) 084

첫 집 매수 후 갭 투자의 2가지 원칙
절약 또 절약으로 구축한 N+1
우리사주 수령과 용산구 초기재개발

3장 : 3단계 한강이 보이는 최상급지로 갈아타라(GOAL) 099

최상급지에 대한 지각변동
임실장의 갈아타기 3대 원칙
상급지 갈아타기 ① 재료 점검
상급지 갈아타기 ② 선매수 후매도 전략
상급지 갈아타기 ③ 임장 그리고 판단
상급지 갈아타기 ④ 가장 고난도의 행위예술, 부동산 매도
상급지 갈아타기 ⑤ 레버리지를 통한 재투자
투자의 최종 종착지가 보인다

3부

그래서, 언제 어디를 사서 퀀텀 점프해야 하는가?

INTRO 상급지 갈아타기 전략의 실체와 진실 128

1장 : 최적의 진격 타이밍 134

상승장, 불꽃에 나를 성급히 태우지 마라
하락장, 싸게 매도하고 더 싸게 매수하라
총구는 되도록 한강변으로, 강남으로 조준하라
자녀의 초등 입학 전에 해야 할 일

2장 : 똘똘한 한 채는 이렇게 고른다 148

재건축·재개발을 통한 퀀텀 점프 극대화
가족 구성원에 따른 실거주 솔루션
시드머니 금액대별 투자 가이드
가격 상대성과 회복률을 고려하라

3장 : 아파트 vs. 아파트 Top 30, 두 채가 남았다면? 168

여의도동 시범 35평 vs. 한남4구역 | 한남하이츠 28평 vs. 노량진1구역 | 대치현대 26평 vs. 방배아트자이 24평 | 도곡렉슬 26평 vs. 잠실엘스 24평 | 역삼동 래미안그레이튼2차 24평 vs. 가락동 헬리오시티 33평 | 일원동 푸른마을 31평 vs. 광장동 극동1차 31평 | 마포래미안푸르지오 25평 vs. e편한세상옥수파크힐스 25평 | 방배현대1차 32평 vs. 올림픽훼밀리타운 31평 | 래미안송파파인탑 26평 vs. 분당 시범단지삼성한신 32평 | 이촌동 한가람 25평 vs. e편

한세상옥수파크힐스 25평 | 잠원동 신화 22평 vs. 흑석동 아크로리버하임 25평 | 금호16구역 vs. 신당8구역 | 분당 양지1단지금호 31평 vs. 광장동 극동2차 31평 | 이촌동 한가람 25평 vs. 방배15구역 | 옥수삼성 25평 vs. 래미안공덕3차 25평 | 응봉동 대림1차 31평 vs. 송파동 한양2차 26평 | 이문동 래미안라그란데 25평 vs. 행당한진타운 25평 | 금호동 두산 31평 vs. 옥수삼성 25평 | 신촌푸르지오 33평 vs. 남산타운 32평 | 분당 느티마을공무원4단지 25평 vs. 광장동 현대9단지 33평 | 답십리동 래미안위브 34평 vs. 수서동 까치마을 14평 | DMC파크뷰자이 25평 vs. 길음동 롯데캐슬클라시아 25평 | 신금호파크자이 24평 vs. 청구e편한세상 25평 | 분당 청솔한라3단지 23평 vs. 금호동 벽산 26평 | 신공덕삼성래미안2차 24평 vs. 상도더샵1차 25평 | 미사강변센트리버 24평 vs. 송파꿈에그린위례24단지 22평 | 용인 신정1단지주공 25평 vs. 신흥역하늘채랜더스원 24평 | 구성남 e편한세상금빛그랑메종3단지 24평 vs. 분당 매화마을공무원2단지 24평 | 신촌럭키 24평 vs. 천연뜨란채 23평 | 가양·등촌 소형 vs. 상계·중계 소형

에필로그 액션이 없으면 그 어떤 결과도 도출되지 않는다 260

★ **특별 권말 부록** ★ 264

01 2040 서울도시기본계획 해설
02 서울, 경기 주요 지역별 아파트 분석

1부

30대 직장인, 부동산 자산가로 거듭나라

진정한 삶의 주권,
홈 오너십을 위해

초등학교 1학년 때, 나는 인간다운 삶을 살아가고 생명을 유지하기 위해서는 '의식주'를 해결해야 한다고 배웠다. 옷 의衣, 먹을 식食, 살 주住. 이 단어를 한자로 또박또박 쓰면서 외우고, 시험 문제에도 나와 풀었던 기억이 난다. 이렇듯 의식주의 중요성을 초등 교육 과정에서 배웠음에도 불구하고, 아직도 '의와 식'에만 중점을 두고 '주'를 해결하지 못한 사람이 많다. 문제는 시간이 흐를수록 '주'의 문제는 해결하기가 더욱 어렵다는 것이다. 단지 집값이 계속해서 오르기 때문만은 아니다. 나이가 들수록 사고방식과 경제 습관이 고착되어 쉽게 바뀌지 않기 때문이다. 경험으로 보건대, 성인이 되고 직장 생활을 통해 어느 정도의 자산을 쌓았음에도 '주'를 해결하지 않은 사람은, 단지 '의와 식'의 수준만 끌어올리며 만족하는 경우가 많았다. 이러한 이유로 '주'의 해결은 더욱 소원한 일이 될 수밖에 없다. 따라서 조금이라도 사고와 행동이 유연한 30대에 '주'에 대한 해결 의식을 갖추어야 한다. 그것이 바로, 자본주의 사회에서 남보다 앞서가지는 못하더라도, 적어도 남보다 뒤처지지 않는 길이라고 확신한다.

이러한 이유로 나는 부동산은 영어로 '리얼 에스테이트Real estate'가 아닌, '홈 오너십Home-ownership'이라고 생각한다. 집을 마련하는 것은 집에 대한 권리, 즉 주권住權을 갖는 것이다. 이것이 바로 홈 오너십이다. 홈 오너십을 가지면, 또 다른 차원의 안정감을 누릴 수 있다. 집이 없어서 누군가의 집을 빌려 거주하고 있다면, 언제 집주인이 집에서 나가라고 할지 모르고, 또 언제 보증금을 올려 달라고 할지 모르지 않는가? 그러한 상황에서는 잠재적인 불안감에서 벗어날 수 없다. 또한 주권을 확보하면 본래의 직업을 수행하는 데도 긍정적인 영향을 받게 된다. 내 집에서 편안히 발 뻗고 자고, 맛있는 음식을 해 먹고, 돈을 굴리면서 투자도 할 수 있으니, 이를 통해 내가 행복하고 가족이 행복하게 되며, 더 나은 미래를 꿈꿀 수 있기 때문이다. 결국 진정한 내 삶의 주권主權을 지키기 위해서라도 주권住權은 필수적이다.

1장

당신은 어떻게 살고 싶은가?

 지금도 선명한 결핍의 기억들

사람이 변하는 건 참 쉽지 않은 일이다. 아주 사소한 습관 하나 바꾸는 데도 실패가 거듭되고, 일상의 작은 루틴 하나 바꾸려고 해도 온 하루가 뒤죽박죽이 돼 쉽게 포기하게 된다. 반면, 한 번에 사람을 완전히 변화시키는 아주 강력한 계기도 있다. 지금까지와는 전혀 다른 각오를 하게 만들고, 자신의 변화를 위해 온 힘을 쏟게 만드는 원동력이 있다. 나는 그것이 '결핍'이라고 생각한다. 결핍으로 인한 고통은 더 나은 삶을 꿈꾸게 하고, 그 꿈을 이루기 위해 괴로움을 무릅쓰고라도 행동하게 만들기 때문이다.

나도 마찬가지였다. 평범한 월급쟁이의 삶에서 탈출할 수 있었던 결정적인 계기 역시 결핍으로 인한 고통이었다. 대학 입학 초기부터 직장 생활을 하면서 나는 내 인생에 한정된 에너지가 계속 낭비되고 있다는 생각이 들었다. 또한 남들에게는 적어도 하나쯤은 있어 보이는 무기, 즉 미래의 나와 내 가족을 지킬 수 있는 무기가 없다는 것이 나를 괴롭게 했다.

시간에 대한 고민 자체가 낭비

"얘들아, 나 먼저 갈게…."

대학 시절, 친구들과의 만남이나 각종 조별 과제 모임, 행사 뒤풀이 자리에서 밤 10시 45분이면 자리에서 일어나며 내가 항상 했던 말이다. 나는 경기도 의정부에서 유년 시절과 학창 시절을 보냈다. 그런데 대학에 입학하자 각종 모임은 신기하게도 서울 강남, 아니면 종로 일대에서 잡혔다. 서울과 경기도, 인천 등 수도권 각지에 사는 다양한 친구들이 모이기에 대중교통이 편리한 장소로 정해지는 게 당연했다. 그곳이 바로, 서울 강남역과 종각역 일대였다.

당시 가장 부러웠던 친구는 늦은 밤 2차, 3차까지 이어지는 모임 자리에서도 시계를 보지 않고 끝까지 많은 얘기를 나누고, 밤새 카페에서 과제를 하던 이들이었다. 그들의 공통된 특징은 집이 '서울 중심지'에 있다는 것이었다. 그들에게는 밤늦은 시간이라도 대중교통으로 집에 갈 수 있다는 안도감이 있었다. 반면 늦은 시간 경기도

행 전철을 탑승해야 하는 이라면, 갈아타야 하는 중간역에서 열차가 끊길지도 모른다는 불안감을 가질 수밖에 없었다. 경기 북부로 가야 하는데 1호선 열차가 광운대역에서 끊기고, 안양이나 안산으로 가야 하는데 4호선 열차가 사당역에서 끊기고, 일산으로 가야 하는데 3호선 열차가 구파발역에서 끊기고, 인천으로 가야 하는데 1호선 열차가 구로역에서 끊긴다면, 집까지 가는 데 또 다른 대중교통이나 택시를 이용해야 하기 때문이다. 이처럼 차편이 끊기면 어쩌나 하는 두려움과 번거로움을 당최 알 리 없는 그 친구들이 나는 무척이나 부러웠다.

20대 대학 시절에 느꼈던 그 부러움은 30대가 되자 또 다른 모습으로 나에게 다가왔다. 그것은 '길 위에서 보내는 시간'에 대한 고찰이었다. 30대가 되면서 가장 먼저 깨닫게 된 것은 '시간은 돈으로 살 수 없다'는 것이었다. 흘러버린 시간은 절대 되돌릴 수 없으며, 지금도 흐르고 있는 이 시간을 한 번 보내면 돈을 주고도 되살 수 없다. 그런데 내게 있어 매일의 일상 속에서 가장 낭비되는 시간은 다름 아닌, 길 위에서 보내는 시간이었다. 아무리 이동을 하면서 책을 읽거나 스마트폰으로 관심 분야 강의를 듣고 SNS에 포스팅을 하며 생산적인 활동을 한다고 해도, 집중력에는 한계가 있고 매일 수 시간씩 이를 반복하다 보면 생산성의 한계에 도달할 것임이 자명했다.

이러한 이유로 30대에 결혼을 준비하며 배우자와 가장 먼저 합의한 것이, 첫 집은 서울 중심지에 얻는다는 것이었다. 사실 나의 첫 직장은 경기도 판교에 있었기에 분당 일대에 집을 마련한다면 직주근접을 실현할 수 있었고, 삶의 질 역시 서울보다 쾌적할 것이며, 자산가치 측면에서도 서울 못지않게 좋은 선택일 수 있었다. 다만, 나는 내가 그 직장에 평생 다닐 가능성은 크지 않다고 보았다. 언제든지 이직할 수 있고, 그 이직 대상의 회사가 서울에 위치할 확률이 매우 높았다. 뿐만 아니라, 각종 모임과 문화 활동, 행사 장소는 늘 서울이었고, 무엇보다 경기도에 살면서 10대 시절부터 꿈꾸던 '서울 중심부'에 사는 로망을 떠올렸다. 서울 어디에서 무슨 약속이 잡히든 더는 이동에 대한 걱정을 하고 싶지 않았다.

솔직히 이동에 대한 걱정을 하는 시간조차 아까웠다. 어떤 이동 수단을 이용하는 게 좋은지, 시간은 얼마나 걸리는지, 막차가 몇 시니까 적어도 언제쯤 자리를 박차고 나와야 하는지 따위를 생각하고 고민하는 것 자체가 싫었다. 이조차 한정된 시간, 한정된 에너지에 대한 낭비였다. 애초에 서울 중심부에서 학창 시절을 보내고 사회생활도 시작했다면, 이동 시간에 대한 중요성이나 서울살이에 대한 소중함에 대한 생각은 덜했을지 모르겠다. 하지만 그렇지 않았기에 더욱 갈망하고 절치부심하며 아득바득 서울행을 준비했던 것 같다. 그리고 그 선택은 그 뒤로 이어진 다른 부동산 투자와 실거주 갈아타기를 할 때 매우 큰 발판이 되었다. 확실한 것은, 내가 당시 조금 더 편한 선택을 했다면, 지금 이룬 자산 규모는 물론, 사고방식에 따른 의식 수준 역시 완전히 달라졌을 거라는 점이다.

가족은 버티게 하는 존재인가, 보호해야 할 존재인가

2018년 12월, 회사에서 중요한 연 매출 마감 회의를 준비하던 기간이었다. 매일 밤 야근을 하며 나는 보고해야 할 자료를 들고 수시로 팀장님 자리에 가서 검토를 받았다. 그때 그의 책상에서 아내와 두 아들과 함께 찍은 가족사진을 보게 되었다. 당시 싱글이었던 내가 물었다.

"팀장님, 왜 가족사진을 이 험한… 회사 책상에 두셨나요?"
"이 험한 회사에서 나를 지켜주는 것은 가족밖에 없거든. 이 사진을 보면서 버틴다."

그렇게 꼬박 2주간 밤을 지새우며 준비한 연 매출 마감 회의는 시작하자마자 5분도 되지 않아 본부장님의 극대노로 이어졌고, 팀장님은 숨 쉴 새도 없이 1시간 내내 욕을 먹다가 준비한 자료의 3분의 1도 활용하지 못한 채 끝이 났다. 본부장님께 어마어마한 고성으로 욕을 먹는 팀장님을 보면서, 나는 그의 가족사진을 떠올렸다.

'과연 가족이 팀장님을 회사로부터 지켜줄까?'

이 순간 내 머릿속에 스쳐 지나간 것은, 나를 회사로부터 지켜줄 더욱 확실한 무언가를 만들어야 한다는 생각이었다. 가족은 나를 지켜줄 보호막이 아닌, 내가 지켜야 할 대상이라는 생각이 들었다. 나를 회사로부터 지켜줄 수 있는 것은 내 이름 석 자가 박힌 '자산'이었다.

잔인한 말 같지만, ==자본주의 사회에서는 자본의 총량이 많고, 이를 통해 조기에 우량 자산을 선점한 자가 승자인 것이 분명하다.== 직장을 통한 근로소득은 단순히 자본주의 사회에서 살아가는 데 필요한 기초 자본을 마련하는 수단일 뿐이다. 이렇게 쌓은 기초 자본으로 자산을 취득하는 것이 목적인 것이다. 실제로 당시 옆 팀의 팀장님은 대치동 은마 아파트를 보유하고, 분당 시범단지삼성한신 대형 평형 아파트에 자가로 거주하고 있었다. 그는 성남시에 전세로 거주 중이던 우리 팀장님보다 역량이 월등하거나 사내 정치를 잘한 편이 아니었음에도 매 순간 당당하게 하고 싶은 말을 다 하면서 회사에서 자존감을 드높이며 생활했다.

자본주의 사회에서 나를 지켜주는 것은 내가 가진 자본금과 자산이다. 그리고 가족은 그 자본과 자산이라는 든든한 울타리 속에서 내가 보호해야 할 대상이다. 결국 한정된 에너지라고 할 수 있는 시간에 대한 결핍과 내 가족을 지킬 수 있는 무기에 대한 결핍이, 나를 독한 투자의 세계로 이끌었다.

당신은 어떤가? 지금 어떻게 해서든 채우고 싶은 결핍이 있는가? 아마 있을 것이다. 자신의 인생이 풍족하고 부족함이 없다고 생각했다면, 투자라는 것 자체를 생각하지 못했을 것이기 때문이다. 나는 그 마음이 정말로 소중하다고 생각한다. 그래야 자산가로서의 길을 계속해서 걸어갈 수 있기 때문이다.

갈아타기를 통한 다주택자로의 대항해

목표가 있다면, 그 목표 지점으로 안내해 주는 지도가 있어야 한다. 그래야만 경로를 알 수 있고, 그 길을 차근차근 따라가 결국 목표에 도달할 수 있기 때문이다.

지금까지 내가 따라온 지도와 그 경로를 공개하고자 한다. 나는 2016년 사회 초년생 시절부터 시드머니를 모으기 시작했고 2019년 본격적인 투자를 감행해 2025년 현재에 이르렀다. 내가 걸어온 전체적인 경로를 살펴보면, 내가 어떤 과정을 거쳐 투자를 집행해 지금에 이르렀는지 한눈에 살펴볼 수 있을 것이다.

최상급지와 재건축의 중요성

2025년 5월 현시점, 내가 보유 중인 부동산 목록이다.

- 서울 한강변 재건축 아파트 1채
- 강남 2구 소형 아파트 1채
- 서울 재개발 예상 지역 부동산 1채

이 3채를 보유하기까지 나는 다음과 같은 경로를 거쳤다. 이 과정에서 첫 실거주 아파트를 매수한 후 '집값 상승에 따른 LTV 추가→다주택화→투자물 갈아타기→실거주 갈아타기'를 실행했다.

나의 투자 연대기

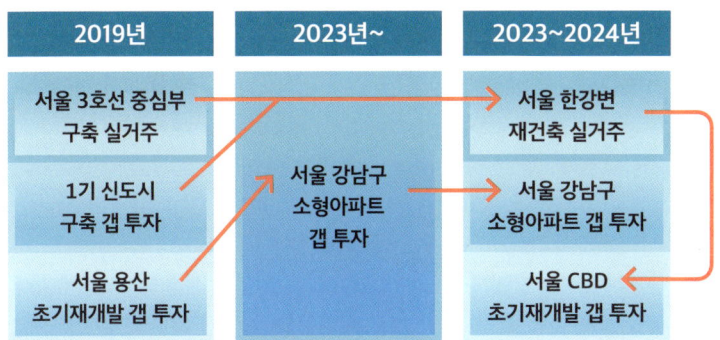

짧아 보이지만, 수많은 판단과 결정이 필요했다.

이 같은 투자 과정에서 꼭 기억해야 할 것은 '최상급지'와 '재건축'이다. 이것이 퀀텀 점프 전략의 2가지 축을 구성하는 매우 중요한 키워드이기 때문이다. 9년이라는 짧다면 짧은 기간 대한민국 부동산 시장의 상승 변동성과 하락 변동성을 몸소 겪으며 깨달은 게 있다면, 든든한 최상급지 부동산은 쉽게 흔들리지 않는다는 것이었다. 또한 최상급지 내 신축이나 구축도 좋지만, 곧 신축이 될 '재건축'의 하방은 여지없이 단단하다는 것도 매우 중요한 깨달음이었다. 부동산 가치는 현재의 사용가치도 중요하지만, 압도적인 지역에서 미래가치까지 담보된다면 하방은 두텁고 상방은 열린 투자가 되는 것이다.

한강변 재건축 주요단지 사업단계(2025년 5월)

지역명	단지명	사업단계
강남구	압구정2~5지구	조합설립인가
	압구정한양7차	조합설립인가
서초구	신반포2차	조합설립인가
	신반포4차	조합설립인가
	신반포12차	사업시행인가
	신반포7차	조합설립인가
	신반포16차	사업시행인가
송파구	장미1,2,3차	조합설립인가
	잠실우성1,2,3차	조합설립인가
	잠실5단지	조합설립인가
용산구	서빙고신동아	조합설립인가
	한강맨션	관리처분인가
	한강삼익	사업시행인가
성동구	한남하이츠	사업시행인가
영등포	여의도 대교	조합설립인가

최소한 조합설립인가를 득한 사업장을 검토해야 마음이 편안하지 않을까?

지난 10년간의 변화와 불변의 철칙

2015년부터 현시점까지 10년 동안 우리나라 부동산 시장에는 정말 많은 변화가 있었다. 현재 35세인 1990년생이 대학 졸업 후 사회에 첫발을 내딛게 되는 연도는 다음과 같다.

- 남자 : 대학 졸업 후 사회에 나오면 2016~2018년
- 여자 : 대학 졸업 후 사회에 나오면 2015~2017년

만약 사회생활을 시작한 후 경제적 자유를 위해 투자가 답이라는 생각을 하게 된 사람이라면, 일반적으로 다음과 같은 경로를 따르게 된다. 부모로부터 물려받을 자산이 있는 금수저가 아닌 이상, 직장생활을 하며 통상 3년 동안 시드머니를 모으면서 재테크를 공부한다. 그러다 사회 초년생 3~4년 차부터 본격적으로 부동산 투자를 생각하게 된다. 그렇다면 남자의 경우 2020년, 여자의 경우 2019년 전후에 부동산 투자를 시작하게 되는데, 하필 그때 부동산 시장은 팬데믹으로 인한 유동성 증가와 문재인 정부의 규제 강화로 인한 폭등기 중심을 지나던 시기였다.

바로 이 지점에서, 1990년 이후 출생한 2030 세대들이 부동산 투자를 할 때는 주의할 사항이 생겼다. 그보다 훨씬 이전인 2009년과 2015년 부동산 하락·정체장 시절에 투자했던 이들의 과거 이야기를 조심해야 한다는 것이다. 또 그들이 당시 경험을 잣대로 제시하는 투자 가이드 역시 신중하게 재검토할 필요가 있다.

2014~2015년에 갭 투자로 다주택자가 된 이들은 보통 이렇다. 2억 원의 자본금으로 챗수당 투자금이 5,000만 원도 안 드는 분당 수내동 18평 아파트를 4채 매수하고, 2억 원의 자본금으로 챗수당 투자금 7,000만 원이 드는 마포구 염리동 24평 아파트를 3채 매수하는 식

이다. 이러한 투자 사례는 꽤 성공적이라고 볼 수 있다. 하지만 2025년 현실에 적용하기에는 너무 벅차다. 현시점 분당 수내동 18평 아파트 1채에 투자하려면 7억 원, 마포구 염리동 24평 아파트 1채에 투자하려면 6억 원이 필요하기 때문이다. 지난 10년 사이, 갭 투자 금액이 5,000만 원에서 7억 원으로 증가한 것만 봐도, 10년간 얼마나 큰 변화가 있었는지 알 수 있을 것이다. 따라서 이러한 변화된 상황을 염두에 두어야만, 자신의 투자 플랜을 보다 객관적이고 정확하게 짤 수 있다.

하지만 그럼에도 불구하고, ==언제든 변하지 않는 부동산 투자 성공 철칙이 하나 있다. 그것은 바로 '실거주용 이외의 부동산 1채를 마련한 후 상급지로의 의미 있는 갈아타기' 전략이다.== 이것이 자산의 퀀텀 점프를 가능하게 하는 최소한의 기본이요, 핵심 뼈대이다.

우선 실거주용 1채만으로 투자 수익을 내는 것은 매우 힘들다. 주택 가격이 천정부지로 솟지 않는 이상, 투자 차익을 극대화할 수 없고 보유 자산을 키우는 데에도 한계가 있기 때문이다. 혹자는 '실거주용 1채를 지속적으로 타이밍에 맞춰 갈아타기를 거듭함으로써 자산을 불리면 되지 않느냐'라고 반문할 수 있다. 하지만 레버리지(대출)를 계속 극대화하며 갈아타는 방식에는 명확한 유리천장이 존재한다. 일단 대출받을 수 있는 규모 자체에 제한이 있는 것은 물론이요, 이런 방식의 갈아타기가 거듭될수록 본인이 부담해야 하는 자금도 더욱 커진다. 반복되는 부동산의 매도와 매수에는 중개수수료와 취득세, 양도소득세 등 적잖은 비용이 발생하며, 심지어 최적의 타이밍에 거주 중인 부동산을 매도하고 매수할 수 있다는 보장도 전혀 없다. 이러한 이유로, 내가 살고 있는 집 외에 또 하나의 집을 보유해야 한다. 결국 2주택자가 되어 적절한 시기에 모두 처분하여 똘똘한 한 채로 진격하거나 애초에 현금 2억 원 이상을 가지고 있다가 여기에 더해 상급지로 이동하는 방식이 가장 이상적인 갈아타기라고 할 수 있다. 제일 중요한 것은 바로 이 과정에서 늘 '상급지'를 목표로 삼아야 한다는 것이다. 아파트를 수단으로 하는 부동산 자산 증식의 최종 끝판왕은 결국, 강남구와 서초구의 랜드마크 아파트에서 정착하는 것이라고 할 수 있다.

따라서 단 1채만으로는 갈아타기를 해봐야 큰 의미가 없다. 실제로 나는 성동구 행당동의 실거주용 주택과 용인 수지의 투자용 주택을 처분하여 서초구 잠원동으로 이동한 사례와 마포구 도화동의 실거주용과 상계동의 투자용 주택을 처분하여 송파구 잠실로 이동한 사례를 살펴보면서 연구했다. 이러한 방식으로는 꽤 성공적인 급지 전환이 가능했다. 그런데 이때 실거주용 주택 외 또 하나의 주택이 없는 경우를 시뮬레이션해 봤다. 그 결과 잠원동이 아닌 옥수동, 잠실이 아닌 가락동으로 갈아타기를 하는 것은 가능했지만, 이는 완벽한 급지 전환이라고 볼 수 없었다.

결론은, 최대한 질 좋은 실거주용 주택을 마련한 뒤 그때부터는 추가 목표와 금액을 명확하게 재설정하여 다시 한번 투자용 주택을 마련하는 것이다. 그래야만 최종 도달점인 강남구나 서초구의 한강 변 내 랜드마크 아파트에 입성할 가능성이 커진다.

견고한 시드머니 확보와 월급을 대하는 자세

투자 행위의 대전제는 시드머니다. 당연하다. 시드머니가 없으면 투자는 꿈도 꿀 수 없기 때문이다. 따라서 부모로부터 물려받을 돈이 없는 경우라면 사회 초년생 때부터 무조건 월급 중 일부로 시드머니를 모아야 한다. 이때 반드시 염두에 두어야 할 것이 있다. 어설프게 몇백만 원이나 몇천만 원 정도로 주식이나 코인 같은 투자에 뛰어들면 그 자체가 '리스크를 안은 출발선'에 선 거나 마찬가지라는 사실이다. 겨우 2,000만~3,000만 원으로 불장난할 게 아니라, 최소 1억 원 정도의 시드머니를 모아 견고함을 다져야 한다. 이렇게 하기 위해서는 반드시 동반되는 것이 있으니, 바로 '포기로 인한 고통'이다. 우리가 포기해야 할 것은 소비, 인간관계, 여가 등이다. 만약 고성과자에게 보상이 잘 분배되는 직장에 다니고 있다면, 워라밸까지 과감하게 포기하고 최선을 다해 프로젝트에 임해야 한다. 그렇게 해서라도 한 푼 두 푼 더 모아야, 규모 있고 견고한 시드머니를 신속히 모을 수 있다.

시드머니 확보 과정에서 여유란 곧 사치다

2016년부터 2018년까지는 내 인생에서 '고난의 3년'이라고 부를 수 있을 만한 시기였다. ==가장 중요한 시드머니 마련의 원천은 직장으로부터 받는 월급이다. 따라서 우선 '충실한 직장인'이 되어야 함을 강조하고 싶다.== 나는 회사에서 주어지는 일을 마다하지 않았고, 야근은 물론 회식에도 빠지지 않았다. 오로지 몸뚱이 하나가 전부였던 시절이었기에, 회사에서 고성과자가 되는 것이 첫 번째 선결과제였다. 소비도 최소화했다. 헬스는 필수였는데, 그마저도 회사 내 헬스장을 이용했다. 그렇게 해서 1년이 지났을 무렵 3,600만 원을 모았고, 3년이 되자 '1억 원'이라는 상징적인 목표 금액을 달성하여 그간의 노력에 뿌듯함을 느낄 수 있었다. 고난의 3년 동안 시드머니 확보를 위해 악착같이 절약하며 저축하고, 월급으로 주식에 투자해, 1억 5,000만 원의 순현금을 마련했다.

다만 시드머니 마련이 1차로 끝나는 것은 아니다. 나는 실거주용 주택을 마련한 후에는 2차 시드머니 마련을 위해 또다시 고통을 감수했다. 실거주용 주택은 말 그대로 내가 편하게 살 집을 마련한 것일 뿐, 본격적인 투자 행위라고 볼 수 없었다. 주변 사람들 대부분은 서울 중심지에 1채를 마련했으니 이제는 좀 여유롭게 살아도 되지 않느냐고 했지만, 장기적인 미래를 생각하면 그냥 거기서 멈추고 넋놓고 있을 만큼 만족할 만한 결과는 아니었다. 게다가 매달 차곡차곡 적금도 하고 있었지만, 뚜렷한 목표도 없이 하다 보니 각종 유혹을 참기 힘들었다. 적금을 깨서 여행을 갈까, 좋은 차를 살까 같은 생각이 문득문득 들었다. 하지만 30대 초반인 내게 '여유'는 사치스러운 단어 같았다. ==사회 초년생에게 안일한 정신력과 현실에 안주하는 마인드는 독약과도 같았다.== 그래서 새로운 목표를 세우기로 결심하고, 그 이후의 목표를 '다주택자 라이프'로 정했다. 현재 살고 있는 집 외에 추가로 1채의 집을 더 매수해서 부동산 투자는 물론이고, 향후 더 나은 지역으로 이사할 수 있는 자금을 확보하겠다는 목표를 세우게 된 것이다.

월급이 결정하는 레버리지의 수준

많은 투자자가 본업 소득인 월급을 대출에 대한 원리금을 상환하는 수단 정도로 생각한다. 물론 이러한 판단이 기본적으로는 옳을 수 있다. 하지만 잊지 말아야 할 것은 본업 소득이 결국 레버리지의 범주를 결정하고, 이 범주에 의해서 내가 갈 수 있는 위치가 결정된다는 점이다. 즉, 나의 연 소득에 따라서 최대 대출 가능액이 정해지고, 거기에 따라 투자할 수 있는 지역이 한정된다는 말이다.

가령, 연 소득이 얼마인지에 따라 성북구 길음동 대신 성동구 금호동에 갈 수 있고, 성동구 금호동 대신 용산구 이촌동에 갈 수 있으며, 용산구 이촌동 대신 송파구 잠실에 갈 수 있다. 본업 소득이 우리가 갈 수 있는 곳을 결정하는 강력한 근간이란 말이다. 그러니 직장일에도 매우 충실해야 한다. 주식이나 코인에 투자한답시고 회사업무를 게을리하거나, 워라밸이나 운운하면서 회사에 자신의 능력을 몰빵하지 않으면 그만큼 본업의 기반이 흔들리게 된다. 이것이 당신이 최후에 갈 수 있는 지역 수준을 낮춘다는 사실을 알아야만 한다. 따라서 본업 소득은 단순한 '원리금 상환 수단'이 아닌, '내 미래를 결정하는 스펙트럼'이라는 점을 인식하고, 최대한 소득을 높이고 이를 유지하기 위해서 성실히 일해야 한다. 만약 20대에 이렇게 견고하고 건강한 시드머니를 만들었다면, 이후 30대에는 좀 더 쉽게 자산을 증식할 수 있는 터전을 마련할 수 있을 것이다.

초기 세팅부터 후반 우량 파이프 선별까지

요즘 직장인들에게 '평생 직장'이라는 말을 꺼낸다면, 아마 기겁할 것이다. 하지만 우리 아버지 세대만 해도 평생 한 직장에서 일한다는 것이 큰 자부심이었으며, 가족을 위한 최선이라고 여겼다. 반면 이 시대 2030 직장인 중 평생 직장을 꿈꾸는 이는 거의 없지 않을까 싶다. 대부분은 자신만의 전문적인 커리어를 쌓은 뒤, 이를 통해 제2의 창업을 꿈꾸거나 최대한 빨리 회사에서 탈출할 계획을 세우고 있을 것이다. 그러니 '퇴사'라는 개념 또한 과거와 달라진 것이다.

   그렇다고 무조건 퇴사만을 꿈꾸는 건 옳지 않다. 최대한 적절한 순간을 선택해야 하고, 그 이후의 계획까지 철저히 세워야만 한다.

그런 점에서 입사와 퇴사는 물론, 추가 파이프라인 확보까지 전체적인 하나의 줄기를 머릿속에 담아 둘 필요가 있다. 단계별 전략을 구체적으로 살펴보자.

1단계: 초기 세팅 및 기초 자산 세팅
① 최대치의 능력을 발휘해 최고의 직장, 고연봉 직장에 입사한다.
② 포기로 인한 고통을 감수하며 월급과 성과급으로 시드머니를 확보한다.
③ 직장 신용 레버리지를 이용하여 사내 대출 및 금융권 신용 대출을 받는다.
④ 시드머니와 대출 레버리지를 동반 가동하여, 서울 혹은 1기 신도시 역세권 부동산을 매수한다.

여기까지만 해내도 2030 직장인으로서는 큰 성과를 거둔 것이며, 앞으로도 계속 품고 갈 수 있는 확실한 성공 경험을 쌓은 것이다. 실거주용 주택을 마련했다면 이제 안정감이 들 것이며, 최소한 자본주의 사회에서 '기본'은 해냈다는 자신감도 생길 수 있다.

2단계: 마인드 세팅 및 추가 파이프라인 마련
⑤ 언젠가는 직장을 떠나야 한다는 사실을 명확히 인지한다. 이는 동기부여를 위한 매우 중요한 단계이다.
⑥ 파이프라인 확충을 위해 이것저것 공부하고 시도하되, 좋아하고 잘하는 것도 중요하지만 '돈이 되는 일'에 매진한다. 그중 지속 가능한 두 번째, 세 번

째 파이프라인 발굴을 완료한다. 가급적이면 온라인 기반이 좋다.
⑦ 파이프라인을 발견했다면, 그때부터는 직장 본진과 추가 파이프라인을 하이브리드 차량처럼 동시에 가동하면서 맹렬하게 진격한다.

하이브리드 차량은 내연 기관과 전기 모터를 동시에 사용한다. 전기가 없으면 오일을 사용해 내연 기관을 가동하고, 중간중간 전기를 충전해 전기 모터를 돌린다. 미래를 향해 진격해야 하는 우리도 이처럼 행동해야 한다. 직장을 통한 본업 소득과 추가 파이프라인을 통한 별도의 소득을 순발력 있고 융통성 있게 활용해야 한다.

3단계: 추가 자산 확보 및 퇴사
⑧ 하이브리드를 가동하며 동시에 추가 부동산 자산을 검토하고 취득한다.
⑨ 추가 파이프라인이 압도적으로 성장하고 2년 이상 지속 가능성이 보장된다는 판단이 서면, 과감하게 퇴사한다.
⑩ 퇴사 후 우량 파이프라인을 다시 한번 선별한 후, 자신의 비즈니스에 집중적으로 투자하면서 성장을 극대화한다.

이러한 단계별 전략에 있어서 '퇴사'는 매우 중요한 변곡점이 아닐 수 없다. 다만 퇴사 시점은 반드시 '최소 서울 중상급지 이상의 실거주용 주택 1채를 마련한 이후'로 잡아야 한다. 직장인의 가장 큰 장점은 신용도인데, 신용도가 높으면 대출 레버리지를 화끈하게 활용할 수 있기 때문이다. 또한 일정한 시드머니가 마련되면, 곧바로 일

잘하는 부동산 자산으로 치환해야 한다. 만약 직장 생활에 익숙해진 나머지 '좀 더 돈이 모이면 그때 퇴사하지 뭐' 하면서 안일하게 생각하다가는, 결국 은퇴할 때까지 본인 명의의 자산 하나 없이 월급으로 연명하다가 국민연금에 의지하는 노후를 보낼 수밖에 없다.

따라서 중간에 시드머니를 자산으로 치환하고 퇴사하는 것이 최소환의 안전장치를 마련하는 일이라 할 수 있다. 직장인이라면 소득 부분에서 자영업자보다 부족하겠지만, 레버리지를 활용해 조기에 우량 자산을 확보하는 것이 무엇보다 중요하다.

2장

내가 바뀌지 않으면
세상도 바뀌지 않는다

 선택과 판단의 기로에서 나의 가치를 높이는 일

오늘의 선택이 내일이라는 미래를 결정한다는 사실은 누구나 알고 있을 것이다. 나는 아직 30대이긴 하지만, 평균적인 동년배에 비해 수많은 탐색과 선택의 과정을 거치며 엄청난 배움의 기회를 얻을 수 있었다. 이 과정에서 올바른 판단을 하기 위해서는 반드시 특정한 기준이 필요하며, 그 기준에 따라 행동해야만 자산가가 될 수 있다는 사실도 깨달았다.

==라이프 스타일에는 각자의 개성이 있을 수 있지만, 자본주의 사회에서는 무한정 개성적인 판단만 하며 살아갈 수 없다.== 자신의 개성

==적 판단이 자본주의의 원리에 맞지 않으면, 결국 돈도 자산도 없이 궁핍하게 살아갈 수밖에 없기 때문이다.==

자본주의에 최적화된 판단 기준

우리는 살면서 수많은 선택의 기로에 선다. 대체로 내가 경험해 온 학창 시절과 사회생활에서 주요한 선택의 이슈들은 이런 것들이 었다.

학점 관리 vs. 과외나 알바

교환학생 vs. 인턴십

전문직 준비 vs. 취업

공기업 vs. 대기업

잔류 vs. 퇴사

주식 보유 vs. 주식 매도

전·월세 거주 vs. 자가 거주

직장 올인 vs. 부업 병행

독신 vs. 결혼

딩크 vs. 자녀 출산

각자의 가치관과 형편에 따라 전자를 선택할 수도 있고 후자를 선택할 수도 있다. 그런데 이들 중 내가 한 선택은 모두 후자였다. 이를 선택한 판단의 근거 역시 매우 명확했다. 바로 'EAM 기반'의 판단이다. 좀 더 풀어쓰면 다음과 같다.

> **E**quity base(지분 기반): 실제 소유권, 성장 가능성과 리스크 관리 평가
> **A**sset base(자산 기반): 실물 자산, 성장 잠재력, 자산의 본질적 가치
> **M**oney base(현금 기반): 현금 흐름과 유동성, 실질적인 수익, 예측 가능성

학점 관리보다는 과외와 알바를 통해 자금을 모았고, 교환학생보다는 인턴십을 통해 돈을 벌면서 빠르게 업무 현장 경험을 쌓았다. 고연봉의 대기업 취업을 우선시했고, 우리사주를 매도하기 위해 퇴사했으며, 주식도 무조건 보유하기보다는 적절한 고점이라는 판단 하에 매도했다. 특히 부동산만큼은 한 번도 전·월세로 거주할 생각을 해본 적이 없기에 바로 자가로 매수했다.

직장 생활에서도 당연히 올인하는 방향도 있었지만, 퇴근 후 시간을 쥐어 짜내 어떻게든 시드머니를 만들기 위해 갖은 노력을 기울였다. 지금까지 살아온 모든 순간의 선택에서, 나의 판단의 근거는 오직 '자본'을 신속하게 축적할 수 있느냐였다. 결혼과 자녀 문제에서도 맥락이 크게 다르지 않았다. 안정감을 확보하고 가족 간의 유대를 더욱 단단하게 만드는 것이 미래에 대한 나의 투지를 강화시켜줄 것이며, 그 안에서 느끼는 행복을 통해 '나'라는 사람의 가치를 드높일 수 있다고 본 것이다.

당신 역시 수많은 선택의 기로에 서게 된다면, 자신의 중·장기적 목표를 되새기면서 EAM에 근거해 선택하길 바란다. 이것이 바로 중·장기 목표를 조기 달성할 수 있는 지름길이다.

'주오평나'에서 '주삼평나'로

이 세상은 나 혼자 잘한다고 잘살 수 있는 곳이 아니다. 인간은 사회적 동물이기 때문에 필히 주변 사람들과 관계를 맺을 수밖에 없다. 다만 알아야 할 것은 '누구와 관계를 맺느냐'가 나의 발전과 내 미래에 지대하고 결정적인 영향을 미친다는 점이다.

주오평나: 주변 5명의 평균이 곧 나이다.

2022년 초 블로그에, 내가 만들어 처음으로 공개한 사자성어다. 이를 공개한 뒤 최근까지도 많은 이가 이 사자성어를 차용하는 것을 보았다. 이처럼 인간은 주변 사람의 영향을 많이 받는다. 인간은 모방하는 존재여서 나보다 더 좋은 사람, 잘나가는 사람을 보면 자연스럽게 그 사람을 따라가기 위해 노력하게 되고, 결국 나 역시 그들의 평균 모습에 이르게 된다. 물론 반대의 경우에도 적용된다.

그런데 요즘에는 생각이 살짝 바뀌었다. 주변의 5명이 아닌 주변의 3명으로 더 압축하고 싶다. 자본주의 사회에서 자산의 벌크업을 꾀한다면 주변에 소득, 자산, 거주지 측면에서 반드시 나보다 앞선 사람이 3명 정도는 있어야 한다고 생각하기 때문이다. 물론 3가지 측면 모두에서 나보다 나은 사람이 곁에 있으면 좋겠지만, 만약 그것이 어렵다면 최소한 한 분야에서만큼은 앞선 사람이 있어야 한다. 오로지 혼자서 자본과 자산을 축적하고 스터디하는 데는 많은 리스크가 있고, 종종 방향성에 대한 확인도 필요하다. 즉, 내가 올바른 방향으로 가고 있는지, 내가 생각하는 판단의 근거가 객관적으로 옳은지를 판단하기 위해서는 팀플레이가 매우 중요하다는 이야기이다.

또한 실제로 이런 경험을 한 적도 있다. 나는 재개발 스터디를 하는 과정에서 서울 시내 많은 정비사업지를 섭렵했고, 그룹 내에서 서울 시내 상급지 재개발 조합원들을 만나서 교류할 수 있었다. 이런 사람들은 한마디로 '서티파이드certified'라고 할 수 있었는데, 즉 확실하게 검증되고 그 실력이 인정된 사람이었다. 하지만 그렇지 않은 사람들과 교류하다 보면 자연스럽게 나 자신까지 부실한 사람이 되고 만다. 가령 누군가가 10억 원짜리 주택을 소유해 본 적도 없으면서 10억 원짜리 부동산을 추천한다고 떠들고 다닌다면 무시해도 좋다. 그 자신이 실제 피땀 흘려서 10억 원을 모았다면 전혀 다른 판단을 할 가능성이 농후하기 때문이다.

더 나아가, 검증된 사람들과 함께 스터디하고 교류하다 보니 내가 서 있는 그라운드가 같이 올라간다는 사실을 깨닫게 됐다. 반면, 주변이 나보다 부족한 사람들로만 가득 차 있으면 앞으로 전진하는 데 상당한 리스크로 작용한다. 무엇보다 '크랩 멘털리티Crab Mentality'가

문제다. 즉 양동이에 꽃게 한 마리를 놔두면 그럭저럭 빠져나온다. 하지만 여러 마리를 동시에 넣어두면, 서로 나오려고 집게를 휘젓다가 서로가 서로를 끌어내리는 결과를 만들게 된다. 남이 잘나가는 것을 질투해서 시기하고 모함하는 사회적 현상이 바로 크랩 멘털리티다. 멘털리티의 대상이 되면 힘이 빠지고, 자신도 모르는 사이 서로 비슷하게 닮게 된다.

물론 단기간에 자신을 발전시키기란 쉽지 않다. 다만 지속적으로 우상향이 가능한 모임이나 스터디에 나가서 다양한 네트워크를 경험하게 되면, 서서히 바뀐다. 단, 여기에서 자기만 무엇인가를 얻으려는 생각은 버려야 한다. 이는 매우 이기적일 뿐만 아니라, 실제로 가능하지도 않다. 자신의 가치가 낮으면 나보다 높은 가치를 가진 사람이 왜 나와 교류하려고 하겠는가? 절대 그럴 리 없다.

따라서 내 주변에 나보다 가치가 높은 사람을 두려면, 반드시 자신의 가치를 올리기 위한 노력을 병행해야 한다. 인스타그램이나 유튜브, 블로그, 트위터 등의 SNS를 통해 자신의 존재감을 드러내는 것 또한, 수준 높은 사람들과 네트워크를 형성할 수 있는 방법이다.

 언제까지 레버리지만 당하며 살 것인가?

직장인이라면 한 번쯤 상사로부터 "주인의식을 가지고 일하라"라는 말을 들어보았을 것이다. 그런데 실제 회사의 주인은 누구인가? 회사의 지분을 소유한 주주들이다. 정작 상사들도 회사의 주인이 아니다. 주인도 아닌 상사가, 주인이 아닌 부하에게 회사에서 주인의식을 가지고 일하라고 말하는 것 자체가 재미있다. 물론 열심히 적극적으로 일하라는 의미로 넘겨들으면 될 일이다. 그런데 최악의 상황은 내가 주인이 아닌 회사에서 내가 레버리지를 당하는 것이다. 회사가 당신의 노동력을 착취하고 있진 않은가? 과도한 노력을 요구하고 있진 않은가? 어디 회사뿐인가? 퇴근해서는 역시 주인이 따로 있는 전세나 월셋집에 들어가서 자신의 자금을 집주인에게 레버리지당하고, 주말에는 아울렛이나 대형 쇼핑몰 같은 곳에서 현금을 펑펑쓴다. 이 같은 ==레버리지가 일상이 되면 그것이 당연한 게 되고, 끝도 없이 같은 곳을 도는 쳇바퀴에서 벗어나지 못하게 된다. 한마디로, 내 인생을 내가 아닌 남 좋은 일만 하며 보낼 수 있다는 말이다.==

20년간 월급으로 얼마나 저축할 수 있을까?

내가 회사에서 제일 바쁠 때는, 신제품 출시를 앞두고 있을 때였다. 그날도 격무에 시달리다가 새벽 1시쯤 판교 인근 원룸으로 퇴근 중이었다. 문득 이런 생각이 들었다.

'하… 언제까지 이러고 살아야 할까?'

손에 쥔 스마트폰 네이버 뉴스 상단에도 암울한 뉴스뿐이었다.

올해 집값 사상 최대 상승! 경기도 주요 지역도 신고가 갱신!

매달 들어오는 돈이 빤한 월급쟁이인 내가 죽을 힘을 다해 나아가고 있는 길에 거대한 벽이 하나 놓여 있는 것처럼 느껴졌다. 아무리 몸을 던져 밀려고 해도 꿈쩍도 하지 않는 벽.

주말이 되어 판교역 스타벅스에 앉아서 계산을 해봤다. 엊그제 새벽에 느꼈던 그 벽이 진짜 어느 정도 실체를 가지고 있는지 확인해 보기로 한 것이다.

'만약 내 월급을 20년간 모은다면 얼마나 될까?'

회사에서는 엑셀로 매출, 이익, 이익률을 순식간에 계산하곤 했는데, 내 인생의 이익률은 한 번도 계산해 본 적이 없었다는 걸 알았다. 계산 결과는 더욱 충격적이었다. 내가 이 직장 생활을 계속 하는 것이 맞는 건지 의심스러울 지경이었다. 전제조건은 다음과 같았다.

- 초봉 4,100만 원
- 경제 불황과 호황, 내가 고성과를 낼 때와 저성과를 낼 때를 모두 고려해 연봉 인상률은 3%로 고정
- 불확실한 연말 성과급은 제외
- 승진 시 연봉이 세전 400만 원씩 오를 것으로 가정(3회 승진)
- 저축률은 사원 60%, 대리 50%, 과장 30%, 차장 20%로 가정(대리 때 결혼하고 대출받아 집을 마련하고, 과장 및 차장 때 양육비와 교육비 지출 등을 고려)

다음 이미지는 실제로 내가 엑셀로 계산한 결과였다.

20년간의 연봉과 저축률

연차	세전 연봉	월 실수령액	인상률	세후 연봉	연 저축액	저축률 가정
1	41,000,000	3,000,000	3%	36,000,000	21,600,000	급여 60% 저축
2	42,230,000	3,090,000	3%	37,080,000	22,248,000	
3	43,496,900	3,182,700	3%	38,192,400	22,915,440	
4	44,818,007	3,278,101	3%	39,338,172	23,602,093	
5	46,146,581	3,376,526	3%	40,518,137	24,310,990	
6	50,145,161	3,570,000	4,000,000	42,840,000	25,704,000	
7	51,650,237	3,677,100	3%	44,514,250	22,062,600	급여 50% 저축
8	53,977,444	3,787,431	3%	45,448,956	22,724,478	
9	54,795,736	3,901,035	3%	46,812,425	23,406,213	
10	55,439,609	4,078,065	3%	48,216,797	24,108,399	
11	60,439,609	4,200,000	4,000,000	50,400,000	25,200,000	
12	62,189,700	4,326,000	3%	51,120,000	15,573,600	급여 30% 저축
13	64,360,200	4,455,700	3%	53,469,360	16,040,808	
14	66,430,992	4,589,453	3%	55,073,471	16,522,032	
15	68,025,312	4,727,137	3%	56,725,444	17,017,693	
16	72,025,312	4,950,000	4,000,000	58,400,000	17,820,000	
17	74,186,701	5,098,500	3%	61,118,200	12,236,400	급여 20% 저축
18	76,812,245	5,241,900	3%	63,100,460	12,630,092	
19	78,100,513	5,408,999	3%	64,907,984	12,981,957	
20	81,065,123	5,571,369	3%	66,855,223	13,371,045	
합	1,187,180,009			1,001,515,379	392,049,689	

한 회사에서 20년간 위기 없이 매년 연봉이 인상되는 것도 기적이 아닐까?

결론은 20년간 월급을 성실히 모아도, 최종 저축액은 3억 9,200만 원가량이었다. 호기롭게 직장에 입사해 '무주택 롱포지션'을 가져가면서 부동산 투기를 죄악시하며 아가페 정신으로 월급을 20년간 모을 때 내 손에 남는 돈이, 딱 그 정도란 말이다. 물론 '내 집'이라는 것도 있을 수 없다. 이러한 결론을 머리로 받아들이고 가슴으로 이해한 순간, 내 집 마련을 기본으로 한 투자는, 생존을 위한 선택 조건이 아닌 필수 조건이 되었다. 하지만 이런 결론을 내렸다고 해도, 외부 환경의 변화는 더욱 나를 당혹스럽게 만들었다. 문재인 정권 5년의 집값 상승률을 보면, 숨이 턱 막혔다. 매년 11%씩 상승하여 총 109% 상승, 즉 2배 이상 상승한 결괏값! 물론 이후 2022년 하반기부터 2023년 하반기까지 약 1년 동안은 20% 이상 집값이 하락하는 시장이 형성되었지만, 2024년 11월 당시 서울 상위 6개 자치구의 집값은 전 고점을 탈환하고 신고가를 다시 쓰며 계속해서 상승률 갱신 중이었다.

생산수단은 내 몸뚱아리 하나뿐

내 집은 서울 옥수동이나 금호동에 마련하면 되겠다고 생각한 시점은 2017년 중반이었는데, 그 당시 옥수삼성 아파트 26평의 매매가격은 6억 5,000만 원이었다. 시간이 흘러 2018년 초반이 되자 7억 8,000만 원, 2018년 말이 되자 8억 7,000만 원이 되면서, 무려 1년 새 2억 2,000만 원이 상승하며 약 40%의 오름폭을 보였다. 내가 3년간 피땀 흘리며 일해서 번 것이 1억 원이고, 사내 최고등급의 평가를 받아야 받을 수 있는 연봉 상승폭이 6% 내외였는데, 서울 옥수동 아파트 가격은 1년에 2억 원, 40%를 상승하는 기염을 토한 것이다.

데이터를 확인해 보자, 더욱 적나라한 현실이 드러났다. 집값이 그렇게 올랐던 것이 단순한 부동산의 대세 상승장 때문만은 아니었다. KB부동산의 20년간 서울 아파트 매매가격지수와 근로자 임금 총액 증가추이를 보면, '안정적인 월급 생활' 같은 것은 존재할 수 없었다. 그냥 월급 생활 자체가 인생의 불안정을 극대화시키는 주요 요소였던 것이다.

직장 생활에 익숙해지고 그저 매달 정해진 날짜와 정해진 시간에 월급이 꼬박꼬박 들어오면, 마치 자신이 매우 안정적인 생활을 하고 있다고 착각하기 쉽다. 하지만 부동산 가격은 월급이 오르는 속도와는 비교할 수 없을 정도인 빛의 속도로 상승한다. 이대로라면 인생의 지속 가능성이 있을 수 없다. 특히 한 해 한 해 나이가 들수록 문제는 더욱 심각해질 수밖에 없다. '사오정(45세면 회사에서 정리된다)', '오륙도(55세에서 56세면 조직에도 도태된다)'란 말은 이제 당연해졌고, '은퇴 후 닭튀김'의 주인공이 내가 될 것이 자명해 보였다. 의료 기술의 발전으로 평균 수명이 100세가 넘는다는 것도 문제다. 결국 3040 시절에 무엇을 어떻게 하느냐가 향후 60~70년을 좌우하게 되는 것이다.

==진정으로 우리가 가져야 할 것은 '내 인생의 주인의식'이다. 그 누구에게도 레버리지 당하지 않으려면, 시간이 지날수록 삶의 리스크==

==가 커지는 것을 막으려면, 정신을 똑바로 차리고 현실을 직시하면서 이 문제를 해결할 방법을 찾아 실천해야 한다.==

첫 투자는 서울 부동산으로 수렴해야 한다

서울 부동산은 상당한 안정성을 가지고 장기간 우상향해 온 대표적 자산이다. 물론 서울도 크게 도심권, 동북권, 서북권, 동남권, 서남권으로 권역이 나뉘는데, 사람들이 흔히 말하는 상급지인 '동남권'의 경우 강남구, 서초구, 송파구, 강동구가 포함되어 있다. 대한민국 재건축 최고 가치를 지닌 압구정 3구역을 기준으로 5km씩 반경을 잡아보면, 강남구와 서초구, 잠실 일대, 한강 이북으로는 용산구, 성동구, 광진구 일부가 들어오고, 10km 이내에는 마포구, 동작구, 일부 송파구 남부지역, 15km 이내에는 기타 서울 시내, 20km 이내로는 나머지 외곽지역이 들어온다. 물론 이 지역 구분에 따라 집값이 현재 및 미래가치에 정확히 상응하는 것은 아니지만, 놀랍게도 평당가격은 거의 흡사하다는 것을 알 수 있다.

시간이 지나면 나도 모르게 자산가?

다음의 그림을 보자.

서울 행정구역별 지도

서울의 모든 길은 한강으로 통한다.
자료원: 통계청, 통계지리정보(SGIS), 2010년

많은 사람이 우리나라 최고의 부동산은 '강남 3구(강남구, 서초구, 송파구)'와 '마용성(마포구, 용산구, 성동구)'이라고 하지만, 2025년 1분기 기준 평당가를 분류해 보면 강남구, 서초구, 용산구, 송파구, 성동구, 마포구 순으로 가격이 높다.

따라서 월급쟁이 신분으로 자산을 압도적으로 늘리고 싶다면, 이곳과 가까운 지역을 목표로 삼고 레버리지를 활용해 내 집 마련에 집중해야 한다. 그렇게 이 지역에 내 집을 마련했다면, 시간이 흐르면서 자신도 모르는 사이 자산가가 되어 있을 가능성이 크다. 현시점 대다수의 자산가 중에는 미라클 모닝을 하며 수없이 많은 책을 읽고 열심히 일하고 노력해서 자산가가 된 경우보다, 그저 남들보다 일찍 좋은 자산을 매수하여 시간을 기다려온 덕분에 자산가가 된 경우가 많을 것이다.

==좋은 자산을 적기에 매수한 이후에는 그저 인플레이션을 누리며 시간을 벌면 된다. 물론 이 기간에 또 다른 소득 확보로 추가로 부동산에 투자할 수 있다면, 그야말로 압도적 레벨로 점프가 가능하다.== 구체적으로는, 서울 강남권이나 마용성 한강변에 실거주할 주택을 마련하고 추가 소득을 활용하여 N+1로 서울 중상급지 초기재개발 물건 등에 투자하는 방식을 추천한다. 다만 주의할 것이 있다. 실거주용 본진 없이 초기재개발에 먼저 투자하게 되면, 자기도 모르는 사이 조급함이 생겨서 어렵게 매수한 소중한 자산을 비이성적이고 감정적인 판단에 따라 매도하기 쉽다. 따라서 실거주용 내 집 마련이 우선되어야 한다.

초기재개발은 시간과의 싸움

2015~2016년 서울 동작구 상도동, 중구 신당동, 마포구 아현동, 광진구 자양동 등의 서울 중상급지에는 1억 원 미만이라는 비교적 소액으로 투자할 수 있는 재개발 투자처가 많았다. 이후 개인이 통

제할 수 없는 정책적, 국제경제적 이슈로 많은 빌라의 가격이 조정을 받았지만, 든든한 본진을 확보한 투자자들은 그저 버티고 버텼다. 그 결과, 오세훈 서울시장이 당선된 2021년 이후, 신속통합기획 등 재개발 패스트트랙 정책이 나오면서 이들 빌라 가격이 2~3배 상승하게 되었다.

명심해야 할 것은 초기재개발 투자는 시간과의 싸움이며, 시간 싸움의 승자는 조급함 없는 투자자란 사실이다. 우리는 시간과의 싸움에서 절대로 패배하지 않을 투자를 지향해야 하며, 무엇보다 빌라의 경우 '반려빌(잘 팔리지 않아 평생 안고 가야 하는 빌라)'의 우려를 덜 수 있는 '중상급지+역세권' 입지에 투자해야 한다. 현재 용산은 천지개벽 중이며, 추후 동작구와 중구, 영등포구 등 아직 개발 과제가 산적한 자치구들도 서울 공급의 재료로 반드시 개발될 수밖에 없다. 따라서 시간과의 싸움에서 반드시 이길 수 있는 투자를 위한 준비를 차근차근 해나가야 한다.

야수의 심장으로 행동하라

생각은 행동을 지배하고 그 행동은 성과와 목표로 자신을 이끌어 간다. 이는 내가 부동산 투자를 하면서 깨달은 인생의 교훈이기도 하다. 특히 생각이 간절하면 간절할수록 그 영향력과 파괴력은 더욱 크다. 간절한 사람일수록 자신의 목표를 이루기 위해 모든 에너지를 끌어올리기 때문에 정확한 판단을 내릴 가능성 또한 크다. 물론 욕심이 지나치고 마음이 너무 성급한 상태에서는 정확한 판단을 내리기 힘들겠지만, 평소 꾸준히 공부하고 최대한 데이터 중심으로 사고하는 습관을 갖췄다면 때로는 '풀베팅'을 통해서라도 현재의 상황에 반전을 기하는 것도 좋다고 본다. 실거주용 내 집을 마련한 후, 투자용 첫 주택을 매입할 때의 내가 그랬다. 코로나19 팬데믹으로 인한 하락장 시절, 첫 주택 잔금 일부를 빠르게 마련하기 위해 2년 저축액인 6,000만 원을 코스피 우량주에 일시적으로 태우던 그 살 떨리는 순간이 지금도 선명하다. 당시의 그런 선택이 없었다면 부동산 자산가로의 도약은 매우 힘들었을 것이다.

곡소리 나는 시장에서 내가 했던 것

'꾸준하고 성실하게'라는 키워드는 어려서부터 성인이 된 지금까지 우리의 머릿속에 각인된 것들이다. 무슨 일을 하든 꾸준함과 성실함이 최고의 바탕이 된다는 것만은 분명하다. 하지만 하나 더 기억해야 할 것이 있다. 이 꾸준함과 성실함 속에서 시간을 압도적으로 단축해야 한다는 사실이다. 왜 우리는 바쁜 일상에서 투자를 위해 공부하고, 투자를 실행하고, 그 결과 현금흐름을 만들어 내려 하는가? 자산을 통해 자신에게 주어진 인생의 시간을 최대한 가치 있게 쓰기 위해서다. 내가 자산가가 되려는 것은 먹고 싶은 것을 풍족히 먹고, 사고 싶은 마음껏 살 수 있는 일상을 누리기 위해서가 아니다. 한 번뿐인 인생을 최대한 의미 있게 살고 싶기 때문이다. 그런 점에서 청년 시절 열심히 저축한 돈을 노후에 쓴다는 생각에는 오히려 거부감이 든다. 그보다는 ==40대가 되기 전에 자산가가 되기 위한 모든 셋업을 마치고, 이후에는 돈이 돈을 만드는 시스템을 만들어야 한다.== 이를 위해서는 역사적 데이터와 수많은 근거 자료를 기반으로 신속한 결정을 내리고, 동물적인 감각으로 과감하게 투자를 실행해야 한다. 이것이 바로 이름하여 '야수의 심장과 애니멀 스피릿'이다.

첫 주택을 매수할 때 돈이 부족했다. 당시 여자친구와 내가 모은 돈과 주식 투자금, 신용대출, 회사 대출 등을 활용하여 어렵게 4억 원의 시드머니를 마련하였지만, 매수하려는 아파트는 8억 중반이었다. 가진 시드머니로 계약금과 중도금 총 3억 3,600만 원을 치르고 나니, 남은 건 6,400만 원뿐이었다. 치러야 할 잔금이 5억 원 이상인데, 담보대출로 3억 1,000만 원 정도가 나오니 남은 돈 6,400만 원을 더해도 1억 5,000만 원을 더 마련해야 했다. 다행히 치열한 협상을 통해 잔금 일정을 6개월로 길게 잡을 수 있었는데, 잔금을 마련할 소중한 기회를 얻긴 했지만, 말이 쉽지 어떻게 6개월이란 그 짧은 시간 안에 큰돈을 마련할 수 있겠는가! 그때 불현듯, 잔금 마련을 위해 주식으로 돈을 벌어야겠다는 생각이 스쳤다. 어떻게 보면 상당히 위험한 선택이기도 했다. 하지만 당시 나에게는 그것이 가능하리라는 나름의 상황 판단이 있었다.

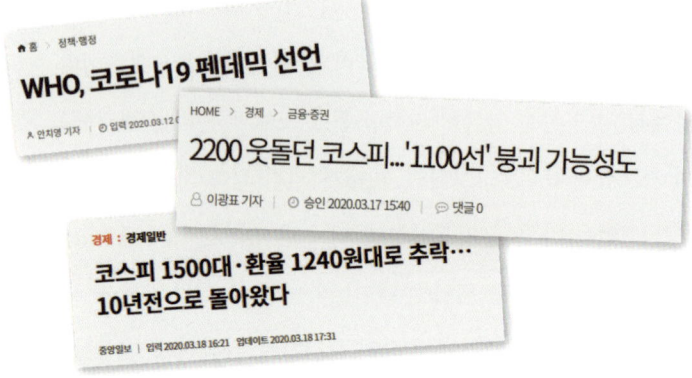

 2020년 3월 당시는 코로나19의 발발로 코스피 지수가 1,500선까지 떨어졌고, 자고 일어나면 또다시 폭락했다는 기사가 나올 때였다.
 삼성전자, SK하이닉스, 카카오, 네이버 등 시총 상위 종목도 마찬가지였다. 하지만 이들 회사의 재무 상황은 변함이 없었고, 사업적 이슈도 긍정적이었다. 단지 코로나19라는 외부 요인으로 지수가 급락하면서 우량주들까지 급락한 것이라는 점에 주목했다. 그리 오래지 않아 다시 '떡상(주식이나 코인 등의 가치나 수치가 급격히 상승하는 것)'할 것 같았다. 이러한 외부 요인으로 인한 폭락은 1998년 IMF, 2008년 글로벌 금융위기 때에도 발생하지 않았던가. 이미 한국 주식 시장의 역사를 공부해 온 덕분에 그 과정이 그대로 코로나19 팬데믹 사태에서도 재현되리라는 예상을 할 수 있었다. 나는 과감하게 중도금을 치르고 남은 돈 중 6,000만 원가량을 우량주에 분산 투자했다. 그 예

상은 정확하게 맞아떨어졌다. 다음 그래프처럼 주가는 순식간에 반등했고, 일정 시점에 전량 매도함으로써 나는 부족한 부동산 잔금 이상의 수익을 통해 투자를 마무리할 수 있었다.

모두가 곡소리를 내고 있던 2020년 초반, 코스피 1,500선이 무참히 함락당하고, 언론에 연일 폭락 사태 관련 기사가 도배되던 그때, 나의 피땀이 어린 소중한 6,000만 원을 우량주에 쏟아부어 풀매수하던 순간을 잊지 못한다. 그렇게 매수한 주식은 다행히 빠르게 반

2020년 상반기 KOSPI 차트

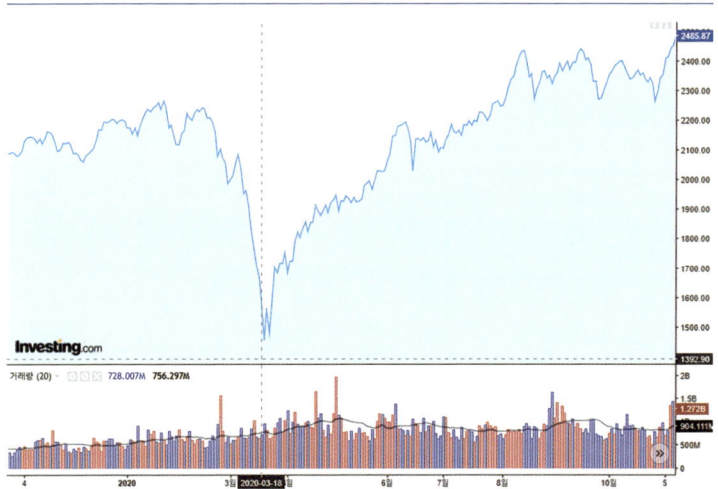

2020년 3월 12일 WHO 코로나19 팬데믹 선언 이후 6일 뒤인 3월 18일 KOSPI는 1,500선 아래로 하락하고 10년 전 지수로 되돌아갔다. 이때 주식을 매수할 수 있는 사람이 진정한 야수가 아닐까? 3월 18일, 19일, 20일 딱 3영업일이 지나고 23일부터 주가는 귀신같이 반등했다.

자료원: Investing.com

등하며 제자리를 찾아갔고, 잔금일이 촉박했던 나는 눈을 감고 매도 버튼을 눌렀다. 그로부터 2주 뒤, 마침내 나는 서울 한강 이너서클 2km 이내에 소중한 첫 등기 잔금을 치르고 입주할 수 있었다.

물론 코로나19라는 특수 상황이 있었기에 가능한 투자였다. 하지만 행운이 온다고 해서 모든 사람이 그것을 잡을 수 있는 것은 아니다. 일정한 역사적 근거와 데이터, 신속한 판단, 과감한 행동을 통해 나는 소중한 자산을 태울 수 있었다. 이것이 바로 투자자들에게 필요한 야수의 심장, 애니멀 스피릿이다.

치밀한 계획과 실제 액션은 다르다

아무리 강조해도 지나치지 않은 것이 바로 '실행력'이다. 가끔 보면, 계획을 상당히 치밀하게 세우고 분초 단위로까지 쪼개서 철저한 '스몰 플랜'을 수립하는 이들이 있다. 이들의 방식이 무조건 틀렸다는 건 아니다. 철두철미한 계획은 목표 달성을 위한 세밀한 지침서가 되고, 실수를 미연에 방지할 수 있는 가이드라인이 된다.

하지만 나의 경우 지나치게 세밀한 계획을 세우기보다는 일단 큰 틀의 계획을 세운 뒤 곧바로 실행에 돌입한다. 중요한 것은 계획보다 '액션 그 자체'라고 보기 때문이다. 부동산 투자도 마찬가지다. 허구한 날 공부해도 투자 액션이 없으면 소용없다. 수십 번의 임장과 검증 이후 실제 부동산을 매수해야만, 비로소 '투자자'가 될 수 있다. 무엇보다 부동산은 밤샘 벼락치기하며 각종 용어를 달달 외우고 역사를 줄줄 왼다고 성공할 수 있는 분야도 아니다. 아무리 이론과 지식에 빠삭하다 해도 자신의 이름 석 자가 박힌 등기부등본을 손에 쥐지 않는 한 의미가 없다. 결국 부동산 투자는 '이론→임장→실제 매수'라는 3단계를 반드시 거쳐야 한다. 때때로 오랜 시간 부동산 이론을 열심히 파고든 학구파보다 이론은 잘 몰라도 일단 시장에 뛰어들어 등기를 치는 실전파가, 추후 자산 증식 과정에서 압도적으로 앞서나가는 것도 이 때문이다. 그리고 이는 결국 자본 격차로도 이어진다. 서울 부동산을 알고 싶다면 서울에 등기를 치고, 분당을 알고 싶다면 분당에, 수지를 알고 싶다면 수지에 등기를 쳐라. 그보다 좋은 공부는 있을 수 없다.

2부

최상급지로 가는 하이패스 부동산 투자 전략

INTRO

한강변 자산 파킹에
오답은 없다

　첫 부동산을 마련할 때 가장 중요한 것은 바로 '지역'이다. 여기에서 이후 모든 투자가 결정된다고 해도 과언이 아니기 때문이다. 나는 대한민국 수도 서울을 관통하는 '한강' 주변을 강력하게 추천한다. 일단 한강변, 그중에서도 가장 평당가가 높은 대한민국 최상급지인 '압구정 3구역(현대아파트)'에 컴퍼스 침을 꽂고 5km씩 돌려보면 다음과 같은 지도가 나온다.

　지도를 자세히 들여다보면, 학창 시절 과학 시간에 배웠던 지구의 내부 구조와 유사하다는 것을 알 수 있을 것이다. 바로 '내핵-외핵-맨틀-지각'으로 이어지는 지구 지권의 4가지 층 구조 말이다. 이 중에서 어디에 속하는지에 따라 서울 내에서도 부동산 가격에는 실제 상당한 차이가 난다.

서울 5km 단위의 반경 지도

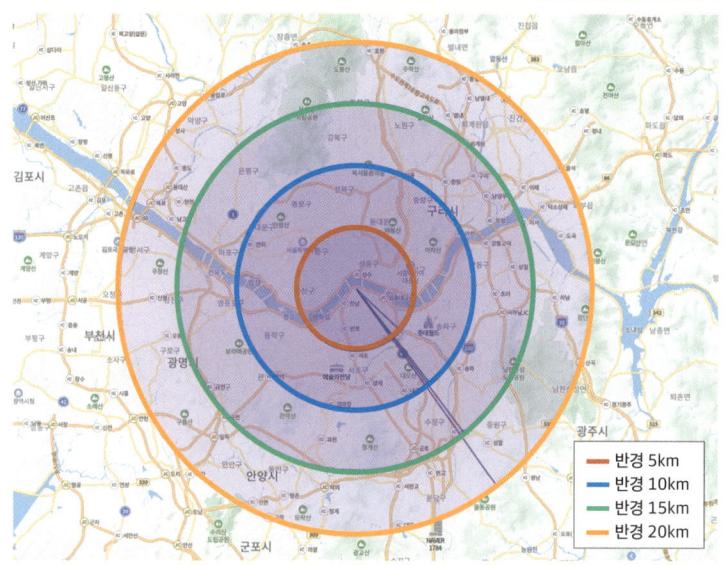

최종적으로, 첫 번째 안으로 들어갈 수 있는 전략을 세워야 한다.
자료원: 네이버지도

    신혼부부나 사회 초년생이 내핵 권역에 첫 집의 등기를 칠 수 있다면 최상이겠지만, 그렇지 못할 가능성이 크다. 그렇다면 외핵, 적어도 맨틀 부근에서는 등기를 칠 수 있도록 온 힘을 다해야 한다. 그래야만 넥스트 플랜이 달라지기 때문이다. 경험상 지각부에 있다가 한 번에 내핵으로 오는 경우는 단 한 번도 보지 못했다. 그렇다면 어떤 이동이 가장 많을까? 외핵에서 내핵으로 오는 경우가 많을 것 같겠지만, 오답이다. 내핵에서 더욱 핵심 내핵으로 이동하는 경우가

지구 내부 구조

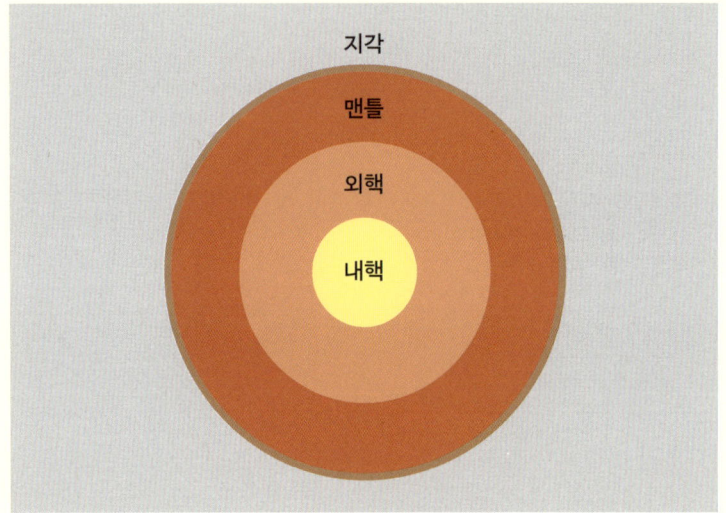

서울 지도에 대입해 보면, 내핵으로 진입하지 않을 이유가 없다.

가장 많았고, 그다음이 외핵에서 내핵으로 이동하는 경우였다. 상황이 이러한데, 지각이나 맨틀에서 내핵으로 이동하는 것은 결코 쉽지 않은 일이다.

따라서 가능한 한 한 번에 가장 높은 곳으로 점프해야 하고, 그러려면 한강변 중에서도 '황금 한강변'이라고 부를 만한 강남구, 서초구, 송파구, 마포구, 용산구, 성동구, 광진구, 동작구, 여의도 즉 '강남 3구+마용성광+동작구+여의도'를 생각해야 한다. 그런데 이 중에서도 강남구와 서초구를 제외한 송파구, 마포구, 용산구, 성동구, 광진구, 동작구의 경우 한강변 아파트 즉, 한강뷰가 확보된 아파트와 그렇지 않은 아파트의 가격 차이는 최소 1.5배 이상 벌어지는 것을 확인할 수 있다.

  같은 용산구라고 해도 한강변 정비사업지인 한남 뉴타운, 이촌동 한강맨션과 서울역 인근의 용산구의 밸류는 확연히 다르며, 송파구 역시 한강변 잠실과 남부지역인 거여, 마천의 밸류 차이는 같은 자치구 내에서도 매우 큰 차이가 있다. 성동구 한강변 성수, 옥수, 금호 지역과 북부 권역인 마장동, 용답동이 다르고, 마포구 역시 동마포에 속하는 아현동, 공덕동, 용강동과 서마포에 속하는 상암동, 망원동은 밸류 면에서 상당한 차이가 난다.

  한강변의 부동산 자산이 단지 서울 시민의 목표라고 생각해선 안 된다. 이는 전 국민의 꿈의 투자처이다. 심지어 최근 성수동과 한남동 등지에 임장을 다니면서, 중국인을 비롯한 외국인 투자자들의 투자 상담이 실시간으로 이뤄지는 것도 목격할 수 있었다. 이는 곧 대한민국의 수도 한강변 부동산은 '글로벌 투자처'라고 봐도 무방하다는 의미다. 한강뷰가 선사하는 시각의 즐거움도 한몫하겠지만, 실제로 한남더힐, 나인원한남 등 하이엔드 주거지는 한강뷰가 전혀 없음에도 초고가 부동산 시장을 형성하고 있다. 프라이빗한 생활과 거주민의 수준 등이 밸류를 만들어 낸 것도 있지만, 강변북로와 올림픽대로를 5분 만에 진입할 수 있고, 바로 코앞에 강남으로 이어지는 다리가 있는 등 사통팔달의 교통입지가 거주 편의성을 끌어올린다.

시간의 가치가 무엇보다 중요한 시대에, 서울의 핵심 간선도로인 올림픽대로와 강변북로를 쉽게 탈 수 있고 한강 남북을 잇는 다리에 빠르게 집입할 수 있다는 것이, 어쩌면 한강뷰보다 중요한 특장점이라고 할 수 있을 것 같다. 이처럼 한강이 지니는 부동산 가치는 대체불가하고 압도적이다.

1장

1단계: 내가 살 집을 마련하라(N)

 첫 집 마련을 위한 3대 원칙

꿈을 현실로 이루기 위해서는 열망을 넘어서는 구체적인 행동 기준이 필요하다. 내게도 거주할 첫 집을 마련할 때 적어도 이것만큼은 지키겠다고 마음먹은 3가지 원칙이 있었다. 그리고 이를 따르고자 부단히 노력했다. 이 원칙을 기준으로 신중하게 첫 집을 매수한 결과, 실거주하는 동안에도 만족도가 높았고, 이후 매도까지 성공적으로 마무리할 수 있었다. 이를 블로그에 공유하자 많은 구독자가 관심을 보였다. 다양한 문의나 상담, 부동산 세미나에서 강조했던 나만의 3대 원칙을 소개한다.

원칙 1. 지하철역까지 도보 7분 이내

나는 임장할 때 다소 유난을 떠는 편이다. 해당 아파트 현관문에서 지하철역 출구까지 초시계를 들고 직접 시간을 측정하기 때문이다. 이럴 때마다 집을 소개해 주는 중개소 소장님은 물론, 같이 간 아내까지도 너무 오버하는 게 아니냐는 듯한 표정을 짓곤 한다. 하지만 내 생각은 달랐다. 비록 우리 가족이 평소에 지하철을 얼마나 자주 이용하게 될지 알 수 없지만, 언젠가 해당 부동산의 매도를 고려할 때 미래의 매수인이 대중교통, 특히 지하철 접근성을 중요하게 생각할 가능성이 크기 때문이다. 특히 실거주와 투자 가치 2가지를 모두 고려할 때, 교통 편의는 절대 가볍게 넘길 요소가 아니다. 따라서 원칙 1은 지하철역까지 도보 7분 이내여야 한다는 것이다. 그래야 체감상 '편하다'고 느낄 수 있는데, 실제로 도보 10분이 넘어가는 순간부터는 역세권 부동산이라고 할 수 없다고 생각한다. 이에 더해, 두 개의 지하철 노선이 지나는 더블 역세권이라면 더할 나위 없이 좋다.

원칙 2. 20평대라도 방은 3개

원칙 2는 방 3개 구조였다. 구축 아파트를 매수 대상에 올린 만큼 화장실 수는 1개여도 무방했다. 비슷한 가격대에 방 2개 구조의 매물도 많았지만, 그런 곳은 애초에 보지도 않았다. 첫 집은 재건축을 노릴 수 있는 투자용 아파트가 아니기도 하고 실제로 살게 될 '구축'

아파트였기에, 실거주 편의가 중요했다. 신혼부부라면 방 2개여도 충분하지 않느냐는 말도 들었지만, 내 생각은 달랐다. 장기적인 관점으로 보자면 향후 매도 시에도 방 3개인 구조가 더 많은 수요를 확보할 수 있으리란 판단이 있었기 때문이다. 가령, 아이가 하나 있는 3인 가족이라면 방 2개 구조의 집은 애초에 매물 검색 단계에서 제외할 가능성이 크다. 따라서 처음부터 20평대라도 방은 3개여야 한다는 원칙을 세웠다.

원칙 3. 거래량이 많은 대단지

첫 집의 등기를 앞두고 매물을 최종 검토할 당시, 마지막까지 고민하게 만든 2가지 물건이 있었다. 하나는 1,000세대 이상 규모의 대단지 아파트였지만 비선호로 꼽히는 복도식 2bay 구조였고, 또 다른 하나는 300세대 남짓의 소단지 아파트였지만 3bay 구조에 광폭 베란다까지 있어 쾌적한 실내 구조를 갖춘 곳이었다. 두 집을 직접 임장해 본 결과, 300세대 소단지 아파트는 공간감과 구조가 뛰어났고 채광, 통풍, 내부 동선까지 모든 것이 만족스러웠다. 거주할 입장에서 이보다 더 좋은 조건을 찾기 어려울 정도였다. 그러나 단순히 '살기 좋은 집'만을 염두에 두고 있진 않았다. 첫 집을 기반 삼아 몇 년 후 상급지로 갈아탈 계획이 있었기 때문이다. 따라서 실거주 만족도뿐 아니라, 미래의 적시 거래 가능성과 환금성 역시 절대 빼놓아서는 안 될 중요한 판단 요소였다. 이런 점에서 봤을 때, 구조는 다소 아쉽지만 하락장에서도 일정 수요가 꾸준히 유지되는 대단지 아파트가 장기적으로 더 유리하다고 판단했다. 마음은 후자에 끌렸지만 머리는 전자의 손을 들어준 덕분에, 결국 실거주와 투자 사이의 균형을 고려해 대단지 아파트를 선택했다.

==내가 첫 집을 마련할 때 따른 이 3대 원칙에는 공통점이 있다. 모두 '미래의 매수인'을 염두에 두고 내린 결정이었다는 점이다.== 부동산 투자는 단발성 이벤트가 아니라 생애주기를 따라 이어지는 흐름이며, 첫 집이 내가 평생 머물 집이 되리라는 보장도 없다. 그렇기에 언제든지 다음 단계로 넘어갈 수 있는 유연성을 확보하는 것이 중요하다. 이는 내가 살기 좋은 집을 넘어서, 누구나 사고 싶어 할 집이어야 한다는 말이다. 미래의 매수인이 어떤 가치를 중시할지 예측해서 그 요소들을 충분히 갖춘 집을 선택해야만, 향후 매도 시 무리 없이 거래를 성사시키고 계획한 대로 상급지로 이동할 수 있다. 이 3대 원칙의 핵심을 한마디로 줄이면 '환금성'이다.

 첫 등기의 퀄리티가 10년을 결정한다

'첫 등기의 퀄리티'는 내가 정말 강조하는 것이며, 실전 재테크 투자의 출발점이자 방향타가 되어주는 매우 중요한 요소다. 만약 당신에게 10억 원이 있고 그 돈으로 첫 집을 매수할 계획이라면, 8억 원짜리 집을 사고 2억 원의 현금을 남길 생각은 하지 말고, 반드시 10억 원을 꽉 채워서 해당 금액대로 갈 수 있는 가장 좋은 지역, 가장 좋은 상품을 골라 가야 한다. 부동산 상승장에서는 가장 좋은 지역의 가장 좋은 상품의 가격이 가장 먼저 가장 많이 오르고, 하락장에서는 가장 먼저 떨어지다가도 가장 빠르게 반등한다. 따라서 10억 원짜리 집과 8억 원짜리 집에는 단순 2억 원이라는 가격 차이만 있는 것이 아니다. 향후 10년 뒤 각각의 집 가격이 2배가 올랐다고 가정해 보면, 20억 원과 16억 원이 된다. 그런데 실제 부동산 시장에서는 상급지의 부동산 상승폭이 압도적으로 크므로, 현실에서는 4억 원 이상의 큰 격차가 벌어지게 마련이다.

최대한 무리해야 한다

2019년 당시 신혼집을 구하면서, 나는 서울 지하철 3호선 중심 지역의 8억~9억 원대 아파트를 고려했다. 당시만 해도 자녀 계획은 없었기에, 학군지가 아닌 직주근접과 자산 증식을 기준으로 삼았다. 예비 아내의 직장은 서울 광화문이었고, 내 직장은 판교였기에 직주근접 측면에서 중간 지점은 정확하게 서울 강남 한강변이었다. 그러나 사회 초년생 신혼부부가 접근하기에는 한계가 너무 분명했기에, 우리의 시선은 자연스럽게 중간 지점에 근접하는 서울 지하철 3호선 옥수와 금호, 약수 일대로 향했다.

제1의 선택지는 옥수, 금호, 약수 일대였고, 조금 무리하지 않는 선택지로는 송파구 거여동 단지가 있었다. 특히 송파구는 이 지역에서 초·중·고 시절을 보낸 여자친구 입장에서 큰 부담이 없는 지역이었고, 5호선 광화문역까지 환승 없이 갈 수 있는 데다, 판교까지도 자차로 30~40분이면 도달할 수 있는 거리였다. 당시 나와 여자친구가 모은 시드머니는 현금과 주식 보유금 및 각종 신용대출과 회사 대출을 모두 포함해도 4억 원 내외였기에, 주택담보대출 40%를 받아 6억 원대인 거여동 구축 아파트에 들어가는 것이 부담 없는 최적의 선택지였다. 하지만 나의 가장 기본적인 부동산 투자 및 내 집 마련 기준은 '최대한 무리해서라도 서울 중심에서 시작한다'였다. 다행히 예비 아내 역시 그런 뜻을 존중해 준 덕분에 이러한 기준을 끝까지 밀고 나갈 수 있었다.

지금 와서 생각해 보면, 만약 내 직장이 판교가 아닌 아내와 같은 광화문이나 을지로 같은 서울 도심(CBD)에 있었다면, 자연스럽게 주거의 중심축은 4호선이 지나는 성북구 길음동이나 도봉구 창동, 혹은 3호선이 지나는 은평구나 서대문구의 구축 아파트가 되었을 가능성이 크다. 그러나 나의 직장이 판교인 이상, 주거의 중심축이 서울에서도 최대한 남쪽으로 이동할 수밖에 없었고, 강북권에 거주한다면 사실상 선택지는 최남단인 한강변뿐이었다. 게다가 출퇴근의 효율을 고려하면, 반드시 한강 남쪽을 관통하여 판교까지 한 번 정도의 환승으로 연결되는 지하철 노선을 이용해야 했는데, 그 조건을 충족하는 유일한 노선이 바로 3호선이었다.

서울 3호선 중심부에서 신혼집 구하기

첫 실거주 주택 매입 프로젝트는 지금의 아내이자 당시 여자친구와의 결혼을 결심하면서 시작됐다. 남의 소소한 연애 이야기까지 듣고 싶지 않을 수 있지만, 그래도 당시 경험을 통해 부동산 투자와 관련된 매우 중요한 교훈을 얻었기에 여기에 공유한다. 핵심은, 경제 마인드가 유사한 배우자를 만나야 결혼 이후에도 투자를 해나가는 데에 유리하다는 것이다. 아무리 오래 연애하고 깊이 사랑한다고 해도 삶의 근본적인 방향이 다르면, 결혼 후 행복을 오래 유지하기가 어렵다. 특히 경제적인 문제에 관해서도 서로가 상당히 다른 가치관을 가지고 있다면, 살면서 많이 부딪히고 숱한 갈등을 겪을 수밖에 없다.

물론 연애 시절 평소 대화를 통해 상대의 생각을 확인해 볼 수도 있지만, 자로 잰 듯 정확하게 측정할 수 없다. 그렇다고 "너의 생각을 낱낱이 털어놔 봐" 하며 다그칠 수도 없는 노릇이다. 사실 나는 특별히 경제 문제에서만큼은 좀 더 예민했다. 젊을 때 내 집을 마련하지 않으면 안 된다는 생각이 매우 확고했는데 상대가 그렇게 생각하지 않을 수도 있다는 점에서, 여자친구와의 결혼을 확실히 결심하지 못하고 있었다.

'매수'라는 표현을 쓴 여자친구

2018년의 어느 날, 여자친구와 잠원 한강공원에 앉아 맞은편 한남동과 남산타워, 우측의 옥수동과 동호대교를 바라보며 대화하고 있었다. 떠보려는 의도는 없었지만, 자연스럽게 대화의 주제가 집으로 연결됐다.

"우리가 만약 결혼한다면 어디에 살아야 할까?"

물론 내게는 이미 답이 있었다. 여자친구의 직장이 광화문이었고 내 직장은 판교였기에, 3호선 중간쯤인 옥수동이나 금호동에 살고 싶었다. 특히 당시의 부동산 시장을 보며 흔들리지 않는 뿌리 깊은 실거주용 부동산 1채는 꼭 필요하다는 생각을 굳힌 터라, 무조건 자가로 매수하여 신혼생활을 시작하고 싶었다. 그런데 내 질문에 여자친구는 한치의 망설임도 없이 대답했다.

"옥수삼성이나 금호두산 쪽의 집을 매수하고 싶어."

내가 생각했던 바로 그 동네 그리고 전월세도 아닌 '매수'라는 표현을 쓰다니! 보통 일상 대화에서는 매수라는 단어보다 집을 산다는 표현이 더 자연스럽지 않은가? 그런데 바로 그 매수라는 표현에서 나는 그녀의 부동산 지식을 짐작할 수 있었다.

'아, 이런 여자라면 서로 힘을 합쳐 충분히 우리 집을 마련할 수 있겠구나!'

==투자는 평생 해야 하는 일이며, 때로는 절약도 해야 하고 투자 전략이나 방향을 상의할 사람도 필요하다.== 그런데 한 집에서 평생 같

이 살아야 할 아내가 투자 지식은 전무하고, 절약은커녕 소비에만 충실한 스타일이라면 어떨까? 자신의 투자 인생에 먹구름이 드리운 것이나 마찬가지다. 그런 점에서 내가 당시의 여자친구를 만난 건 큰 행운이었다. 신혼집 매수에 대한 대화를 나눈 후부터, 우리는 주말마다 현장을 찾아 발로 뛰며 물건을 확인하는 임장 데이트를 시작했다. 하지만 2017~2018년 속절없이 상승하기만 하는 집값은 임장 데이트에 열을 내고 있는 우리를 점점 초조하게 만들었다. 당시 언론에는 '서울 강남 3구-마용성 집값, 날개를 달다!' '한강변 마용성, 신축 대단지 중심 신고가 폭발' 같은 제목의 기사들이 하루가 멀다고 쏟아져 나왔고, 우리가 눈여겨보고 있던 아파트의 가격도 계속 오르기만 했다.

2018년 관심 아파트의 가격 변화

아파트명	2018년 1분기	2018년 4분기	상승액	상승률
옥수삼성 26평	6억 9,000만 원	8억 7,000만 원	1억 8,000만 원	26%
옥수극동 24평	6억 6,000만 원	9억 원	2억 4,000만 원	36%
금호대우 24평	6억 원	7억 6,000만 원	1억 6,000만 원	27%
금호두산 24평	5억 3,000만 원	7억 원	2억 7,000만 원	32%
남산타운 26평	6억 원	7억 8,000만 원	1억 8,000만 원	30%
약수하이츠 24평	5억 2,000만 원	6억 8,000만 원	1억 6,000만 원	31%

2018년 12월이 되자 목표로 삼았던 아파트의 가격이 연초에 비해 최소 26%에서 많게는 36%까지 상승해 버렸다. 연봉은 1억 원도 안 되는데, 집값은 1년도 안 되어서 1억 6,000만 원, 어떤 곳은 2억 7,000만 원까지 상승하는 걸 보고 있자니 기가 찰 노릇이었다. 이를 보고 있자니 '이러다 영영 우리가 갈망하던 이 지역에 내 집을 마련하지 못하는 것 아닐까' 하는 절망감이 들었다. 동시에 가용 가능한 모든 자본을 끌어당기고, 목표로 삼았던 매수 시점을 하루라도 빨리 앞당겨야 한다는 압박감이 가슴 깊이 파고들었다.

2019년이 되면서 문재인 정부는 가파른 집값 상승에 대한 대책으로 대출 제한 등의 각종 규제를 냈고, 일부 집값 상승이 정체되는 모습이 보였다. 이럴 때 매수해야 한다는 강력한 믿음을 바탕으로, 우리는 결혼식 후 신혼집 매수라는 순서를 따를 게 아니라, 먼저 집을 향해 움직이기로 했다.

그때부터 본격 매물 탐방이 시작되었다. 옥수동, 금호동, 약수동 일대의 옥수삼성, 옥수극동, 금호대우, 금호두산, 남산타운, 약수하이츠 등 6개의 구축 아파트 단지들을 돌며 수십 개의 매물을 보았다. 지금도 선명히 떠오르는 날이 있다. 웨딩 스튜디오 촬영이 있던 날이었는데, 그날따라 아침부터 폭우가 쏟아졌다. 스튜디오 촬영을 마친 저녁, 우리는 우산을 쓰고 금호두산 아파트 101동에서부터 115동 끝까지 걸어 올라갔다. 마치 북한산 계곡을 오르는 것만 같았다. 비탈길을 따라 물이 폭포처럼 흘러 내려왔고 어느새 여자친구와 내 구두와 옷이 흠뻑 젖었다. 옷이고 신발이고 웨딩 촬영이고 나발이고…, 그만큼 우리는 집을 구하는 데 혈안이 되어 있었다.

부동산 중개소 소장님들과 함께 구축 매물을 수도 없이 보다 보니, 집에 들어서기만 해도 느낌이 딱 왔다. 여기는 느낌이 좋은 집, 여기는 도저히 아닌 집! 물론 다들 구축 아파트이다 보니 인테리어를 해야 하지만, 그럼에도 동이나 층, 향에 따라 느낌은 매우 달랐다. 어떤 집은 보러 들어갔다가 나오자마자 신었던 양말을 벗어 쓰레기통에 버린 적도 있었다. 도대체 여기에서 어떻게 살까 싶었던 집도 있었다.

한 달 내내 평일과 주말 가리지 않고 부동산 소장님 호출에 연차, 반차를 내고 달려가 매물을 보았으나, 가격과 조건에 딱 맞는 매물은 없었다.

운명 같았던 옥수동 아파트

신혼집 구하기에 골머리를 앓다가 우리는 머리도 식힐 겸 1박 2일 부산을 여행하기로 했다. 하지만 달리는 KTX에서도 호갱노노나 네이버부동산 알림을 켜고 수많은 아파트 단지와 매물을 계속 비교했다. 부산에 도착했지만 부산에서도 도무지 여행에 집중할 수 없었고, 휴식다운 휴식을 취할 수 없었다. 그런데 갑자기 옥수동 인근에 거주 중이던 고모에게서 연락이 왔다.

"너희 이 근처에 집을 구하러 다닌다며? 내가 일이 있어서 옥수동 아파트 인근 부동산에 왔는데, 8억 후반 짜리 급매가 하나 나왔다네. 한번 보러 올래? 그런데… 너무 급매로 나와서 이번 주에 계약될 것 같다고 하니까 오늘 오후에 봐야 해."

"진짜요? 저 지금 부산인데, 오늘 저녁이라고요?!" 여자친구에게 상황을 이야기하자, 나에게 먼저 KTX를 타고 올라가서 매물을 보라고 했다. 그렇게 나는 부산 도착 5시간 만에 남은 일정을 전부 취소하고 서울행 KTX를 탔다. 그리고 그날 오후 고모와 함께 옥수동 매물을 보았다.

사실 그전까지 본 매물의 경우, 세입자나 집주인이 살고 있는 상태라 자세히 볼 수도 없을 뿐더러 느낌도 별로였다. 반면 그 집은 공실 상태였고, 1990년대 후반 입주 이래 단 한 번도 주인이 거주한 적이 없어서 20여 년 전 순정 인테리어 그 자체였다. 하지만 중층의 남향이라 밝고 비어 있어서인지 집도 더 넓어 보였다.

나는 타일이 무너져 내린 주방 영상을 찍어서 여자친구에게 보냈다. 그럼에도 여자친구는 집이 밝고 가격도 원하는 가격대에 들어왔다며 마음에 들어했다. 나는 바로 부동산 소장님께 요청했다.

"저희가 정말 이 집을 사고 싶은데 신혼부부라 돈이 너무 부족합니다. 딱 2,000만 원만 네고 가능할까요? 정말 이 동네, 이 집에 살고 싶습니다. 인테리어도 조금 해야 해서 자금 사정이 어렵습니다."

소장님은 바로 집주인에게 전화를 걸어 2,000만 원 네고에 대해 어필해 주셨지만, 집주인은 1,000만 원 그 이상은 안 된다며 2,000

매수한 첫 실거주용 아파트의 주방 모습

벽에 손을 대자 타일 7개가 싱크대 상판으로 떨어졌다. 이래서 다들 "신축, 신축" 하며 '얼 죽신(얼어 죽어도 신축)'이라는 신조어까지 나오게 됐나 보다.

만 원을 깎아줄 바에야 거두고 천천히 매도하겠다고 했다. 집이 공실이다 보니 집주인 입장에서 급할 것도 없었다. 훗날 알게 된 바로는, 다주택자인 집주인이 문재인 정부의 바뀐 세금정책에 따라, 보유세가 부담되어 처분하려는 목적이었다.

우여곡절 끝에 우리는 이 집을 매수하기로 최종 결정하고 부모님들께도 보여드렸다. 공실이었기에 가능했다. 하지만 부모님의 반응은 예상과 달랐다.

"너희가 이 집을 왜 사려고 하는지 모르겠다."

"차라리 신도시 아파트에 전세로 살다가 분양을 받아 새 집에 들어가서 아이 낳고 살지."

"이 비싼 가격에 이 정도 컨디션의 복도식 아파트를 사는 건 아닌 것 같다."

반대는 거셌지만, 우리는 선택을 밀고 나갔다. 지금까지 부모님이 하라는 대로 하지 않고 반대로 하여 성공한 사례들이 꽤 많았기 때문이었다. 오히려 나는 더 자신감을 가지고 계획대로 추진했고 여자친구와 함께 밤새도록 자금 계산에 몰두했다.

다양한 자금 조달 방법을 강구하다

이렇게 결혼식도 치르지 않은 상태였지만, 우리는 그간 모아온 현금 3억 원과 신용대출 및 사내대출 1억 원으로 총 4억 원의 최초 시드머니를 만들었다. 목표는 8억 중반 짜리 옥수삼성 아파트였다! 하지만 8억 중반의 집에는 주택담보대출이 약 37%인 3억 1,000만 원 정도밖에 나오지 않으므로 기존의 4억 원에 3억 1,000만 원을 더해도 총 가용 금액이 7억 1,000만 원이었다. 매매가 8억 중반에 취등록세까지 포함하면 8억 후반의 금액까지 필요하기에 최종적으로 1억 7,000여만 원이 부족한지라 해당 부동산 매수를 포기해야 하나 싶었다.

어쩔 수 없이 급지를 내려 서울의 중급지 임장을 다녀보았지만 1억 7,600만 원 때문에 급지를 내려야 한다니 도무지 내키지 않았다. 우리가 상상했던 신혼 생활은 이미 서울 옥수동에 맞춰져 있던 터라, 만나서도 어떻게 이 문제를 해결할 수 있을지 머리를 싸매고 고민하기 바빴다.

우리는 결혼식이나 신혼여행을 계획하고, 스튜디오 촬영과 드레스, 메이크업을 의미하는 '스드메'에 정신을 쏟는 여느 예비 부부들과는 전혀 달랐다. 오로지 어떻게 하면 가용 자금을 더 끌어모아 우리가 원하는 옥수동 그 집을 쟁취할 수 있을지에만 몰두했다. 그러던 어느 날, 성동구 금호동의 한 카페에서 여자친구가 내게 이렇게 말했다.

"오빠, 내가 그 집에 세입자로 들어가서 전세대출을 받으면 안 돼? 전세대출은 80% 풀로 나오잖아. 혼인신고는 어차피 좀 늦게 해도 되잖아…."

불현듯 떠오른 아이디어였다. 엑셀을 열어 계산해 보니 기존의 방법대로라면 LTV가 3억 1,000만 원밖에 나오지 않았지만, 여자친구가 전세로 들어와 시세에 따라 전세대출을 받는다면 3억 8,000만 원의 자금을 융통할 수 있었다. 무려 7,000만 원이나 더 융통할 수 있는 것이었다. 그간의 고민과 걱정이 한순간에 물러가고 한 줄기 밝은 빛이 하늘에서 내려오는 것 같았다. 이러한 아이디어를 내준 지금의 아내에게 이 자리를 빌려 다시 한번 감사의 말을 전한다.

〈예비 부부 가용 자본: 총 4억 원〉

- 주식 등 현금성 자산 3억 원
- 신용대출 및 회사 사내대출 1억 원

〈기존 전략〉

- 매수금액 및 제반비용 : 8억 8,600만 원
- 주택담보대출 3억 1,000만 원
- 필요자본 5억 7,600만 원

〈전략 수정〉

- 매수금액 및 제반비용 - 전세 4억 7,000만 원 = 필요금액

  1) 4억 1,600만 원

- 전세금액 4억 7,000만 원 − 전세대출 3억 8,000만 원 = 필요금액

  2) 9,000만 원

- 필요자본 5억 600만 원

가용 자본 4억 원으로 2가지 경우의 수를 가지고 옥수동의 아파트를 매수할 수 있는 방법은 '전략 수정'밖에 없었다. 전략을 수정해도 약 1억 원의 금액이 부족했는데, 이는 앞서 이야기한 대로 코로나 하락장에서 코스피 우량주에 과감히 투자한 끝에 약 7,000만 원을 메

꿈은 이루어진다. 옥수삼성!

압구정동에서 동호대교를 건너 옥수삼성으로 들어오면 보이는 107동 전경. 107동은 아파트 내 33평 로얄동으로 고층 한강뷰가 나오는 동이어서, 우리에게는 정말 꿈 같은 곳이었다.
자료원: 네이버부동산

꿀 수 있었고, 남은 취등록세 3,000만 원은 카드 할부로 납부하기로 했다. 결국 나는 여자친구를 전세 세입자로 맞이하고 전세대출을 받았다.

다행스럽게도 그 이후 집값은 계속 상승했다. LTV 40%로 대출 비율은 그대로였지만, 상승한 집값에 따라 LTV 가능 금액이 증가해 1년이 조금 넘은 시점에 전세대출이 아닌 주택담보대출(전세퇴거대출)을 활용하여 아내를 전세 세입자에서 탈출시키고, 같이 실거주하게 되었다. 그제야 진짜 아내를 내 집에 맞아들인 느낌이었다.

2장

2단계: 투자용 집을 마련하라(N+1)

 첫 집 매수 후 갭 투자의 2가지 원칙

거주할 첫 집을 안전하게 마련했다면, 마음가짐과 전략의 태세전환이 필요하다. 이제는 단순한 '내 집 마련'을 넘어 본격적인 자산 증식을 위한 다음 단계, 즉 '다주택 갭 투자'를 시작해야 할 시점이기 때문이다. 앞서 보았듯, 나 역시 첫 집을 마련하기까지 결코 쉽지 않은 과정을 거쳤다. 오랜 시간 수많은 고민과 시뮬레이션을 반복했고, 예산 안에서 할 수 있는 최적의 선택을 하기 위해 수도 없이 계산기를 두드렸다. 고생과 고민의 연속이었다. 하지만 되돌아보면, 진짜로 마음을 단단히 다잡아야 할 시점은 그 이후부터였다. 첫 집을 마련했다는 것은 단지 출발선에 선 것에 불과하다. 말하자면 하나의 베이스 캠프를 구축한 셈이고, 진짜 정상을 향한 등반은 그때부터 시작되는 것이다. 나는 첫 집을 마련한 이후, 곧바로 다주택 갭 투자를 위한 2가지 원칙을 세웠다. 그리고 그 원칙에서 벗어나지 않으려고 최선을 다했다.

원칙 1. 경기도 아파트는 초역세권으로

투자용 부동산을 마련하려는 사람은 대개, 서울 핵심지에 거주용 부동산 1채를 보유한 상태에서 추가 주택으로 경기권의 아파트 매수를 검토할 가능성이 있다. 물론 충분한 자금이 있다면 투자용도 서울의 부동산으로 마련하는 게 가장 좋겠지만 먼저 내 집 마련에 큰돈을 쓴 상태라 여력이 부족할 가능성이 크다. 무엇보다 자금이 충분하지 않기에 대다수의 투자자는 부동산의 매매가와 전세가 차이, 즉 갭을 이용해 집을 매수하는 갭 투자 방식을 선택할 것이다.

이때 조심해야 할 것이 있다. 경기도로 투자의 반경을 넓히는 순간부터 훨씬 더 엄격한 기준을 적용해야 한다는 점이다. 그 기준 중 핵심은 바로 '초역세권'이다. 서울의 경우, 해당 아파트가 지하철역과 다소 거리가 있더라도 버스 노선이 잘 구성되어 있거나, 다양한 교통수단과의 연계성이 뛰어나기에 큰 문제가 없다. 다시 말해, 교통 인프라의 밀도가 높고 다양성이 보장되어 있어서 일정 수준 이상의 생활 편의성이 확보된다. 하지만 경기도는 서울과 비교할 때 교통체계에 있어 큰 차이가 있다. 특히 경기도에서도 '비역세권'에 해당하는 지역은 출퇴근 시간뿐만 아니라 주말이나 야간 시간대에는 '버스+지하철 원거리' 혹은 '+광역버스'의 조합이 불가피하기에, 장기적으로도 교통 편의 측면에서 불편할 수밖에 없다. 따라서 미래의 매수인이 실거주를 염두에 둘 것을 고려하여 이러한 불편함이 없는 부동산을 골라야 한다. 가령, 성남시 분당구는 용인시 수지구에 비해 여러 면에서 상급지임에 분명하다. 하지만 동일한 금액으로 분당 내 비역세권 아파트와 수지 내 초역세권 아파트에 투자할 수 있다면, 어느 쪽을 택하겠는가? 나라면 주저 없이 후자를 선택할 것이다. 경기도에서의 교통 편의성은, 미래의 환금성까지 포괄하는 중요한 문제이기 때문이다.

원칙 2. 초기재개발 물건은 서울 상급지에서만

투자용 부동산으로, 초기재개발 물건을 선택하는 경우도 많다. 이때도 중요한 것이 하나 있는데, 바로 해당 지역이 신속통합기획, 줄여서 '신통기획'에 선정되었는지 그 여부를 확인하는 것이다.

신통기획은 서울시가 재개발을 빠르게 추진하기 위해 만든 제도로, 초반부터 서울시가 정비계획 수립에 직접 개입하고 인허가 절차를 간소화해 빠르게 사업이 진행되도록 돕는다. 한마디로, 행정적인 복잡성을 줄임으로써 재개발의 현실화 가능성을 높여주는 시스템이라고 할 수 있다.

따라서 신통기획에 선정된 지역이라면, 초기 단계의 재개발 지역이라 하더라도 사업 추진에 대한 기대를 가질 수 있다. 하지만 신통기획에 선정되기 전이거나, 일반적인 정비구역 지정도 되지 않은 상태인 재개발 지역의 부동산이라면 이야기가 달라진다.

이런 경우에 해당한다면 반드시 본진, 즉 실거주용 부동산 확보부터 우선 실행해야 한다. 거주할 집도 없는 상태에서 리스크가 큰 초기재개발 매물부터 매수하면, 자금 운용과 보유 전략에 차질이 생기고 전체적인 부동산 투자 흐름이 꼬일 수 있기 때문이다.

또한 서울 안에서도 초기재개발 지역을 검토할 때는 지역 선정에 유의해야 한다. 내가 추천하는 지역은 마포구, 용산구, 성동구, 강동구, 중구, 동작구, 영등포구, 동대문구이다. 이들 자치구는 재개발 추진 가능성과 신축 아파트에 대한 수요가 균형 있게 존재하기 때문이다. 반면 많은 이가 관심을 가지고 있는 강남구, 서초구, 송파구는 이미 개발이 완료된 지역이 많아서 초기재개발이 이뤄질 가능성이 거의 없다. 그밖에 앞서 추천한 자치구보다 급지가 낮은 지역의 경우, 신축 아파트 가격이 기대만큼 오르기 어렵고, 재개발을 통한 수익도 크게 기대할 수 없다. 결국 재개발의 메리트 자체가 낮아질 수 있다는 이야기이다.

절약 또 절약으로 구축한 N+1

첫 집 마련을 위해 아내를 전세 세입자로 맞이했을 때, 처가에서는 상당히 못마땅해하셨다. 하지만 그러한 반응이 오히려 나의 다짐을 더욱 굳건하게 만드는 계기가 된 것도 사실이다. 나는 장인, 장모님께 이렇게 약속했다.

"더 열심히 벌고 절약하며 검소하게 살아서, 아내 단독 명의의 또 다른 주택을 매수하겠습니다!"

하지만 무리하게 신혼집을 매수하고 아내를 통해 전세자금대출 80%를 실행하고 나니, 무려 3억 8,000만 원의 전세자금대출에 따른 이자 150만 원, 각종 신용대출에 대한 이자 50만 원, 취등록세 10개월 할부금 200만 원에다, 인테리어 비용과 가전, 가구의 10개월 할부금 250만 원까지 더하니 매월 고정적으로 나가야 하는 금액만 650만 원이나 되었다.

끼니만 안 걸러도 다행

당시 우리 두 사람은 맞벌이로 월 800만 원을 벌고 있었다. 하지만 여기서 고정 지출액 650만 원을 빼고 나니, 매월 딱 150만 원이 남는 구조였다.

항목	비용
전세자금대출 이자	150만 원
신용대출 등 이자	50만 원
취등록세 10개월 할부	200만 원
인테리어, 가전 및 가구 할부	250만 원
월 고정지출 합계	650만 원

신혼인 만큼 여러 소품으로 집도 예쁘게 꾸미고 싶고, 종종 여행도 가고 싶었다. 하지만 월 150만 원으로는 끼니를 거르지 않는 것만으로도 다행이었다. 운동을 위해서는 헬스클럽 대신 남산과 한강변을 뛰어다녔고, 저녁 식사 비용을 아끼기 위해 가급적 회사에서 식사를 해결하고 퇴근하는 것을 기본 원칙으로 삼았다.

이렇게 10개월을 살다 보니, 어느덧 소비 수준도 월 150만 원에 맞춰졌다. 인근 한남동과 이태원동, 성수동 등에는 맛집이 즐비했기에 배달앱만 켜도 손쉽게 맛있는 음식을 먹을 수 있었지만, 앱에서 메뉴만 확인하고 동네 식자재 마트에서 재료를 사다가 만들어 먹으며 최대한 절약했다.

가전과 가구, 취등록세에 대한 할부가 끝나자, 월 450만 원의 여유가 생겼다. 하지만 그대로 소비를 늘렸다가는 처가에 약속한 아내 명의의 주택을 추가로 매수하는 건 정말 어려워질 것 같았다. 그래서 우리는 월 150만 원의 생활을 지속하면서 1년 동안 매달 450만 원씩을 모아 약 6,000만 원의 현금을 만들었다.

처음으로 마련한 신혼집 역시 가격이 지속적으로 상승한 덕분에, 아내를 세입자에서 퇴거시키고 전세를 끼지 않은 주택담보대출을 최대한도로 받을 수 있었다. 이를 통해 전세자금대출을 전액 상환했더니 대략 1억 원이 남았다. 여기에 매월 모은 6,000만 원까지 합쳐 우리는 1억 6,000만 원의 갭 투자처를 찾기 시작했다.

당시 이 가격대에 접근할 수 있는 투자처는 도봉구 창동주공, 노원구 상계주공, 광명시 하안주공 등이었다. 이들 아파트에는 공통점이 있었다.

- 선호도가 낮은 지하철 1호선 역세권
- 주공 시공의 대단지
- 10평대 소형 평수가 60% 이상인 단지
- 재건축 추진 중이라고는 하지만, 가능성은 낮아 보임

곰곰이 따져보니, 이와 같은 공통점은 향후 매도 시점에 환금성이 떨어질 수 있는 리스크가 될 것 같았다. 그래서 틈틈이 임장을 다니며 투자처를 물색하면서 적어도 다음과 같은 조건을 만족하는 투자처를 찾아야겠다고 생각했다.

- 강남으로 직결되는 선호도 높은 지하철 노선 역세권(신분당선, 4호선)

- 적어도 20평대 이상의 평수가 다수인 단지
- 재건축 호재가 없더라도 신혼부부 수요가 많아 매도가 수월한 지역

이러한 기준을 세우고 나니, 자연스럽게 서울 내 하급지가 아닌 1기 신도시로 시선을 돌리게 되었다. 그렇게 나는 가용 예산을 초과하는 분당을 제외한 일산, 평촌, 산본 등지에서 투자처를 찾기 시작했다. 얼마 가지 않아 일산도 제외시켰는데, 이는 '강남으로의 직결성' 측면에서 많이 부족해서였다. 나는 당시 가진 시드머니 1억 6,000만 원 내외의 투자처를 찾아 평촌과 산본을 끊임없이 임장 다녔다. 그리고 마침내, 평촌역 도보 5분 거리의 초원마을 아파트 20평형에 투자했다. 이곳을 선택한 이유는 명백했다. 소형 평형이긴 해도 평촌역 초역세권에 있고, 바로 옆에 한림대학교 평촌성심병원이 있어서 간호사 등 병원에서 근무하는 이들로 임차 수요가 꾸준하리라 판단한 것이다. 또한 서울 강남권까지의 출퇴근도 용이해 신혼부부 등의 임차 수요 역시 기대할 수 있었다.

평촌 초원마을 아파트 20평대

매매가	4억 4,000만 원
전세가	2억 7,800만 원
부대비용	650만 원
투자금	1억 6,850만 원

투자용으로 경기도권의 부동산을 매수할 때는, 그저 2,000만~3,000만 원 더 저렴하다고 해서 지하철역에서 떨어진 곳을 매수해서는 안 된다는 것이 내가 세운 원칙 중 하나였다. 그래서 조금 더 비싸더라도 단 100m라도 지하철과 가까운 초원마을을 선택하게 되었다.

투자자들이 꼭 기억해야 할 것이 있다. 부동산을 매수하는 순간부터 우리 신분이 곧 매도자로 바뀐다는 사실이다. 그러니 매수 직전에는 추후에 해당 부동산을 쉽게 매도할 수 있는가에 대한 확신이 있어야 한다. 경기도 부동산의 경우, 매도 용이성의 제1 조건이 '지하철역과 단 1분이라도 더 가까운가?'라고 생각했다. 실제 지하철역 도보 5~10분, 25평 이상의 아파트는 매도 용이성도 좋았지만 전세 세입자를 구하기에도 안성맞춤이었다. 결과적으로 이 아파트를 매수한 후 세입자와 전세 재계약을 하면서 3,000만 원가량의 추가 보증금을 받게 되었고, 이는 또 다른 투자를 가능케 했다.

 우리사주 수령과 용산구 초기재개발

2020년에 1기 신도시 초역세권 아파트를 추가 매수하고 또 다른 투자처를 찾아 시드머니를 만들고 있던 시점에, 신상에 변화가 생겼다. 바로 2021년 중순 코로나19 팬데믹 시절에, 회사에서 신제품을 개발하면서 코스피 상장을 하게 된 것이다. 덕분에 나는 임직원 우리사주를 얻게 되었다. 야근과 격무에 시달리며 보냈던 몇 년간의 노력이 과실을 맺게 된 것이다.

현금을 대지지분으로 치환하다

다만 우리사주를 매도해 현금화하려면 퇴사라는 전제조건이 충족되어야 했다. 대다수의 사람이라면 우리사주가 당장 휴지 조각이 되는 것도 아니니 최대한 퇴사 시점을 미루려고 했을 것이다. 하지만 나의 판단은 완전히 달랐다. 나는 한치의 망설임이나 고민도 없이 퇴사를 감행했다. 전 사에서 가장 먼저 퇴사를 통보하고 바로 한 달 뒤 퇴사한 사람이 나였다. 그때 많은 동료와 상사가 나를 말렸는데, 지금은 그들이 나를 부러워한다.

우리사주 매도에 퇴사라는 전제조건이 있다는 사실을 알면서도, 내 머릿속에는 딱 1가지 생각밖에 들지 않았다. 바로 이를 '대지지분(부동산)으로 치환'해야 한다는 것이었다. 당시 회사 주가가 올라갈 상방이 충분했기에 여러 동료가 손사래 치며 말렸다. 하지만 나는 과감히 퇴사하고 우리사주를 매도 처리하여 차익을 손에 쥐었고, 결과적으로 이는 신의 한 수가 되었다. 물론 내가 우리사주를 매도한 이후 주가는 더 올랐다. 하지만 머잖아 하락하기 시작했고 현재는 공모가 이하로 떨어져 가만히 둔 많은 임직원이 평가 손실을 겪고 있다. 물론 나처럼 퇴사하면서 우리사주를 매도해 차익으로 다른 주식이나 알트코인에 재투자한 이도 있었다. 하지만 결과적으로 돈이 증발해 버리거나 오히려 손실을 보고 있는 경우가 대다수다. 이로써 나의 투자 신념은 더욱 강해졌다. ==현금이 생기면 최우선적으로 이를 '대지지분'으로 치환하는 것이, 가장 안전하고 후일을 도모할 수 있는 완벽한 전략이라는 것이다.==

하락장에도 끄떡없는 용산구 초기재개발

우리사주 매도 후 얻은 차익으로 투자처를 검토하던 시기에, 서울 시내와 수도권 핵심지의 아파트 가격은 하늘 높은 줄 모르고 큰 폭으로 상승하고 있었다. 또 이미 아파트를 2채 보유한 상황인 데다 바뀐 부동산 정책에 따라 아파트 임대사업도 중단한 상황이라서, 아파트를 추가로 매수하는 것이 부담이 되었다. 마침 서울시장 보궐선거가 예정되어 있었는데, 오세훈 전 서울시장과 박영선 전 중소벤처기업부 장관이 각기 보수와 진보 진영의 후보로 맞붙는 형국이었다. 당시는 진보 진영의 부주의와 실책으로 인해 시장 자리가 공석이 된 상황이었기에, 나는 보수 진영 후보인 오세훈 전 시장이 당선될 가능성이 매우 크다고 판단했다. 그렇다면 오세훈 전 시장이 당선된다면 어떤 변화가 생길까? 나는 과거 오세훈 시장이 임기 중 추진했던 정책들을 되짚어 보기 시작했다. 가장 핵심적인 방향은 도시의 가치를 높이는 것이었는데, 이를 위해 '한강 르네상스' 같은 대형 프로젝트를 통해 서울의 도시 경쟁력을 끌어올리려 했던 흐름이 뚜렷이 보였다. 또 하나의 큰 축은 재개발과 재건축을 통한 주택 재정비 정책이었다. 공급 부족 문제를 해결하기 위해 도심 곳곳에 활력을 불어넣겠다는 의지가 보였다. 특히 '재개발'이라는 키워드에 주목했다. 오세훈 전 시장의 정책 방향 속에서 서울 용산은 중심축에 놓여 있었으며, 당시에도 다양한 청사진이 이미 제시된 상태였다. 용산국제업무지구 개발, 미군 기지 반환과 그에 따른 용산공원 조성 등 국가 차원의 굵직한 프로젝트가 연이어 예고되었고, 행정적인 추진력 또한 용산을 중심으로 쏠리는 모습이었다. 말 그대로 '서울의 심장'이 다시 뛸 것 같은 신호가 곳곳에서 감지되었던 것이다.

용산구 지도

한강변에는 한남동, 서빙고동, 이촌동 등 부촌이 형성되어 있다.
자료원: 용산구청

용산구의 부동산은 동측, 남측으로 갈수록 가격이 비싸고 북측, 서측으로 갈수록 저렴하다. 한남동과 보광동의 경우 한남 뉴타운 1~5구역이 재개발 진행 중이며, 나인원한남, 한남더힐, 유엔빌리지 등 고급 저택들이 즐비하여 사실상 우리나라에서 가장 비싼 동네라고 봐도 무방한 지역이다. 바로 위 이태원동의 경우 기업 총수와 정치인 등 유명인들의 저택 밀집 지역이며, 한강에 인접한 서빙고동 및 동부이촌동의 경우 과거부터 부촌이었던 곳으로 서빙고신동아, LG한강자이, 래미안첼리투스 등 한강변 북측을 대표하는 단지들로 가득 차 있다.

　나는 용산구의 초기재개발 투자 시에는 동측이나 남측이 아닌, 서측의 남영동, 효창동, 원효로, 청파동, 서계동을 검토하는 것이 유효하리란 판단 아래, 서부 지역을 적극 찾아보았다. 블로그 활동을 하면서 용산 지역 재개발 조합원으로 다수의 구역을 보유한 공인중개사를 알게 되었는데, 그를 통해 정비사업 예정 구역 정중앙에 위치한 신축 빌라를 소개받았다. 사실 빌라 투자는 처음이었기에 너무 긴장이 돼서 수십 번도 넘게 집을 보고 세입자 입장에서 임차가 잘 될지 밤잠을 설치며 고민했다. 그러던 찰나 다시 한번 그 집을 보러 중개소에 방문했다가, 마포 지역에서 마포래미안푸르지오, 마포프레스티지자이 등 이미 성공한 재개발 투자를 경험한 과거 마포 출신 조합원 6명이 단체로 와서 이 빌라의 1개층 6개의 매물을 전부 매수하는 것을 목격했다. 당시 내가 고민 중이던 302호를 포함해 대부분의 로열 동과 호수가 동나기 시작했다. 집도 보지 않고 땅의 위치와 대지면적만 확인하고 바로 계약금을 송금하는 그들의 모습을 보며, 나는 차선으로 고려했던 호수에 바로 계약금을 넣었다.

용산 초기재개발 투자 내역

매매가	5억 6,000만 원
전세가	2억 4,000만 원
부대비용	800만 원
투자금	3억 2,800만 원

그들도 하나같이 오세훈 전 시장이 재선에 성공한다면 용산은 파죽지세가 될 것이라고 했다. 그리고 실제 2021년 서울시장 보궐선거에서 당선된 오세훈 시장은 용산국제업무지구, 용산역-서울역으로 이어지는 지상철 지하화, 용산공원 조성 등 굵직한 용산 개발사업을 발표했다. 이에 용산 내 상급 입지인 한남, 이촌은 물론 서부 쪽인 원효, 청파 지역의 빌라 가격도 큰 폭으로 상승했다.

이후 2022년에 들어서면서 서울 시내 아파트, 특히 잠실권 대단지를 필두로 강남 3구, 마용성 등 주요 단지에서 20~30% 가격이 하락한 거래들이 나오며 금리 상승과 동시에 서울 아파트 가격이 얼어붙기 시작했다. 2022년은 거래 절벽, 2023년은 하락 거래가 연일 지속되며 부동산 폭락에 대한 우려가 깊어졌다. 하지만 서울 아파트들의 가격이 대규모로 하락하는 이 시기에도, 용산의 초기재개발 빌라 가격은 꿈쩍도 않고 오히려 상승을 지속했다. 2022~2023년에 오세훈 서울시장의 용산 개발 청사진이 발표되면서, 용산에 대한 투자 열기 또한 그대로 이어졌다.

가끔 나는 '2021년 아파트 폭등장에서 성북구나 동대문구, 서대문구, 은평구 등 서울 중위 그룹의 구축 아파트를 추가 매수했더라면 어떻게 됐을까?' 생각하곤 한다. 그렇게 했다면 2024년까지도 매수가격을 회복하지 못했을 것이다. 하지만 천만다행으로 2022~2023년의 부동산 하락장에서도 용산의 빌라 가격은 서울 아파트 가격과 정반대로 흘러갔다. 용산 빌라의 가격은 꾸준히 상승하고 강남을 비롯한 서울 아파트의 가격은 지속해서 하락하던 2023년 초, 용산 빌라를 매도해 손에 쥘 수 있는 금액과 눈여겨보던 강남 아파트에 투자할 수 있는 금액이 같아진 것을 확인한 순간, 나는 내게 수시로 연락해 용산 빌라의 매도 의사를 묻던 부동산 중개사에게 연락해 매도를 실행했다.

그렇게 용산 빌라 매도로 회수한 투자 금액과 양도차익을 합쳐, 강남구 개포동 소형평형 아파트로 투자물 갈아타기를 진행할 수 있었다.

3장

3단계: 한강이 보이는 최상급지로 갈아타라(GOAL)

 최상급지에 대한 지각변동

강남이라고 해서 다 같은 강남이 아니다. 행정구역이 서초구 혹은 송파구에 해당하는 부동산이라고 해서 이들을 무조건 최상급지라고 정의할 수 없다는 이야기다. 이제는 부동산을 바라보는 기존의 '강남-서초-송파' 패러다임에서 벗어나 '핵심 한강변'이라는 패러다임으로 새롭게 접근해야 한다. 강남구 내에서는 압구정동-청담동-삼성동, 서초구 내에서는 반포동-잠원동, 송파구 내에서는 잠실동-신천동이, 바로 핵심 한강변이다. 실제로 이곳의 부동산 가격이 같은 자치구 내 다른 동의 부동산보다 2배 이상 높은 경우도 있다. 사실

강북권으로 가면 부동산 가격의 격차는 더욱 심해진다. 용산구 한남동, 이촌동, 성동구 성수동, 옥수동, 영등포구 여의도동, 마포구 용강동, 동작구 흑석동 등 한강변 자치구 내에서도 한강과 인접한 동은 그렇지 않은 동에 비해 가격 격차가 3배 이상 벌어지기도 한다.

왜 한강변 재건축인가?

2025년 기준 공시가격 상위 10위 공동주택은 다음과 같다.

소재		공동주택	전용(㎡)	공시가(원)	유형
서울	강남 청담	에테르노청담	464.11	200억 6,000만 원	아파트
		더펜트하우스청담	407.71	172억 1,000만 원	
	용산 한남	나인원한남	244.72	163억 원	
		한남더힐	244.75	118억 6,000만 원	
	서초 반포	래미안원베일리	234.85	110억 9,000만 원	
		아크로리버파크	234.91	109억 1,000만 원	
	성동 성수1가	아크로서울포레스트	273.93	107억 3,000만 원	
	용산 한남	파르크한남	268.95	103억 5,000만 원	
	성동 성수1가	갤러리아포레	271.21	91억 3,500만 원	
	서초 서초	트라움하우스5	273.64	78억 6,800만 원	연립

2025년 1월 1일 조사·산정 | 자료원: 국토교통부

이를 지도에 표기하면 다음과 같다. 이를 보면 왜 최상급지의 정의가 단순한 강남 3구에서 한강변으로 이동했다고 하는지 짐작할 수 있을 것이다.

2025년 기준 공시가격 상위 10위 공동주택

트라움하우스5를 제외한 9개의 주택이 모두 한강변에 위치하고 있다. 현시점, 재건축, 재개발 등 최상급지 한강변 정비사업이 한창 진행 중이다.

자료원: 네이버지도

    지도에는 한강변과 연접한 대규모 정비사업지들도 표기되어 있다. 왼쪽부터 여의도 재건축, 노량진·흑석 뉴타운, 한남 뉴타운, 압구정 재건축, 성수 전략정비구역이다. 이렇듯 핵심 한강변의 부동산은 현재 가치뿐 아니라, 미래 가치까지 보장된 셈이다. 따라서 가능한 한 자신의 자산과 자본을 한강변에 붙여야 하며, 한강 중심 개발 사업의 가치를 내 자산에 흡수시켜야 한다.

    부동산 가격이 급등하기 직전인 2015~2016년에 나는 이제 막 대학교를 졸업하고 회사에 들어간 20대 중반이었다. 사회 초년생으로서 부동산에 별다른 관심이 없었고, 설사 관심을 가졌더라도 투자할 여력이 없었을 게 분명하다. 이후 2019년 코로나19 팬데믹 시점까지도 부동산 투자를 엄두도 낼 수 없었다. 사실 그 시기에 나는 물론이요 그 누구라도, 맞벌이 직장인이 강남구나 서초구에 '제대로 된' 대단지 아파트를 단번에 매수하는 건 불가능하다고 생각했을 것이다. 그러한 아파트들은 당시에도 평당가가 8,000만 원이 넘어 국민 평형 33평 가격이 26억 원에 육박했기 때문이다. 물론 강남구, 서초구의 재건축이 불가능한 소단지의 구축이나 나홀로 아파트라면 매수할 수 있었을지 모르겠다. 하지만 제대로 된 강남권에 진입하려면, 우리가 아는 반포, 압구정, 대치, 도곡, 역삼, 잠실 권역의 1,000세대 이상의 대단지 네임드 아파트이어야만 진정한 '강남 효과'를 누릴 수 있었다.

본격적으로 부동산 공부를 실제로 해보니, 용적률이 높아 재건축이 어려운 일반 구축이나 나홀로 혹은 소단지 아파트, 재건축 사업성이 떨어져서 사업 진행이 불가능한 구축 아파트로는 강남 대단지 네임드 아파트에 진입하기가 사실상 불가능해 보였다. 따라서 나는 단순히 강남구라는 이름표만 단 상품성이 낮은 단지가 아닌, 한강변 차상급지에서 '정비사업' 즉 재개발 혹은 재건축으로 퀀텀 점프하여, 제대로 된 최상급지인 강남 대단지 아파트를 매수하는 전략을 실행하기로 결심했다. 퀀텀 점프를 위한 최적의 장소는, 다름 아닌 '핵심 한강변'이었다.

팬데믹 사태가 부동산에 미친 영향

한강변이 최상급지가 되었다고 판단한 데는 몇 가지 근거가 있었다. 코로나19 창궐 전후로 사람들이 실내에 머무는 시간이 길어짐에 따라 집 안에서 바라보는 뷰의 가치가 극대화되었고, 대중교통이 아닌 자차 이동이 증가함에 따라 올림픽대로와 강변북로의 접근성 또한 중요해졌다고 봤다. 뷰와 메인도로의 접근성이라는 이 2가지 메리트를 동시에 누릴 수 있는 곳은 '한강변'이라는 확신이 들었다. 다만 같은 한강변이라도 서울 강서구나 하남시, 남양주시가 아닌, 서울의 핵심 지역인 '강남 3구+마용성'에 해당되는 한강변 아파트, 즉 핵심 한강변의 가치에 베팅하게 되었다.

결과적으로, 팬데믹 이후 한강변 아파트의 프리미엄은 더욱 치솟았다. 무엇보다 대치동과 반포동의 아파트들이 비슷한 시세를 형성하던 2019년 이전과 다르게, 2025년 현시점에는 반포동의 아파트들이 압도적 기세로 대치동의 아파트를 따돌리고 훨씬 높은 가격대를 형성하게 되었다. 재건축을 통한 신축 아파트와 한강변이 만나면 이렇게 무적이 된다는 사실을 여실히 보여주는 사례라고 할 수 있다.

이러한 판단을 근거로 나는 한강변 재건축 물건을 집중적으로 검토했다. 특히 정비사업의 경우 속도가 생명줄과 같기에 조합설립인가는 물론 '사업시행인가'까지 완료한 사업장을 중심으로 매수를 고려했다. 수차례의 임장과 주변 투자자들의 조언을 토대로, 마침내 핵심 한강변의 사업시행인가까지 완료된 재건축 단지를 2024년 초에 매수했다. 2025년 5월 현시점, 1년이 조금 넘는 기간의 실거래가를 살펴보면 약 6억 원이 상승했다. 당시 함께 검토했던 타 단지들의 가격이 2억~3억 원 내외로 상승한 것을 보면, 역시 나의 판단이 옳았다는 생각이 든다.

 임실장의 갈아타기 3대 원칙

부동산 투자로 자산가가 되고 싶은가? 현시점, 방법은 하나다. 부동산 갈아타기이다. 부동산 갈아타기란 지금 거주 중이거나 보유 중인 부동산을 매도하고 그보다 한층 입지가 좋고 가치가 높은 부동산을 매수하여 이동하는 것을 말한다. 최종적으로는 한강이 내다보이는 최상급지로 갈아탐으로써 최종 목표를 이루어야만 한다. 다만 이때는 '고난도의 예술 행위'라고 불릴 만한 기법이 필요한데, 초기의 재료 점검에서부터 부동산 매도에 이르기까지, 일련의 과정을 모두 거치게 되면 자신만의 확고한 투자 포트폴리오를 완성할 수 있다.

먼저, 내가 경험을 통해 확신하게 된 '임실장의 갈아타기 3대 원칙'부터 소개한다. 여기서 중요한 것은, 이 3대 원칙 '모두'를 만족해야 한다는 점이다. 만약 이 중 1가지라도 어긋난다면 상급지로 갈아탈 생각을 하지 않는 편이 훨씬 낫다.

원칙 1. 총자산 1.7~2배의 부동산

부동산 갈아타기의 첫 번째 원칙은 현재 자산의 최소 1.7~2배인 상급지 부동산으로 이동해야 한다는 것이다. 만약 10억 원짜리 주택에 살고 있다면 최소 17억 원, 최대 20억 원대 아파트로 이동하는 것이 합리적이다. 10억 원짜리 주택에서 12억 원이나 13억 원짜리 집으로 갈아타는 것은, 사실상 '수평적 갈아타기'에 불과하다.

이렇게 갈아타는 경우, 취등록세와 중개수수료, 기타 부대비용까지 고려하면 자산적으로는 큰 차이를 만들어 내지 못하게 된다. 즉, 집값 차이가 별로 나지 않기 때문에 실질적인 업그레이드라기보다 그저 같은 범위 내에서의 '옆그레이드'에 불과하다는 말이다. 따라서 제대로 된 자산 증식을 위해서는 좀 더 큰 폭의 업그레이드가 필요하다는 점을 명심하자.

원칙 2. 최소 2계단 이상의 상급지

갈아타기의 두 번째 원칙은, 최소한 2계단 이상의 상급지로 이동해야 한다는 것이다. 예를 들어, 내가 A 아파트 25평에 살고 있는데, 동일한 A 아파트의 33평으로 갈아탄다고 해보자. 물론 실거주 측면에서 보면, 더 넓은 평수로 이동하는 것이 생활 편의나 삶의 질 측면에서 보다 나은 선택이 될 수 있다. 하지만 자산 증식의 본질을 고려했을 때, 이런 선택은 그다지 의미가 없다. 내가 이사할 곳이 평수는 넓어진다고 해도 전에 거주하던 곳보다 상급지로 평가되는 곳이 아니어서 실제로 자산가치를 크게 증가시킬 수 없는 상황이라면, 자산적 관점에서 무슨 의미가 있겠는가?

자신이 어느 동네의 어느 단지로 이동할지를 결정할 때는 단순히 집 크기나 편의성만 고려해서는 안 된다. 가령 송파구 문정동에서 송파구 가락동으로, 또는 서대문구 북아현동에서 마포구 아현동으로 자치구를 넘는 갈아타기를 한다면, 이는 고작 0.5~1계단 정도의 상급지로 갈아탄 정도에 불과하다. 사실상 자산 증식에는 큰 도움이 되지 않는 선택이라는 말이다. 반면, 성동구 옥수동 래미안옥수리버젠에서 서초구 반포동 반포자이로, 성동구 금호동 금호대우에서 송파구 신천동 파크리오로, 마포구 아현동 마포래미안푸르지오에서 송파구 잠실동 리센츠로, 또는 용인시 수지구 구축에서 광진구 자양동 한강변으로 이동했다면, 이것이 바로 2계단 이상의 상급지로 갈아탄 것이며, 실제 자산 증식에도 유리한 선택이라고 할 수 있다.

원칙 3. 최소 2억 원의 현금 보유

갈아타기의 세 번째 원칙은, 최소 2억 원 정도의 현금을 보유하고 있어야 한다는 것이다. 꼭 현금이 아니더라도 주식이나 비트코인 같은 금융 자산, 혹은 세후 양도차익으로 2억 원 정도는 기대할 수 있는 환금성 높은 부동산이 있다면 좋다.

일반적으로 상급지로의 이동은 대개 부동산 하락장에서 이뤄진다. 가령 하락장에서 전체적인 부동산 가격이 30% 정도 하락한다면, 상급지의 부동산은 절대가격 자체가 높아서 상대적으로 더 큰 폭으로 가격이 떨어지기에 이때 갈아타기가 쉽기 때문이다. 하지만 이 시점에는 내가 매도하려고 하는 부동산 역시 일정 부분 하락한 상태일 테니, 상급지로 이동하려면 그만큼 자금을 추가로 마련해야 한다. 이때 모아둔 현금이나 금융 자산이 없으면, 갈아타기 위해서 대출을 과도하게 이용할 수밖에 없다. 자칫 과도한 대출을 받았다가 예기치 못한 금리 상승이나 대출 상환 압박까지 겹치면 엄청난 리스크가 될 수 있다. 그러므로 상급지로의 갈아타기를 계획 중이라면, 2억 원 이상의 현금성 자산을 미리 준비해 두는 것이 안전하고 현명하다.

상급지 갈아타기 ① 재료 점검

다주택자로서 본진(거주 중인 부동산)을 제외한 나머지 물건에서 양도차익을 얻을 수 있다면, 이것이야말로 추후 본진의 최상급지 갈아타기에 훌륭한 재료가 된다. 액수가 크다면 더할 나위 없이 좋겠지만, 크지 않더라도 자산 파킹 효과와 더불어 매우 긴요한 수혈 자금이 될 수 있다.

실제로 직접 상급지 갈아타기를 해보고, 주변에서 갈아타기에 성공한 이들의 경험을 종합해 보니, 대출과 잉여 현금, 금융 자산을 최대한 끌어와도 결국 마지막에 취등록세와 중개수수료, 인테리어 등의 부대비용까지 고려하면, 1억~1억 5,000만 원 정도가 부족해졌다. 2억, 3억 원도 아니다. 신기하게도 딱 1억여 원 정도가 부족하다. 그러니 이때 그 정도의 현금이 있거나, 혹은 비슷한 금액을 융통할 수 있는 금융 및 부동산 자산이 있다면 얼마나 반갑겠는가!

못난이에서 귀염둥이로의 레벨업

내게도 이러한 자금 조달의 어려움이 생겼을 때 부족함을 메워준 물건이 있었다. 바로 2020년 매수했던 경기도 평촌 초원마을의 한 아파트였다. 그 부동산이 드디어 도움이 될 시점이 온 것이다. 비록 그간에는 상대적인 못난이 역할을 맡고 있었지만, 그때만큼은 세상에서 가장 사랑스러운 귀염둥이가 되었다. 그 귀염둥이를 매도하고 나니 3억 원 내외의 현금이 생겼다. 갭으로 들어가 있던 투자금 2억 원에 양도차익 1억 원을 합친 이 3억 원은 상급지 갈아타기를 실행할 때 매우 큰 힘이 되었다. 만약 이 돈 없이 갈아타기를 실행하고자 했다면 급지를 낮춰야 했기에 갈아타기의 진정한 효과를 반감시키는 선택을 할 수밖에 없었을 것이다.

물론, 어떤 이는 2억 원을 못난이 부동산에 넣는 대신 주식이나 비트코인에 투자했다면 1억 원보다 더 많은 수익을 낼 수 있지 않았을까 생각할 수 있다. 나 역시 주식 투자로 수익을 내보았지만, 그렇다고 주식이나 비트코인에 2억 원을 넣었다가 1억 원을 더 버는, 무려

50%의 수익률을 기대할 만큼의 투자 실력은 갖추지 못했다. 더구나 투자 감각이 아무리 뛰어나다고 해도, 주식이나 비트코인에 투자해 매번, 매 시기 차익을 보며 빠른 부를 축적하는 것이 가능하기나 할까? 그렇지 않다고 본다. 나는 가장 안정적으로 우상향을 기대할 수 있는 투자 자산은 부동산이라는 생각에 변함이 없다.

  상급지로의 갈아타기를 위한 재료로서 투자용 주택을 찾고 있다면, 비록 소형 부동산이라고 해도, 서울 역세권이나 경기도 신분당선, 4호선 역세권에 위치한 주택이라면 더할 나위 없이 좋다고 본다. 이런 지역의 부동산은 이미 너무 비싸지 않느냐고 물을지 모르겠다. 하지만 눈을 크게 뜨고 잘 찾아보면 충분히 소액으로 접근할 수 있는 물건들이 즐비하다. 물론, 여기서 말하는 소액이란 최소 2억 원을 의미한다. 현시점에서 2,000만 원으로 시도할 만한 물건을 찾는다면, KTX를 타고 다니면서 지방으로 임장 다닐 것이 아니라, 그 시간에 몸값을 더 올리고 시드머니를 더 모으는 게 현명하다고 본다. 본인은 수도권에서 태어나고 자랐으면서 자신이 잘 모르고 관심도 없던 지방 도시들의 부동산을 매수하기 위해 하염없이 헤매는 투자자들이 있다. 그런 이들을 볼 때마다 안타깝기 그지없다. 나는 우리가 투자처로 삼을 부동산은, 자신이 거주하는 곳에서부터 차로 1시간 내에 도착하거나 지나다닐 수 있는 곳이어야 한다고 생각한다.

상급지 갈아타기 ② 선매수 후매도 전략

직접 경험해 본 입장에서, 충분한 여유 자금이 있지 않는 한 부동산의 선매수 후매도 전략은 추천하지 않는다. 갈아타고자 하는 집은 당연히 현재 살고 있는 집보다 상급지의 부동산이므로 부동산 시장이 하락했다가 반등하기 시작할 때 저렴한 가격에 매수하는 것이 중요하다. 이러한 이유로 나는 적정한 시점에 일단 상급지 부동산의 매수 계약을 체결했는데, 문제는 당시 거주 중이던 집이 로열동, 로열층, 올수리 상태였음에도 상대적으로 오래된 구축이기에 매수세가 쉽게 붙붙지 않는다는 것이었다. 이런 부동산은 가격이 반등할 때까지 시간이 더 소요될 수 있고, 원하는 가격에 쉽게 팔리지 않을 수도 있기 때문이다. 사실 나는 이를 예상했기에, 갈아타는 부동산의 매수 계약 시 의도적으로 잔금일을 8개월 뒤로 길게 잡고, 매도인이 지불해야 하는 재산세까지 대신 부담하기로 했다. 재산세 몇백만 원 때문에 매도인의 심기를 건드렸다가 잔금 시점을 앞당기는 불상사라도 생기면, 나의 기존 물건을 조급하게 매도해야 하며, 이에 따라 예상보다 저가에 매도해야 할 경우 자금 계획을 전면 수정해야 할 수도 있다. 차라리 매도인의 재산세를 대납해 주는 매너를 선보이며 시간을 확보하는 편이 훨씬 낫기 때문이다. 그것이 정신적으로도 편안하고, 일의 진행에서도 유리하게 작용하게 마련이다.

상급지 갈아타기 ③ 임장 그리고 판단

자녀가 없던 신혼 초기에는 실거주의 안락함보다는 자산 증식에 초점을 맞추고 부동산 투자를 진행했다. 그런데 얼마 되지 않아 자산 증식이 목적이라면, 정비사업을 빼놓고는 사실상 목적 달성이 불가능하다는 걸 알게 되었다. 이러한 이유로 나는 자연스럽게 재개발과 재건축에 관해 공부하게 되었다. 하지만 문제가 있었다. 상급지 갈아타기 시 재개발과 재건축을 통해 시간을 레버리지하여 10년 뒤 자산 퀀텀 점프를 할 것인지, 상급지 내 애매한 구축 포지션을 유지할 것인지를 두고 6개월이 넘는 기간 치열하게 고민하게 됐다는 점이다. 고심 끝에 2023년 말, 결국 한강변을 끼고 있는 정비사업 지역의 부동산에 도전하기로 결정했다. 단, 정비사업 지역 중에서도 어느 정도 리스크가 제거된, 즉 사업시행인가를 취득하고 관리처분인가를 앞두고 있는 지역들을 리스트업하여, 각 지역을 임장하면서 열심히 분석했다.

물론 그냥 강남 2구 신축 역세권 대단지의 국민평수 아파트를 매수하는 것이 가장 깔끔할 것이다. 하지만 그런 선택지는 이미 매매 가격이 40억 원을 넘나들고 있었기에, 30대 초중반의 자력갱생 부부에게는 언감생심이었다. 그것이 정비사업을 통해 시간을 레버리지하고, 애매한 구축보다는 향후 퀀텀 점프의 기회가 있는 재개발, 재건축 부동산을 매수하기로 결심한 이유였다.

리스트업한 재개발, 재건축 물건 중에서 최종 투자 물건을 결정하는 것도 정말 힘들었다. 한남 뉴타운 같은 재개발 지역이나 재건축이라고 해도 너무 낡은 방배동의 빌라를 선택한다면, 사실상 실거주가 불가능했다. 물론 거주와 투자를 분리해 살 수도 있지만, 추후 자녀 계획이 있거나 실제 학령기의 자녀가 있다면 거주와 투자 분리가 쉬운 선택지가 될 수 없다. 아울러 짧으면 5년, 길게는 10년을 전·월세로 거주해야 하는 불안정성은 자녀를 계획 중이던 내 입장에서 거주 리스크로 도래할 가능성이 컸다. 또 전세보증금이나 월세 보증금을 별도로 마련해야 하는 재정 이슈도 고려해야 할 사안이었다.

결국, 실거주와 투자를 겸할 수 있는 정비사업 부동산 투자는 재건축이라는 결론에 도달했고, 이를 과감히 실행했다. 단, 앞서 말했듯 조합설립도 되지 않고 여전히 안전진단 단계에 머물러 있거나 조합설립 단계에 머물러 있는 곳은 제외시키고, 사업시행인가를 획득한 곳 위주로 적극 검토한 뒤, 추후 희소가치와 그에 따른 가치 상승 상방을 충분히 고려하여 매수했다.

실거주용과 투자용을 분리하여 투자하라는 말은 누구나 쉽게 할 수 있다. 하지만 투자자 개개인이 처한 상황은 각기 다를 수밖에 없고 가족 구성에 따라, 생애주기에 따라 투자의 향방은 언제든지 변경될 가능성이 있다. 다만 여기서 ==절대 잊지 말아야 할 것이 있으니, 바로 '자산 증식'이라는 깊은 뿌리다. 이 뿌리가 변질되면, 당장은 달콤한 과실을 맺은 듯 보여도 금방 떨어지고 썩게 된다.== 그냥 깔끔히 자산 증식을 포기하고 생활의 안락함을 추구하기로 결정했는가? 그렇다면 우상향하는 소득을 소비로 치환하면서 편안하고 행복하게 살아가면 된다. 단, 10년 뒤 먼저 치고 나간 앞사람의 뒷다리만큼은 잡지 말아야 한다.

상급지 갈아타기 ④ 가장 고난도의 행위예술, 부동산 매도

부동산 투자자들 중 대다수는 좋은 물건을 매수하는 데 집중한다. 하지만 나는 부동산 투자는 매수보다 매도가 더 중요하다고 생각한다. 매수는 돈이 있으면 누구나 할 수 있지만, 매도는 돈이 있어도 내 물건을 사줄 사람이 없다면 이루어질 수 없기 때문이다. 부동산을 급하게 매도해야 하는 상황인데, 좀처럼 매도가 이루어지지 않는다면 그만큼 큰 스트레스를 받을 수밖에 없다. '매수는 기술이고, 매도는 예술이다'라는 말이 괜히 있는 게 아니다. 직접 경험을 통해 알게 된 고난도의 매도 노하우를 소개한다.

첫째, 일시적 미니멀리즘

부동산을 매도하고 싶다면, 일단 기본적으로 청결에 신경 써야 한다. 또 인테리어가 되어 있지 않은 상태라면, 최대한 집 안의 물건을 비움으로써 전용면적이 넓다는 인상을 주는 것이 좋다. 당연한 말이지만, 물건이 많으면 좁은 집을 더욱 좁아 보이게 만들기 때문이다. 일단 임장 온 예비 매수자로부터 "와, 생각보다 넓은데?"라는 말만 나와도 긍정적인 신호가 될 수 있다. 같은 가격이라면 더 넓어 보이는 집을 사고 싶은 게 인지상정 아니겠는가!

집이 예쁘지 않다면, 깨끗하게라도 해놓아야 한다. 나는 임장하면서 내부를 보러 집에 들어갔다가 나오자마자 신고 있던 양말을 벗어서 쓰레기통에 버린 적도 있었다. 그 기분 나쁜 느낌이 선명히 남기에, 그런 집이라면 가격을 말도 안 되는 수준으로 할인해 주지 않는 이상 일단 거르게 된다. 그 집에 처음 들어설 때 받은 첫인상이나 그 집에 거주하는 사람의 표정도 영향을 미친다. 깔끔한 인상의 거주자가 친절한 목소리로 "어서 오세요~"라고 반겨주면, 집에 대한 인상도 좋게 변한다. 그런데 무엇보다 중요한 것이 있는데, 바로 '냄새'다. 집 안으로 들어섰을 때 불쾌한 냄새가 나면, 일단 그 냄새가 뇌리에 박혀 도저히 사고 싶은 마음이 들지 않는다. 간혹 냄새로 인해 두통을 느끼는 사람도 있다. 따라서 매도를 위해 집을 내놓았다면 최소한 다음과 같이 세팅해 두자. 적어도 매수자 입장에서 '거를 물건'이 되지는 않을 것이다.

- 인테리어가 부족하다면, 깨끗하게 청소하고 물건을 안 보이게 집어넣거나 비운다.
- 간단히 초록 화분만 몇 개 두어도 플랜테리어 효과가 있다. 중간에 포인트

를 주면 밋밋했던 느낌이 확연히 살아난다.
- 조명만 잘 활용해도 분위기가 달라진다. 적당한 스탠드를 구입해 따뜻한 색감의 조명을 켜두기만 해도, 예비 매수자에게 '이곳에서 편하게 지낼 수 있겠다' 싶은 느낌을 줄 수 있다.
- 인위적인 향수보다는 은은한 룸 스프레이를 활용해 좋은 향기를 유지하라. 향수 냄새에 오히려 거부감을 느끼는 사람도 있다.
- 블루투스 스피커를 활용하여 잔잔한 음악을 낮게 깔아 두라. 예비 매수자가 안정감과 편안함을 느껴 이 공간에 오래 머물고 싶은 마음이 들 수 있다. 매장이나 백화점에 음악을 틀어두는 것도 이 같은 의도가 있다.

둘째, 적극적인 마케팅

부동산 중개소에 그저 내 집을 내놓았다고, 중개사가 알아서 내 집을 마케팅하고 신속하게 매도까지 책임져줄 거라 생각한다면, 정말이지 '경기도 오산'이다. 매도자인 내가 먼저 우리 집의 장점, 가령 뷰가 좋다면 창밖으로 아름다운 풍경이 보이는 사진 등을 준비해 중개사에게 전달하고, 적극적인 마케팅을 부탁해야 한다. 그래야 이 과정에서 중개사도 미처 알지 못했던 매도 물건의 장점을 파악하게 되고, 매도자의 간절한 마음도 이해하게 되어, 보다 조금이라도 더 신경 써서 중개에 노력을 기울이게 된다. 인간이라면 열심히 하는 누군가를 볼 때 도와주고 싶은 마음이 생기게 마련이지 않은가.

개중에는 부동산 중개소끼리 매물 사진을 일체 올리지 않기로 약속한 아파트 단지도 있다. 이럴 경우에는 외부 부동산 중개소를 적극 활용해 네이버부동산에 매도할 집의 사진을 올려 광고를 부탁해야 한다. 사진이 있는 집과 사진이 없는 집 중, 어떤 것을 클릭해서 살펴보겠는가? 당연히 전자다. 최근에는 '당근 부동산'이나 '피터팬의 집 구하기 카페' 등에 본인의 집을 적극 홍보하는 경우도 많다. 이처럼 매도를 위해 적극적으로 마케팅하는 물건이 그렇지 않은 물건보다 빠르게 매도될 가능성이 크다.

셋째, 슈퍼 디스카운트

물건을 가장 싸게 내놓는 것이야말로 긴말이 필요 없는 확실한 매도 전략이다. 사실 앞서 말한 첫째, 둘째 방법보다 더욱 확실한 게 바로 슈퍼 디스카운트다. 해당 단지 내 최저가 물건이라면, 가장 많은 사람이 집을 보러 온다. 심지어 실제 가치에 비해 집이 정말 저렴하다 싶을 경우에는 중개사들까지 지인들에게 시세 대비 몇 프로나 싼 물건이라며 자발적으로 홍보하기도 한다. 그런데 어느 정도를 싸다고 할 수 있을까? 만약 매도할 아파트가 중층인데 1층 가격과 동일하다면, 무조건 중층이 먼저 나갈 것이다.

이외에도 수많은 부동산 매도 꿀팁들이 있다. 하지만 이렇게 딱 3가지만 지켜도 확실히 매도에 도움이 될 것이다. 한편 매도를 고민 중인 이들이 많이 궁금해하는 질문 중 하나가, 몇 곳의 중개소에 집을 내놓는 것이 좋은가 하는 것이다. 1, 2곳으로 특정해야 하는지 되도록 많은 곳에 내놓아야 하는지 헷갈린다는 것이다. 개인적으로는 해당 부동산 단지 내 4~5곳, 단지 외 2곳 정도에 내면 충분하다고 생각한다. 다만, 최초 2주 동안은 부동산 중개소 1~2곳에 독점을 주고, 2주 뒤에도 매수 콜이 들어오지 않는다면 그때 공동 중개를 허용하여 4~5곳 이상으로 넓히는 방안을 권한다.

솔직히 말하자면, 부동산 매도는 상승장에서는 너무나 쉽고 빠르게 이뤄지고, 하락장에서는 무슨 수를 써도 안 되는 게 사실이다. 따라서 ==매도할 타이밍이 부동산 상승장이라면 첫째와 둘째 전략을 활용해 가급적 제값에 매도하고, 부동산 하락장이라면 무조건 셋째, 파격적인 가격 디스카운트 전략으로 빠르게 매도하는 게 좋다.==

 상급지 갈아타기 ⑤ : 레버리지를 통한 재투자

상급지로 갈아타기를 계획할 때 가장 먼저 꼼꼼히 살펴봐야 할 것이 있다. 바로 대출 가능 여부다. 단순히 그 정도는 받을 수 있겠지 기대만 하고 있을 것이 아니라, 실제 필요한 금액을 확실히 대출받을 수 있는지, 혹여 자동차 할부 같은 방해 요소는 없는지 등을 확인해야 한다. 대출 한도는 개인의 신용 상태나 기존 채무 상황에 따라 달라질 수 있기 때문이다. 따라서 대출 상담사와 충분한 상담을 통해 사전에 대출 가능 여부와 대출받을 수 있는 금액을 정확히 파악하고, 최종 대출 조건까지 확정해 두는 것이 중요하다.

레버리지 축소로 투자 기회를 증발시키지 말 것

2023년 1월 5일 투기과열지구 및 조정대상지역 지정에 따라, 그 이후 실행되는 주택담보대출(LTV)은 강남 3구와 용산구는 해당 주택 KB시세의 50%, 마포구와 성동구를 비롯한 그 외 지역에서는 70%까지 가능했다. 나는 상급지 갈아타기를 위해 필요한 금액보다 추가로 약 1억 5,000만 원 많게 대출받았다. 사실 이 부분에서 아내와 의견 충돌이 있었다. 아내는 곧 아이가 태어나는 데다 여러모로 목돈 들어갈 일이 많을 것 같으니, 딱 필요한 만큼만 대출을 받자고 했다. 하지만 내 생각은 달랐다. 레버리지를 활용해 재투자를 진행하지 않으면, 최종적 목표인 강남 2구의 한강변 대형 단지를 매수하는 일이 현실적으로 어려울 수 있다고 판단했기 때문이다.

현재 보유 중인 한강변 재건축 부동산이 완공되어 가격이 30억 원을 넘기고, 투자물 갈아타기로 마련한 강남구 아파트 가격이 20억 원을 넘긴다고 해도, 강남 2구 최상급지 한강변 아파트 대형 가격은 60억 원 이상이 될 수 있었다. 그러니 부동산 투자 목표 달성을 위해서라도 현시점 저금리로 레버리지를 활용할 수 있는 기회를, 일어나지 않는 문제의 대한 걱정으로 잃을 수 없었다.

목돈이 들어갈 일이 생길 거라 예상되면, 현금흐름을 증폭시키거나 소비를 줄이면 될 일이다. 괜히 이 때문에 레버리지를 축소하고 투자 기회를 증발시키면 나중에 후회할 것 같았다. 2024년 4월, 결국 아내를 설득하여 주택담보대출 필요 금액 대비 1억 5,000만 원의 추가 대출을 받았고. 여기에 비자금 2,000만 원을 더해 1억 7,000만 원으로 서울 중구 재개발 예상 지역 부동산을 매수했다.

이 물건을 선택한 데는 서울시 내 초기재개발 지역을 살펴보면서 얻은 통찰력이 한몫했다. 보통 높은 노후도, 강력한 주민 의지, 우수한 입지까지 이 3가지 조건을 갖춘 구역에서 사업이 활성화되면, 인접 구역에서도 사업 추진 동력이 발화되면서 투자자들에게 소문이 나게 마련이다. 나는 이러한 점을 노리고 어느 정도 속도감을 갖추고 있는 확정된 재개발 구역의 인접 지역을 노려서 투자를 감행한 것이었다. 아니나 다를까, 약 1년이 지난 시점에 내가 매수한 구역의 바로 옆에 있던 기존 확정된 재개발 구역이 강북 최고 랜드마크로 주목받아 여러 시공사의 러브콜을 받으면서, 내가 매수한 구역도 파급효과로 매물 호가가 상승하기 시작했다. 아직 이 투자가 최종적으로 내게 얼마의 수익을 안겨줄지는 모르지만, 이 모든 것이 레버리지를 확대하는 결정 덕분에 가능했다.

투자의 최종 종착지가 보인다

2025년 6월 현재, 나의 투자는 최종 종착지로 달려가고 있다. 끝이 다가올수록 새록새록 과거의 추억들도 떠오르고 지금까지의 여정에 대한 회한도 남는다. 누군가가 내게 그동안 투자를 하면서 가장 잊을 수 없는 장면이 있느냐고 묻는다면, 단연 오래된 아파트의 분배기 이야기를 할 것 같다. 왜 그런 보잘것없는 물건이 떠오르냐고 물을 수도 있다. 하지만 이 분배기야말로 그동안의 고통과 성장이 아련하게 묻은 물건이다.

동관 분배기가 주는 선물

준공된 지 40년이 훌쩍 넘은 오래된 아파트에 가보면, 거실 한복판에 자리 잡고 있는 동으로 만든 보일러 분배기를 쉽게 목격할 수 있다. 상급지 갈아타기를 위해 내가 이사한 재건축 아파트에도 이 같은 분배기가 있었다. 이럴 경우 대부분의 사람들은 분배기 이동 공사를 하든가, 붙박이장을 짜서 어떻게든 분배기를 가리려고 한다. 미관상으로 좋지 않기 때문이다. 하지만 우리 집은 분배기에 오픈형 선반을 설치해 언제든 열어서 분배기를 볼 수 있게 했다. 사실 나는 그 오픈형 선반조차 두고 싶지 않았는데 아내의 강한 만류로 일부를 가리게 되었다.

내가 이토록 분배기에 집착하는 이유는 초심을 잃지 않기 위해서

우리 집 거실에 자리 잡은 보일러 분배기

매일 아침 45년 된 동관 분배기를 보며, 더 열심히 살아야겠다는 마음을 다잡았다.

다. 재건축 아파트에 들어오면 여러 시련을 겪게 된다. 나의 경우 엘리베이터가 층과 층 사이에 있어서 이동할 때마다 계단으로 반층은 내려가야 했고, 수도에서 녹물도 나왔다. 이 분배기를 보면 그런 고단했던 날들이 떠오른다. 훗날의 영광을 위해 이러한 불편까지 감수할 수 있었던 그 초심을 간직하고 싶은 것이다.

내가 만들었지만 스스로 명언이라 생각하는 말이 있다.

'녹물도 먼저 맞는 게 낫다.'

어려움은 먼저 겪을수록 좋다. 더 빠르게 성장할 수 있기 때문이다. 고통이 깊을수록 더 높이 날아갈 수 있고, 고민과 걱정이 오래될수록 더 빠르게 더 나은 오늘의 현실을 만들 수 있다. 이것이 짧은 내 인생 전반부에 몸소 겪으며 얻은 진리이기에 곧 태어날 소중한 내 아들에게도 전해주려 한다.

나의 종착지, 강남 2구 한강뷰 아파트

부동산 투자 세계에는 '몸테크'라는 말이 있다. '몸'과 '재테크'를 합성한 것으로, 노후 주택이나 재개발, 재건축 주택에 거주하면서 힘들고 불편한 것을 몸으로 감수하며 자산의 가치를 올려나가는 것을 말한다.

현시점 나는, 어느 정도 재건축 사업이 진행됐다고 할 수 있는 서울 한강변 재건축 아파트에 실거주 중이다. 나 역시 처음에는 몸테크로 시작할 수밖에 없었지만, 지금은 몸테크라고 하기에는 민망한 환경에서 생활하고 있다. 사실 한남 뉴타운, 방배15구역, 노량진 뉴타운, 북아현2구역 등의 재개발 구역에서 30년 넘은 적벽돌의 원룸, 투룸 빌라에서 실거주와 투자를 병행하고 있거나 혹은 실거주와 투자를 분리해 자신은 투룸이나 원룸 빌라에 실거주하면서 갭 투자로 상급지 아파트를 매수하고 시간을 버는 경우가, 진정한 몸테크라고 생각한다. 그러니 건축한 지는 45년이 지났어도 여전히 살 만한 재건축 아파트에 사는 건 몸테크가 아닌 단순 거주일 뿐이다.

다음은 2025년 5월 기준, 나의 부동산 및 금융 자산 포트폴리오와

2025년 5월 자산 포트폴리오 및 2030년 비전

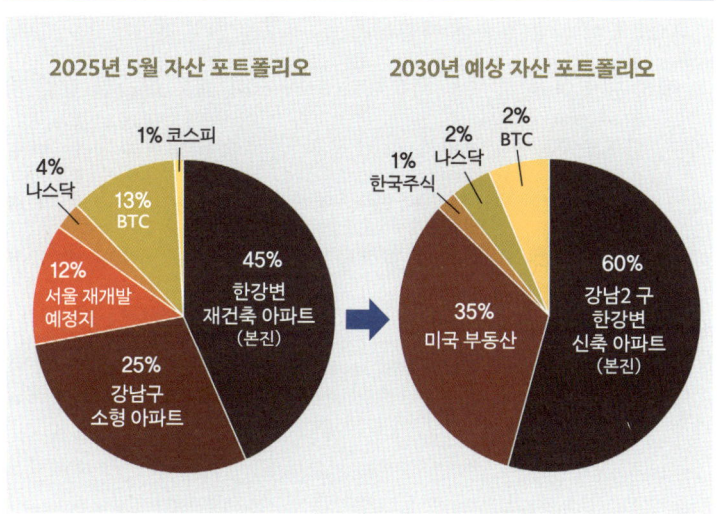

2030년 이전에 미국 부동산을 취득하여 포트폴리오에 포함시키는 것이 단기 핵심 계획이다.

2030년 목표로 삼고 있는 비전이다.

나는 2030년 이전에 강남구와 서초구 내 한강변 최상급 신축 아파트를 확보하고, 추가적인 자금으로 미국 부동산을 매수할 계획이다. 물론 미국 부동산에 대해서는 부정적인 의견이 있을 수 있지만, 서울 핵심지의 똘똘한 한 채를 보유한 상태라면 추가 포트폴리오로 검토해 볼 필요가 있다고 본다.

꿈을 향한 인내

1990년 이후에 출생한 사람이라면, 자수성가나 자력갱생으로 서울 핵심 지역의 대지 지분 보유자가 되는 길이 매우 어려워 보일 것이다. 하지만 자신의 상황에 맞는 투자 전략을 수립하고 이를 민첩하고 과감하게 실행할 수 있다면, 분명히 가능한 길이다. 내가 이 책에 실제로 투자해 온 과정과 경험들을 낱낱이 기술한 것도 내가 찾은 길을 알려주고 싶어서다.

우리가 태어난 시기를 원망할 시간도, 부모님에게 물려받을 게 없

한강변 아파트들의 야경

2025년 1월에 태어난 아들을 녹이 잔뜩 낀 샤워기로 목욕시키면서 느꼈던 불안감과 미안함이 선명하다. 그런 마음이 들 때면, 한강이 잘 보이는 곳을 찾아 오른다. 그곳에서 언젠가 신축의 꿈을 이룬 아파트의 모습을 상상하며 몸과 마음에 쌓인 고단함을 훌훌 털어내곤 한다.

다고 한탄할 시간도, 그에 대한 아쉬움을 표현할 시간도 없다. 앞만 보고 달려나가기에도 바쁘다. 지금 이 순간에도 자산 가격은 실시간으로 움직이고 있으며, 누군가는 각고의 노력으로 얻은 시드머니로 핵심지 낙후된 재개발 물건을 매수하면서 참고, 기다리고, 투자하고 있다는 걸 기억하자.

지금 사는 집 창밖에는 45년 된 황토색 외벽 아파트 특유의 풍경이 펼쳐진다. 오래된 나무들에서 떨어지는 꽃가루와 송진 그리고 이를 고스란히 받아주고 있는 입주민의 주차된 차들, 낡은 시멘트로 만든 오래된 분리수거장, 자신만의 보금자리를 지키고 있는 듯 터줏대감 같은 표정의 고양이들….

정겹지만 낡고 오래된 풍경들은 고작 몇 년만 지나도, 신축 고층 아파트의 한강이 내다보이는 조망권으로 바뀔 것이다. 그때쯤이면 나도 서울 '핵심 한강변'이 보이는 집에서 평당 1억 원이 넘는 프리미엄 효과를 누리지 않을까 싶다. 그리고 마지막 이동을 통해 강남 2구 내 '제대로 된 강남'의 똘똘한 아파트에 들어가 최종 포트폴리오를 완성할 것이다.

3부

그래서, 언제 어디를 사서 퀀텀 점프해야 하는가?

상급지 갈아타기 전략의
실체와 진실

옆 페이지의 표는 부동산 블로그를 운영하면서 개인적으로 모니터링하고 있는 아파트 단지들의 가격 변동 데이터이다. 이 아파트들의 매매가격은 한창 하락장이던 2023년 하반기에 15억~19억 원대였는데, 이 책을 집필하던 2025년 3월에는 가격이 급상승했다.

표에서 알 수 있듯, 현재 의미 있는 사업 속도를 보이는 재건축이나 재개발 대상 아파트의 가격 상승률은 단기 2년만 봐도 일반 구축 아파트보다 높다. 사실 사업을 '관리처분인가 → 이주 및 철거 → 입주 → 입주 후 3년'으로 기간을 재설정해서 본다면 저 상승률 격차는 3배 이상 벌어질 것이다.

2023년 하반기 15억~19억 원대 아파트의 2025년 3월 가격

지역	아파트	평형	23년 하반기 매매가	25년 3월 매매가	평당가	상승률	비고
강남	삼성동 서광	23	14억 7,000만 원	20억 원	8,696만 원	36%	리모델링
강남	삼성동 롯데	24	15억 7,000만 원	18억 7,000만 원	7,800만 원	19%	구축
강남	역삼럭키	33	18억 8,000만 원	22억 5,000만 원	6,818만 원	20%	구축
강남	역삼래미안	24	19억 4,000만 원	23억 1,000만 원	9,625만 원	19%	구축
강남	도곡경남	24	15억 2,000만 원	17억 원	7,083만 원	12%	구축
강남	일원개포한신	26	16억 원	21억 원	8,077만 원	31%	재건축 관처
강남	대치현대	26	16억 6,000만 원	19억 2,000만 원	7,385만 원	16%	리모델링
강남	개포 래미안포레스트	26	19억 2,000만 원	24억 4,000만 원	9,385만 원	27%	신축
서초	방배13구역	25	17억 5,000만 원	24억 원	9,600만 원	37%	재건축 철거
서초	방배 서리풀이편한	24	15억 5,000만 원	20억 원	8,333만 원	29%	준신축
서초	교대 이편한세상	34	19억 5,000만 원	27억 1,000만 원	7,971만 원	39%	구축
서초	잠원 한신로얄	27	18억 2,000만 원	22억 6,000만 원	8,370만 원	24%	리모델링
서초	반포미도2차	28	19억 1,000만 원	23억 4,000만 원	8,357만 원	23%	재건축 초기
송파	잠실장미	28	17억 5,000만 원	23억 3,000만 원	8,321만 원	33%	재건축 초기
송파	헬리오시티	24	17억 원	20억 5,000만 원	8,542만 원	21%	신축
용산	한남3구역	25	18억 원	23억 원	9,200만 원	28%	재개발 철거
용산	이촌 강촌	33	18억 원	23억 9,000만 원	7,227만 원	33%	리모델링
성동	한남하이츠	28	16억 5,000만 원	21억 5,000만 원	7,679만 원	30%	재건축 사시
성동	옥수하이츠	33	17억 5,000만 원	20억 9,000만 원	6,324만 원	19%	구축

서울 강남의 아파트 가격이 전부 급격히 상승한 것은 아니다. 오히려 차상위 자치구의 재건축, 재개발 등 정비사업 대상 아파트의 가격이 더 많이 올랐다.

현실적인 퀀텀 점프 전략

이와 같은 가격 상승률을 염두에 두고, 보다 구체적인 퀀텀 점프 전략을 살펴보자. 우선 다음과 같은 3가지 조건을 충족하는 사람이 있다고 가정해 보자.

① 1990년 이후 출생자
② 상속이나 증여받은 것 없는 자수성가형
③ 대기업 직장인 혹은 전문직의 사회 초년생

여기에 해당할 경우, 그 사람이 압구정, 반포, 삼성, 대치동을 의미하는 강남 2구 내 신축이나 재건축 대단지, 즉 '의미 있는 대단지 국민평수 아파트'에 등기를 칠 가능성은 사실상 없다. 물론 직장 생활을 하다 코인 투자나 주식 투자로 세후 20억 원 이상의 수익을 낸 경우라면 가능할 수도 있다. 하지만 엄청난 투자 성공 없이 월급만으로 자산을 모으는 평범한 직장인이라면 엄두도 낼 수 없다. 2025년 5월 기준, 압구정 신현대 35평 아파트 가격이 65억 원에 육박하고, 래미안대치팰리스 34평 아파트 가격이 42억 원에 육박하는 시점에서, '1990년 이후 출생한 자수성가형 대기업 직장인'이 이런 제대로 된 강남의 대단지를 매수할 가능성은 제로에 수렴한다.

그런데, 정말 방법이 없는 것일까? 전혀 없는 건 아니다. 이를 위해서는 일종의 지위재를 포기하는 전제가 필요하긴 하지만 말이다.

처음부터 강남 소재의 나홀로 소형 아파트나 소규모 단지에 등기를 치고 "강남에 집 있어" 혹은 "나 서초구 살아" 같은 상징적 지위를 확보하려고 해서는 안 된다. 그보다는 0.5급지나 1급지 아래 지역 중 정비사업이 어느 정도 진행 중인 부동산에 투자하는 것을 추천한다. 나 역시 이러한 방법으로 제대로 된 강남으로 퀀텀 점프하는 전략을 선택했다. 이것이 훨씬 현실적인 길이었다.

입지만 보고 결정하지 마라

어떤 사람이 공덕1구역의 마포자이힐스테이트라첼스 입주권을 '뱀의 머리'라는 이유로 매도하고, '용의 꼬리'라고 할 수 있는 삼성동이나 잠원동의 겨우 리모델링 가능성이 있는 구축 소단지 아파트로 이동한다고 가정해 보자. 보기에는 '삼성동', '잠원동'이라는 최고 입지의 타이틀을 얻은 것 같겠지만, 실질적으로는 2023~2025년까지의 부동산 반등장과 이후 서울 신축 아파트 공급이 감소하는 구간에서 총자산의 상승이 정체될 가능성이 크다. 서초구 잠원동, 강남구 삼성동, 일원동에 산다는 것만으로 만족할 수 있을지 몰라도, 자신의 총자산은 마포의 최신축 대단지의 상승률을 따라잡기 힘들 수 있다는 말이다.

퀀텀 점프 전략에 있어서 대단히 중요한 대전제는, 단순히 입지만 보고 결정해서는 안 된다는 것이다. 가령 일원동 푸른마을 24평과 송파구 가락삼익맨숀 31평은 현재 가격대가 비슷하다. 이때 '무조건 강남구로 들어가야 한다'는 생각으로 일원동 푸른마을을 선택했다고 하자. 실거주 가치 측면에서는 꽤 큰 이점을 누릴 수 있다. 특히 자녀가 있다면 해당 지역의 우수한 학군 덕분에 상당한 교육적 혜택을 기대할 수 있다. 하지만 10년 뒤를 바라보며 총자산 가치를 산정해 보면 이야기가 달라진다.

현재 관리처분인가를 앞두고 있는 송파구 가락삼익맨숀이 재건축을 완료하여 신축 단지로 탈바꿈할 경우, 용적률이 248%인 일원동 푸른마을 구축 아파트보다 총자산 측면에서 압도적인 차이를 만들어 낼 가능성이 크다. 인근 대단지 신축 아파트인 가락동 헬리오시티의 현재 시세를 참고하면 무슨 말인지 이해할 수 있을 것이다. 정리하자면, 가격에 큰 차이가 없는 차상급지 내에서도 단순 리모델링 대상이 아닌 재건축 단지를 선택해야 하며, 재건축 단지 중에서도 '어느 정도 사업이 진행된 곳'을 매수해야 상급지로의 실질적인 입성이 가능하다는 말이다. 여기서 정말 중요한 것은, 사업이 '어느 정도 진행된'이라는 조건이다. 물론 가장 이상적인 것은 이미 관리처분인가를 취득한 단지이다. 다만 수익률 극대화 관점에서는, 사업시행인가를 받은 상태에서 관리처분인가를 눈앞에 둔 단지를 매수하는 것이 좋다.

결국 내가 현재 거주 중인 지역 즉, 땅의 위치도 중요하지만, 본질적으로는 내가 보유한 자산들의 레벨이 가장 중요하다. 이 자산 레벨이 궁극적으로 나의 총자산과 순자산의 기준이 되는 것이다. 따라서

나 자신을 객관적으로 바라보고, 내 자산 상황을 정확히 진단하여, 내게 꼭 맞는 실질적인 액션을 취하라. 이것이야말로 진정한 의미의 '각자도생'이다.

  부동산 투자로 퀀텀 점프를 꿈꾸는가? 부동산 하락장과 무관심장이 찾아왔을 때 정비사업지의 급매물을 유심히 관찰하라. 그리고 머리로만 계산하지 말고 야수의 심장으로 매수한 뒤, 충분한 시간을 녹여라. 이것이 자산 증식을 위한 최적의 전략이다.

1장

최적의 진격 타이밍

 상승장, 불꽃에 나를 성급히 태우지 마라

내 집 마련을 포함한 부동산 투자의 핵심은 결국 '매수 가격'이다. 우리가 부동산을 통해 얻는 수익률과 양도차익은 모두, 과거 매수 시 지불한 매수 가격을 기준으로 결정되기 때문이다. 이 기준점이 어떻게 설정되었느냐에 투자 성패가 좌우된다고 해도 과언이 아니다. 따라서 부동산 상승장에서나 갭 투자를 고려할 때 가장 큰 리스크는, 부동산을 직전 거래 가격보다 상승한 금액, 더 나아가 역사상 유례가 없는 신고가에 매수하는 것이라고 볼 수 있다. 신고가 매수는 시장 분위기에 휩쓸려 고점에 진입하게 되는 대표적인 사례로, 향후 부동산 조정장이나 하락장에서 큰 부담을 안게 될 가능성이 있다.

불안감과 공포감으로 인한 투자

부동산 시장은 살아 있는 생물처럼 끊임없이 가격이 오르고 내리기를 반복한다. 이러한 이유로 ==부동산에 발을 들이기로 마음먹었다면 언론 기사나 각종 부동산 커뮤니티의 분위기에 휘둘리지 말아야 하며, 특히 열광적인 시장 분위기 속에서는 더욱 냉정한 태도를 가져야 한다.== 이때 자신이 미리 설정해 둔 '적정 매수가격'을 기준 삼고, 이 기준에 부합할 때만 이성적인 판단 하에 가계약금을 송금하기로 마음먹자. 만약 여기에서부터 문제가 생기면 투자 전체가 흔들릴 수도 있다는 걸 염두에 두자.

2021년 중반기에는 언론과 여러 부동산 관련 매체들은 물론이요, 내 집 1채가 전부인 이들까지도 마치 자신이 부동산 전문가라도 된 양 나섰다. 이들은 지금이 마지막 기회라며 무주택자들에게 강한 불안감과 공포심을 심어주었다. 미처 부동산 매수에 나서지 못한 무주택자들은 급등하는 집값을 보며 더 오를까 봐 불안해하면서 조급한 마음으로 서둘러 집을 사들이기 시작했다.

문제는 이 시기에 모든 금융 여력을 총동원하여 이른바 '영끌 매수'에 나선 사람들이 선택한 주택이, 상품성이 떨어지는 하급지의 구축 아파트인 경우이다. 만약 여기에 해당한다면 지금 이 글을 쓰고 있는 2025년 5월에도, 자신이 매수한 아파트의 가격이 매수 시점 가격도 회복하지 못해 부동산 시장 자체에 진절머리가 났을 가능성이 크다. 이처럼 부동산 상승장은 인간의 탐욕을 쉽게 자극한다. 자산의 가격이 오르는 걸 지켜보다 보면 '나도 놓치면 안 되는데' 하는 불안감과 조급함이 증폭되고, 이성적 판단보다는 감정적인 선택이 앞서게 된다. 따라서 최상급지가 아닌 지역에서 주택을 매수하려 할 때, 특히 내가 '신고가'를 갱신하며 거래에 나서게 되는 상황이라면, 반드시 한 번 더 신중하게 생각하길 바란다.

최근 부동산 시장을 공부하고 실제 플레이어로서 참여해 본 사람들은 알겠지만, 2017년부터 시작된 가파른 상승장도 2019년 상반기에는 잠시 주춤하는 모습을 보였다. 2017년 중반부터 2019년 초반까지는 확실한 상승장이 이어졌기에, 이 시기에는 부동산 매수 가격에 신중을 기해야 하는 시장이었다. 하지만 2019년에는 상황이 조금 달라졌다. 약간의 '쉼'이 찾아오면서 일부 단지에 급매물이 출현하기 시작했고, 전반적으로는 가격이 안정되는 흐름을 보였다. 이러한 장세 덕분에 2019년에는 적정 매수 가격을 설정하고 매수하는 일이 직전 2년 동안 뜨거웠던 상승장에 비해 훨씬 수월했다. 지금 돌이켜보면, 2019년 1월부터 11월까지가 부동산 매수에 가장 적합했던 시기가 아니었나 싶다. 상승과 하락의 갈림길에서 매수자에게 숨 쉴 틈을 선사한 구간이었기 때문이다.

숨을 들이마시고 참아내는 연습

2019년 12월, 문재인 정부가 '12.12 규제'를 발표하면서 시장 분위기는 다시 급변했다. 이 규제 발표 이후 부동산 시장은 또다시 뜨겁게 달아올랐고, 2020~2021년까지 사상 최고가를 기록하며 부동산 매매가격이 연이어 갱신되었다. 그러나 끝없이 오를 것 같던 부동산 시장도 결국 한계에 부딪쳤다. 2023년 들어 본격적인 금리 인상이 시작되면서 부동산 가격이 30%에 이르는 상당한 하락률을 기록한 것이다. 거래량이 급격히 줄고, 금리 인상 여파와 함께 부동산 시장이 빠르게 냉각되었다. 그런데 이런 하락세는 오래가지 않았다. 불과 1년도 안 된 2023년 하반기부터 다시 반등세가 시작되었고, 2024년 상반기에는 2021년 상승장의 전고점을 다시 돌파하는 가파른 상승장이 형성되었다. 이렇게 부동산 시장은 단기간에 급락과 급등을 반복했다.

한참이나 가격이 오른 부동산 시장을 바라보다가 '이제는 꼭 사야 한다'는 생각에 사로잡히게 되면, 자칫 큰 고통을 맞이할 수 있다. 시장이 과열된 시기에 그것도 최상급지가 아닌 지역의 부동산을 매수할 때는, 한 번 더 깊게 고민하고 숨을 들이마시고 참아내는 연습을 해야 한다. 감정에 휘둘려 무리하게 매수에 나섰다가는 이후 하락장에서 큰 손실을 경험할 가능성이 크기 때문이다. 반면, 시장에 숨 쉴 시간이 찾아오는 경우, 가령 2019년의 일시적인 안정기나 2024년 9~10월처럼 휴식장세가 형성될 때는 대처도 달라야 한다. 이때는 단순히 매수 가격만 따져볼 게 아니라, '야수의 심장'을 갖춘 결단력이 필요하다. 다른 사람이 외면하거나 시장의 관심도가 줄어드는 시기에, 강력한 결단력과 빠른 행동력으로 등기부등본을 손에 쥐는 것만큼 짜릿한 일도 없다. 이런 경험이 쌓일수록 자산을 키우는 실력도 함께 성장한다.

부동산 투자, 특히 내 집 마련은 단기간의 매수와 매도 트렌드에 흔들려서는 안 된다. 일시적인 유행이나 언론 보도에 휘둘리지 말고, 철저한 자신만의 투자 원칙과 철학으로 무장하여, 매수 전략은 물론 향후 매도라는 엑시트Exit 전략까지 세워야 한다.

 하락장, 싸게 매도하고 더 싸게 매수하라

부동산 하락장에서는 주로 거래량이 급격히 감소하고, 시장 전체에 공포 심리가 퍼진다. 대중은 폭락장의 도래로 부동산 가격이 끝도 없이 하락하리라 예상하면서 서둘러 가진 부동산을 처분하기 시작한다. 하지만 이때야말로 '하락장에서는 싸게 팔고, 더 싸게 매수하라'는 격언이 진가를 발휘하는 시기다. 하락장에서 중요한 것은 패닉에 휩쓸리지 않고 냉정을 유지하는 것이다. 주변 상황에 흔들리지 말고 싸고 좋은 매물을 발견했을 때에는 한 번 더 가격 협상을 시도하여 조금이라도 더 싸게 매수해야 한다. 그리고 마음에 확신이 있다면 지체 없이 가계약금을 입금하는 과감성도 필요하다.

준비된 사람에게는 위기가 기회

하락 지점에 잘 매수한 부동산은 '가만히 있다가 가마니'가 되는 것이 아니라, 상승 에스컬레이터를 올라 탄 격이 된다. 정비사업 같은 내부 호재나 금리 인하 같은 외부 환경 변화가 없어도 낮은 매수 가격으로 인해 상당 부분의 양도차익이 발생하기 때문이다.

부동산 관련 블로그나 세미나에서 흔히 접할 수 있는 질문 중 하나는, "A 아파트를 매수했는데 전망이 어떤가요?" 같은 것이다. 이런 질문의 이면에는 A 아파트의 미래 가치나 입지 환경 자체에 대한 궁금증보다, 그저 자신이 매수한 A 아파트의 가격이 앞으로 어떻게 변할지, 다시 말해 얼마나 오를지에 대한 궁금증이 있는 것이다. 결국 ==부동산 투자의 성패는 매수 가격과 매도 가격의 차이에서 갈린다. 철저하게 이 2가지에 집중하는 것이 부동산 시장에서 살아남고 성공하는 확실한 방법이다.==

부동산 시장 전체가 위축되어 매물이 싸게 나오는 시기에는, 더 싸게 매수하는 것이 당연한 필승 전략이다. 이러한 이유로 하락장은 분명 리스크 요소가 많은 시기이지만, 동시에 많은 부자를 탄생시키는 기회의 장이 된다. 본인의 머리와 가슴에 품고 있던 몇 가지 기준에 따라, 그 기준점 이상으로 가격이 하락한 부동산을 매수할 수 있다면, 시장이 다시 상승할 때 원상 복구만으로도 상당한 수익을 낼 수 있다. 이처럼 하락장은 겉으로 보기에는 위기처럼 보이지만, 실제로는 준비된 사람에게 커다란 기회를 제공하는 시기인 것이다. 나 역시 2023년 말 갈아타기를 시도할 때, 더 좋은 상급지의 매물을 빠르게 선점하기 위해 당시 보유 중이던 로열동 로열층, 즉 'RR급' 매물을 저렴한 가격에 내놓았고, 결국 매도가 이루어졌다. 그 당시 목표로 삼았던 매도 가격은 13억 원이었지만, 시장 상황을 고려해 12억 대로, 몇천만 원을 할인한 가격에 매도했다. 매도 당시엔 일부 손해본 것 같아 아쉬움이 컸고 마음속에도 손실로 각인되었다. 하지만 시간이 흐른 뒤, 이 빠른 매도 결정이 오히려 나에게 큰 이득을 가져다주었다는 걸 알게 되었다. 내가 갈아타려던 상급지의 매물을 제때 잡지 못했다면, 바로 다음 매물의 시작 가격이 무려 1억 원이나 더 비쌌기 때문이다. 결국 몇천만 원을 양보해 1억 원의 지각비를 아낀 셈이 되었고, 이는 장기적으로 볼 때 매우 현명한 선택이 아닐 수 없다.

부동산 하락장에서 상급지로 갈아타려 할 때 가장 중요한 것은 매수 금액을 최대한 저렴하게 낮추는 것이다. 매수 금액이 낮아지면 단순히 투자비만 절감되는 것이 아니라, 취득세, 중개수수료 같은 각종 제반 비용도 함께 줄일 수 있다. 부동산 거래에 따르는 제반 비용은 결국 매수 가격을 기준으로 정해지기 때문이다.

총구는 되도록 한강변으로, 강남으로 조준하라

최근 '입지보다 상품성'이라는 키워드가 부상하고 있다. 이에 2024년 부동산 상승 반등장에서는 상급지의 구축 아파트보다 한 단계 낮은 급지의 신축 아파트 가격이 더 빠르게 반등하며 시세를 역전하는 현상도 나타났다. 그렇다면 이제 사람들이 아파트가 어느 지역에 있는지보다 새 아파트의 최신 시설이나 외관, 디자인 등을 더 중시하게 된 것일까? 아니다. 2024년 중반기를 지나면서 상급지의 구축 아파트 가격도 전 고점을 갱신하며 빠르게 회복했다. 부동산의 상품성이 중요해진 것은 사실이나 입지의 중요성을 능가할 정도는 아니다. 부동산 투자의 기본은 '입지'라는 원칙에는 변함이 없다.

강남 내부에서의 유의미한 변화

언젠가 한 청년이 내게 물었다.

"미혼인데, 5억 원을 모았어요. 어느 지역의 집을 사야 할까요?"

"혼자서 열심히 모으셨군요. 그런데 결혼할 상대가 있으신가요?"

"결혼할 사람은 있어요. 하지만 결혼 전에 단독명의로 5억 원짜리 집을 매수하고 싶어요."

내가 이 청년에게 어떤 대답을 했을까? 나는 단호하게 말했다.

"그러지 말고 당장 결혼하세요. 두 사람이 소득을 합치고 모은 돈도 합쳐서, 그 합친 소득을 기반으로 최대한 대출을 받으세요."

내가 이렇게 대답한 데는 분명한 이유가 있다. 나만의 소득과 나 홀로 모은 돈 5억 원으로 주택담보대출을 활용해 10억 원짜리 집을 살 수 있다. 하지만 결혼 후 내가 모은 돈과 배우자가 모은 돈을 합치면, 최소 15억 원짜리 집도 매수할 수 있게 된다. 소득이 배수로 늘어나면 대출 한도도 배수로 늘어나며, 이를 통해 레버리지를 활용한 자산 극대화 또한 가능해지기 때문이다.

많은 시간이 흘렀음에도 서울의 핵심지는 늘 강남 권역이 도맡아 왔다. 특히 강남구와 서초구를 포함한 강남 2구, 여기에 송파구를 더한 강남 3구가 서울 부동산 시세를 리딩했다. 다만 2024년의 상승 반등장에서는 예전과 조금 다른 양상의 변화가 일어났다.

강남구, 서초구, 송파구 중에서도 한강변 지역인 반포, 압구정, 청담, 잠실 권역과 비한강 권역인 방배, 삼성, 역삼, 대치, 도곡 권역의 상승폭에 유의미한 차이가 나타난 것이다. 물론 역삼, 대치, 도곡은 대한민국 최고 학군지로 인정받고 있어 가격이 크게 하락하지 않았고, 그로 인해 상승폭도 한강변 지역보다는 작았다. 하지만 지금까지 강남 3구가 도맡아왔던 서울의 확실한 상급지 위상이 점차 한강변으로 이동하는 흐름이 목격됐다. 특히 마포, 용산, 성동구의 한강변 아파트는 물론이요, 동작구의 아크로리버하임, 광진구의 롯데캐슬리버파크 등의 중상급지에서도 한강 조망이 가능한 33평형 아파트들은 23억, 25억 원 이상의 실거래가를 기록하기도 했다.

반포 지역은 한강변 트렌드의 이동으로 더욱 주목받았다. 반포자이, 반포래미안퍼스티지, 아크로리버파크, 래미안원베일리 외에도 반포래미안아이파크, 반포센트럴자이 등 수많은 재건축 아파트가 입주를 시작하며, 대한민국 최고 수준의 주거환경을 자랑하게 되었다. 이처럼 신축 아파트의 밀집과 한강변의 프리미엄이 더해지면서, 2025년 5월 기준 한강 조망을 갖춘 래미안원베일리 34평형은 가격이 60억 원까지 치솟으며, 평당가가 1억 7,000만 원에 육박하는 수준에 이르렀다.

한강변은 이미 서울에서 중요한 투자처로 손꼽힌다. 현시점 서울 부동산을 이야기할 때, 한강을 빼고 설명하는 것 자체가 불가능

한강변을 따라 흐르는 부의 중심

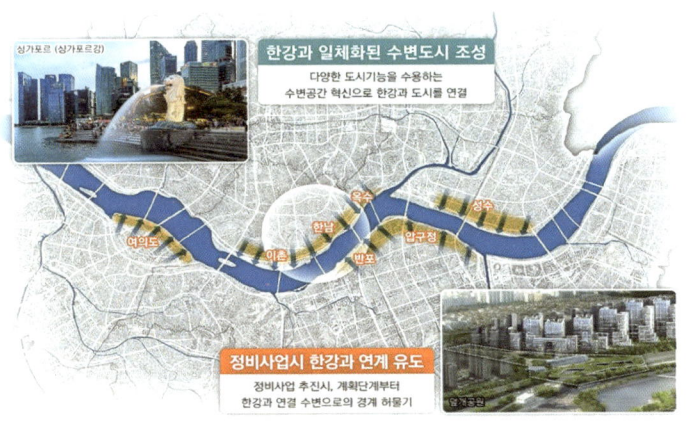

한강은 업무, 상업, 관광의 중심으로 자리매김했다.
자료원: 2040 서울도시기본계획_수변중심 공간재편

하다. 삼국 시대 때 장수왕, 근초고왕, 진흥왕이 한강을 두고 싸웠던 것처럼, 이 희소한 땅 유역의 부동산은 시장이 하락할 때도 상대적으로 안정적인 움직임을 보이고, 상승할 때는 큰 폭으로 오르는 특성이 있다.

강남 지역도 마찬가지다. 한강변 최상급지인 압구정, 청담동, 삼성동은 GBC 개발(현대차 그룹의 글로벌비즈니스 센터)의 직접 수혜 지역이며, 대치동, 도곡동, 역삼동, 개포동, 일원동은 대한민국 부동산의 중심축이자 앞으로도 황금지대의 위상을 더욱 공고히 해나갈 것이다. 따라서 강남과 한강변 지역 부동산에 투자하는 것을 목표로 삼았다면, 시장 변동성과 상관없이 여력이 되는 한 조기 선점하여 매수하는 전략이 유효하다고 본다.

빠른 선점 그리고 장기 보유

많은 부동산 투자자가 오피스텔, 생활형 숙박시설 등의 수익형 부동산이나 지방 갭 투자 등을 고려해서 지나치게 복잡한 전략을 세우기도 한다. 하지만 ==부동산 투자의 핵심은 단순하다. 중요한 지역을 빠르게 선점한 뒤, 시장의 흐름에 휘둘리지 않고 장기 보유하는 것이다.== 어항에 자갈을 넣을 때도 먼저 큰 자갈부터 넣듯이, 부동산 포트폴리오도 크고 튼튼한 물건부터 매수하는 것이 중요하다. 제대로 된 물건이 아니라면 오히려 주식이나 비트코인 투자보다 못하다.

마지막으로 부동산 투자에서 반드시 기억해야 할 요소는 '타이밍'

이다. 이를 '운빨'에 의존하는 것이라고도 할 수 있지만, 사실 '매도 가격'을 결정하는 데는 예술적인 타이밍이 필요하고, '매수 가격'을 결정하는 순간에는 야수처럼 결단력 있는 판단이 요구된다. 부동산 시장은 생물처럼 끊임없이 변화하기에 우리가 수시로 이에 맞춰 가격을 조정해야 한다. 따라서 AI나 정형화된 데이터만으로 판단하기보다는, 철저히 공부하고 여러 번의 임장에서 얻은 통찰력을 바탕으로 판단해야 한다. 이것이 결국 본인에게 거액의 양도차익이라는 선물을 선사해 줄 것이다. 따라서 믿음의 총구는 언제나 우상향을 조준하고, 눈과 머리로는 시장을 끊임없이 모니터링하면서 상대적인 급매를 발견하는 데에 총력을 기울여야 한다.

 자녀의 초등 입학 전에 해야 할 일

신혼부부가 첫 집을 매수한 후 '특-올수리 인테리어'를 하는 것만큼이나 어리석은 행동도 없다. 가령, 발코니를 트고 거실과 발코니 사이에 아치형 구조물을 만들고, 바닥에 대리석을 깔고, 곳곳에 레일 조명을 설치하고, 문마다 히든도어 처리를 하는 식으로 다양하게 '돈 드는' 인테리어를 하는 것이다. 이런 인테리어야말로 담보되지 않는 소비일 뿐이다. 물론, 첫 집으로 압구정 현대아파트나 대치동 은마아파트처럼 재건축이 예정된 상급지 아파트를 매수한 경우라면, 그래서 더 이상 갈아탈 욕심이 없을 정도로 안정된 입지라면, 완벽하게 인테리어를 한 뒤 10년, 20년 살아도 무방하다. 하지만 자산 증식을 목표로 삼고 첫 집으로 구축 아파트를 구매한 경우라면, 시장 상황에 따라 언제든지 갈아탈 수 있도록 인테리어는 간소하게 하는 것이 좋다. 혹여 인테리어나 수리가 불가피한 상황이라면, 누구든 깔끔하다는 느낌을 받을 수 있도록 화이트 톤으로 도배와 마루(장판)를 손보고 조명만 신경 써도 추후 매도가 수월할 것이다.

자녀에게 남겨야 할 무상증여

나 역시 첫 집을 매수했을 때 기본적인 수리에 약간의 인테리어만 했는데, 나중에는 이조차 사치였다는 생각이 들었다. 그래서 실거주로 갈아탄 재건축이 얼마 남지 않은 집에는 그야말로 벽지와 장판만 새로 하고, 들어가서는 그냥 '흐린 눈'으로 거주했다.

첫 집은 미래에 상급지로 갈아타는 데 중요한 발판 역할을 한다. 따라서 첫 집은 수요가 풍부해 매도가 쉬운, 한마디로 환금성이 좋은 주택이어야 한다. 어차피 3~4년 뒤에는 자연스럽게 더 나은 집으로 갈아타고 싶은 마음이 스멀스멀 올라올 것이기에, 지나치게 많은 돈을 들여서 인테리어에 신경 쓸 필요가 없다. 첫 집은 그저 '유통기한이 정해져 있는 자산'이라고 여기는 것이 현명하다.

상급지로의 갈아타기를 가장 유연하고 가볍게 할 수 있는 시기는, 결혼 후 첫 집을 마련한 이후부터 자녀가 초등학교에 입학하기 전까지이다. 결혼 후 신혼 3년, 아이가 태어나 초등학교에 입학하기 전까지를 7년으로 계산하면, 총 10년의 시간이 주어진다. 이 시기에 우리가 부모로서 해야 할 일은 자녀를 양육하기 좋은 환경으로 끊임없이 진격하는 것이다. 아이가 나에게 10년의 시간을 주었다고 생각하면 편하다. 이 시기에 아이가 생겼다는 핑계로 고급 SUV를 뽑고 여행을 다니는 등, 담보되지 않는 소비 행위에 돈을 쓸 것이 아니라, 무조건 환경이 좋은 곳으로 계속 이동해야 한다. 교육환경과 생활 편의를 갖춘 우수한 주변 환경이야말로 우리가 자녀에게 줄 수 있는 증여상속세 없는 명백한 무상 증여이기 때문이다.

2장

똘똘한 한 채는 이렇게 고른다

 재건축·재개발을 통한 퀀텀 점프 극대화

재건축과 재개발과 같은 정비사업지는 부동산 투자에서 중대한 전략적 선택이다. 그러나 모든 정비사업지가 동일한 가치를 지니는 것은 아니다. 특히 초기 단계에 머무르고 있는, 즉 조합설립인가조차 받지 못한 구역의 경우에는 사업 진행이 장기간 지연될 수 있으며, 각종 규제나 지역 주민 간의 갈등, 정치적 변수에 따라 사업이 무산되거나 장기 표류할 가능성도 배제할 수 없다. 따라서 이런 곳을 제외한, 속도감 있는 정비사업지에 투자하는 것이 장기적인 투자 수익을 극대화할 수 있는 방법이다. 여기서 구체적으로 '속도감 있는'이

의미하는 바는, 재개발과 재건축 절차 중 사업시행인가를 취득했음을 뜻한다. 우선 재건축 재개발 절차를 살펴보자.

서울특별시 재건축 절차도

절차	상세 프로세스
도시 및 주거환경정비 기본계획 수립	입안(시장) → 주민 공람(14일 이상)(법 제3조 제3항) → 관계 행정기관 협의(법 제3조 제5항) → 서울시 의회 의견 청취(법 제3조 제3항) → 서울시 도시계획위원회 심의(법 제3조 제3항) → 고시(시장)(법 제3조 제6항)
안전진단 실시 (시장·군수·구청장)	안전진단 대상: 공동주택 재건축의 경우에만 해당. 신청 시기: 해당 공동주택이 재건축 가능 연한 도래 후(노후도 충족 후). 신청 방법: 건축물 및 그 부속 토지 소유자 1/10 이상 동의를 받아 구청장에게 신청.
정비구역 지정 (시장)	기초조사(구청장) → 입안(구청장) → 주민 설명회(사전 서면 통보 후) → 주민 공람(30일 이상) → 구 의회 의견 청취(60일 이내) → 서울시 상정 → 시 도시계획위원회 심의 → 지정 및 고시(시장)
조합설립 추진위원회 승인 (구청장)	토지 등 소유자 1/2 이상 동의, 5인 이상 위원으로 구성. 정비사업 전문 관리업자 선정, 정비사업 시행계획 작성, 조합설립인가 준비 업무 등 수행.
조합설립인가 (구청장)	추진위원회는 조합설립을 위한 동의를 받기 전에 추정분담금 및 대통령령이 정하는 정보를 토지 등 소유자에게 제공하여야 함. 주택재건축사업: 전체 소유자 3/4, 동별 소유자 2/3의 동의.
사업시행인가 (구청장)	사업시행 계획서 작성 → 주민 총회(과반수 이상 동의)(법 28조 제5항) → 인가 신청 → 주민 공람(14일 이상: 법 31조 1항) → 인가 및 고시(구청장)
관리처분계획인가 (구청장)	분양 통지 및 공고 → 분양 신청(30~60일) → 관리처분계획 수립 → 주민 공람(30일 이상) → 총회 의결(과반수 이상 찬성) → 인가 신청 → 인가(구청장) → 고시(구청장) → 인가 내용 통지(시행자)

철거 및 착공 (시행자)	이주(시행자) → 감리자 지정(구청장) → 철거 → 부지 경계측량 등(시행자) → 착공 신고
준공인가 (구청장)	준공인가 신청(시행자) → 관련 부서 협의 및 인가 조건 이행 등 검토(구청장) → 준공인가 및 고시(구청장) → 분할 확정측량 등
이전등기 (시행자)	관리처분계획 사항 통지(시행자) → 소유권 이전 고시 및 보고(시행자) → 공보에 고시(구청장) → 이전 고시 내용 관할등기소 통보(사업시행자) → 소유권 보존등기
조합 해산 · 청산 (시행자)	청산금 징수 · 지급 등

자료원: 서울시

정비사업의 투자 시점

재개발이나 재건축에서, 가장 리스크가 적고 빠른 투자 결과를 볼 수 있는 건 '관리처분계획인가' 이후에 하는 투자다. 다만 이 시점에 이르면 이미 많은 투자자의 관심의 대상이 되어 있기에, 투자금을 많이 투입해야 하므로 자금 조달에 문제가 생길 수 있다. 따라서 그 이전 단계인 '사업시행인가' 단계일 때 도전하길 권한다. 사업시행인가만 취득해도 관공서로부터 일정 부분 허가를 받은 셈이고, 더불어 조합의 방향성과 사업 완료 시점이 예측 가능하기 때문이다.

전통적으로 리스크를 줄이고 투자금을 아끼고 싶은 이들은 용적률이 높은 구축 아파트를 선호하는 경향이 있다. 이러한 아파트는 향후 정비사업 가능성이 낮기에, 신축이나 재건축 단지에 비해 매매가격도 높게 형성되지 않는 편이다. 입지가 어느 정도 보장된다면 임대 수요가 안정적으로 유지되므로, 정비사업지에 비해 비교적 소액으로 갭 투자를 할 수 있다. 자금만 준비된다면, 큰 불안 없이 비교적 편한 마음으로 투자할 수 있다는 것도 장점이다. 또한 이러한 단지들은 40년 이상 된 재건축 대상 아파트나 30년이 넘은 낡은 빌라가 아니므로, 여름철 누수나 겨울철 동파 같은 문제로 임차인에게 수리를 요청받을 일도 상대적으로 적으니, 투자자 입장에서 매력적일 수 있다.

중요한 건 속도

문제는 용적률이 높은 구축 아파트에 투자할 시, 퀀텀 점프를 통해 더 나은 입지로 올라서는 전략을 실행하는 데는 한계가 있다는 것이다. 정비사업지의 주택에 비해 자산이 빠르게 성장하는 데 시간이 오래 걸리기 때문에, 자칫 상급지 주택의 가격 인플레이션으로 가격이 크게 벌어져버리면 상급지로의 진입 자체가 불가능해질 수 있기 때문이다. 이쯤에서, 이런 질문을 할 투자자가 있을지 모르겠다.

"그럼 비슷한 입지에서 비슷한 규모의 정비사업이 시행되고 있을 경우, 결국 최종 시세차익은 비슷할 가능성이 크니까 아무 곳이나 선택해도 되지 않나요?"

내 대답은, '그렇지 않다'이다. 비록 비슷한 입지와 비슷한 규모라고 해도 속도가 미세하게 다른 경우가 많다. 예를 들어, 한남4구역과 여의도동 시범 아파트를 보자. 둘 다 입지가 매우 우수하고 규모 면에서도 큰 차이가 없다. 하지만 한남4구역은 삼성물산을 시공사로 선정하며 사업시행인가를 준비 중에 있어, 사업 무산 혹은 무기한 사업 지연과 같은 리스크는 상대적으로 작다. 반면 여의도동 시범의 경우, 한남4구역과 규모나 입지 면에서 큰 차이를 보이지 않으나, 속도에서는 차이가 난다. 조합설립을 완료한 지 얼마 되지 않았고, 서울시에서 신속통합기획으로 선정했음에도 여러 가지 기부채납 등의 협의 절차가 남아 있어 사업시행인가까지 일정 시간이 소요될 것으로 예상된다. 나아가 서울시의 정책 방향에 따라 매우 민감하게 움직일 수 있기에, 기대감은 매우 큰 데 반해 실현까지는 오랜 시간이 걸릴 수 있다. 이럴 경우 당신은 어떤 곳을 선택하겠는가? 노원구 미성·미륭·삼호와 월계동신도 마찬가지다. 전자인 미성·미륭·삼호의 경우 노원구에서 가장 유망하고 규모가 있는 정비사업 투자지로 유명하지만, 사업의 속도가 생각보다 느리다는 것이 리스크이다. 반면, 후자 월계동신의 경우 비슷한 입지임에도 상대적으로 덜 알려진 투자처이지만, 관리처분인가를 득하고 이주를 준비하고 있는 만큼 향후 5년 후에는 드라마틱한 변화가 있을 것으로 예상된다.

가족 구성원에 따른 실거주 솔루션

정비사업지가 아닌 아파트에 투자할 때는 어떤 곳을 선택해야 할까?

구축 vs. 구축, 신축 vs. 신축, 신축 vs. 구축 아파트를 비교하고 있다면, 단순히 시세차익을 얼마나 얻을 수 있을지보다 실제로 살기 좋은지, 즉 '실거주 가치'를 따져봐야 한다. 실거주 목적으로 정비사업 가능성이 없는 일반 아파트들 중에서 고민 중일 때 가장 먼저 확인해야 할 것은, 가족의 생활 반경이다. 출퇴근 거리, 자녀의 학교와 학원 이동 동선, 병원, 마트, 교통 편의 등 가족 구성원의 일상적인 생활 동선을 중심으로 살펴보는 것이 중요하다. 가족 구성원과 처한 상황은 집마다 매우 다양하겠지만, 여기서는 '맞벌이+무자녀', '맞벌이+자녀', '맞벌이+자녀 계획 중'으로 나눠서 살펴보자.

① 맞벌이+무자녀

자녀 계획이 없는 맞벌이 가정일 경우, 일반적으로 집과 직장이 가까운 직주근접이 가장 중요한 요소가 된다. 다만 이때에도 '자산 증식' 차원에서 향후 시세차익, 즉 가격 상승 여지를 따져봐야 한다. 사실 자녀가 없으면 이동 거리나 생활 편의성에 크게 민감하지 않다. 그래서 이들은 비교 대상이 되는 아파트 중에서 직장과 다소 거리가 떨어져 있더라도, 입지상 조금이라도 더 상급지에 해당하는 곳을 선택하는 경향이 있다. 만약 그 지역이 정비사업지라면, 두말할 필요도 없이 최고의 선택이 될 수 있다.

② 맞벌이+자녀

맞벌이를 하며 자녀를 양육하는 가정은 어떨까? 자녀가 초등학교 저학년일 때까지는 직주근접이 가장 중요한 기준이 된다. 맞벌이 가정의 경우 일단 회사와 집이 가까워야 빨리 퇴근하여 아이를 돌볼 수 있기 때문이다. 요즘은 부부가 서로 출퇴근을 조절하며 하이브리드 형식으로 자녀를 양육하는 추세다. 만약 부부 둘 다 편도 40분 이상의 원거리 출퇴근을 할 경우, 직장에서는 일에 치이고 가정에서는 육아에 치이는데, 이동 거리까지 멀어 상당한 피로감을 느낄 수밖에 없다. 따라서 이들에게는 직주근접 부동산이 곧 최고의 양육 환경이 될 수 있다.

단, 한강에 인접한 강북 지역에서 높은 평당가와 주요 업무지구의 직주근접 지역으로 분류되는 마포구, 용산구, 성동구, 즉 '마용성' 지역의 경우, 학교만큼이나 중요하게 생각해야 할 것이 있다. 바로 학원가와의 연계성이다. 주거지나 학교 인근에 적절한 학원가가 있는지, 하교 후 학원 셔틀을 통한 이동이 용이한지 등이 별도로 검토되어야 한다. 예를 들어, 마포구의 염리초, 한서초, 공덕초 그리고 성동구의 옥정초, 행현초, 응봉초 등의 등하교 시간을 살펴보면, 인근 학원 버스와의 연계성, 학부모의 픽업 등 여러 가지 학업 환경을 관찰할 수 있다. 이를 따져 인근 아파트 매수를 검토하는 것이 좋다.

자녀가 초등학교 고학년, 중학생 이상이라면, 당연히 학군이 최우선으로 따져야 할 기준이다. 서울 시내 학군지라면, 동남권은 강남구 대치동, 서남권은 양천구 목동, 동북권은 노원구 중계동에 이미 확고히 구성되어 있다. 학령기 자녀가 있고 해당 지역의 부동산이 매수 검토 대상에 있다면, 타 지역은 생략하고 곧바로 이 학군지로 진입하면 된다. 대치동, 목동, 중계동 외에도 강동구 명일동, 광진구 광장동, 성남시 분당구, 안양시 동안구 등이 수도권에서 가장 선호되는 학군지이다.

③ 맞벌이+자녀 계획 중

부부가 맞벌이를 하면서 자녀를 계획 중에 있는 경우라면, 초등학교 저학년까지의 자녀를 둔 맞벌이 부부와 유사한 전략을 쓸 수 있다. 일단 직주근접을 통해 퇴근 후 시간을 확보하고, 부수입 창출에 올인하여 '신혼 3년+자녀 출생&초등 입학 전 7년=총 10년'의 기간 동안, 참고 인내하면서 강남 2구 부동산에 진출을 도모하는 것이 최적의 솔루션이다. 강남구 대치동, 도곡동, 개포동 그리고 서초구 반포동, 송파구 잠실 일대를 최우선 타깃으로 설정하고, 10년 동안 이 지역으로 진입할 수 있는 액션 플랜을 구체적으로 수립해야 한다. 이 과정에서 자본 여력 등에 따라 방배동 구축, 송파구 중·남부 재건축, 강동구 명일동 재건축 등의 다양한 대안이 있을 수 있지만, 어찌 됐든 10년 액션 플랜은 반드시 필요하다.

시드머니 금액대별 투자 가이드

투자를 위해 확보한 시드머니 크기에 따라, 접근할 수 있는 투자 대상이나 전략은 달라질 수밖에 없다. 이 때문에 고민할 독자들을 위해 시드머니 금액대별 투자 가이드를 소개한다.

1억~3억 원

사회 초년생이라면, 비교적 소득이 높아 연봉이 5,000만 원이라고 해도 세후 연봉 실수령액은 3,500만 원 정도일 것이다. 그중 연간 소비 및 지출을 1,200만 원으로 제한한다면, 연 2,300만 원을 저축할 수 있다. 이는 1억 원가량의 첫 시드머니를 모으는 데 약 5년이 소요된다는 말이다. 사회 초년생에게 '1억 원'이라는 자본금은 매우 중요한 가치가 있지만, 사실 부동산 투자에서는 상당히 제한적인 금액일 수밖에 없다. 현실적으로 1억 원이라는 시드머니로 부동산 투자에 진입할 수 있는 2가지 전략이 있다.

첫째, 비슷한 시드머니를 가진 예비 배우자를 만나, 부부 공동의 자본금을 늘려서 총 2억 원 이상의 시드머니를 확보한다.

둘째, 당장 결혼 계획이 없이 혼자일 경우에는 신용대출 등의 레버리지를 통해 시드머니를 1억 5,000만 원까지 확보한다.

실질적으로 부동산 투자를 위해 필요한 시드머니는 최소 1억 5,000만 원이며, 부부 공동투자 시 2억~3억 원 이상은 되어야 투자 효율성이 커진다. 그럼, 이 정도의 시드머니로 어떤 부동산 대상에 투자할 수 있을까? 아파트와 빌라, 분양권 등이다. 3가지에 대해 좀 더 구체적으로 살펴보자.

① **아파트**: 대한민국 부동산 투자 대상으로서 아파트만큼 안전하고 우수한 것도 없다. 다만 아파트를 매수하기 위한 시드머니를 마련하는 데는 단순히 월급의 일부를 저축하는 것만으로는 한계가 있으므로, 금융자산 투자 등을 통한 추가적인 자금 확보가 필수적이다. 다음은 생애 최초 주택담보대출(최대 6억 원)을 활용할 수 있는 투자의 예시다.

주택가격	주택담보대출 비율	대출 가능 금액	필요 시드머니
7억 원	80%(생애 최초)	5억 6,000만 원	1억 4,000만 원
8억 원	80%(생애 최초)	(최대) 6억 원	2억 원
9억 원	70%	6억 3,000만 원	2억 7,000만 원

주택가격의 70~80%까지 대출을 받는 것이 두려울 수 있다. 하지만 시드머니가 부족할 때는 레버리지를 통해 자산을 선점 매수하고 시간을 녹이는 방법이 최선의 전략이다.

대출을 많이 받는 것이 두렵다고 1억 원의 시드머니로 고작 3억 원짜리 집을 매수하거나, 2억 원의 시드머니로 4억 원짜리 집을 매수할 생각인가? 물론 가능하다. 하지만 2025년 현시점, 서울 및 수도권 주택가격 상승률을 보면, 향후 상승 가치가 높은 아파트의 최소 가격은 8억 원 정도다. 어차피 레버리지를 활용할 거라면, 기왕이면 상승 압력이 높은 자산을 매수하는 것이 유효하지 않겠는가? 사실상 1억~3억 원가량의 시드머니를 확보한 사회 초년생이나 신혼부부는 이로써 자산을 사지 않는다면 저축을 하는 수밖에 없다. 나라면 얼마 되지 않는 이자율을 기대하며 저축할 바에야, 대출 레버리지를 활용해 아파트를 매수하고 원리금을 갚으며 시간을 태우는 길을 택하겠다.

② **빌라(재개발 선점)**: 그럼에도 불구하고 레버리지가 부담된다면, 아파트 대신 서울 시내의 빌라에 투자하는 것도 방법이다. 대개 매매가격 5억~6억 원대 빌라의 전세가격은 2억~3억 원 정도라서, 갭 투자로 접근할 경우 2억~3억 원이면 매수가 가능하다. 다만 빌라는 아파트와는 달라서, 다음과 같은 원칙이 필요하다.

첫째, 서울 시내에 있으며, 외곽지역이 아닌 한강변 자치구에 포함되는 빌라여야 한다. 마포구, 용산구, 성동구, 중구, 광진구, 영등포구, 동작구, 강동구 등 8개 구 내에서 검토하라.

둘째, 반드시 역세권 빌라여야 한다. 그래야 역세권 시프트, 역세권 용적률 등 다양한 혜택이 있을 수 있고, 전·월세 임대수요가 꾸준하다.

셋째, 재개발에 대한 이슈가 조금이라도 있어야 한다. 서울시에서 추진하는 신통기획 재개발에 이미 선정된 곳 중에도 가격이 저렴한 곳들이 있다. 토지거래허가제로 인해 실거주가 필수이긴 하지만, 기왕이면 상위 지역의 신통기획 선정 예상 구역을 선점하는 것이 훨씬 좋은 투자 전략이다.

이 3가지 원칙을 염두에 두고 투자를 진행한다면 적어도 임대를 맞추지 못해 어려움에 처하는 일은 없을 것이며, 서울 전체의 주택 공급 부족으로 인한 재개발 압력이 가해질 경우 역세권 부동산부터 진행될 것이기에 장기적으로 '반려빌'에 대한 우려도 떨칠 수 있을 것이다.

③ **분양권**: 아파트 분양권 투자는 적은 시드머니로 신축 아파트를 선점 매수할 수 있는 가장 좋은 전략이다. 계약금만 지급할 수 있는 여력이 있다면, 중도금과 잔금 마련은 2~3년 뒤로 미룰 수 있기 때문이다. ==분양권 투자는 총 자산가액의 10%의 금액으로 2~3년간 소득을 극대화하여 중도금과 잔금을 치름으로써 신축 아파트를 내 것으로 만드는 전략이다.== 분양권의 계약금은 다음과 같은 공식으로 성립된다.

$$계약금 = 분양가액 \times 10\% + P(프리미엄)$$

2024년 초반만 하더라도 서울 동대문구 이문동의 휘경자이디센시아, 이문아이파크자이 등 신축 분양권을 초기투자금 2억 원대에 매수할 수 있었다. 2024년 중반만 하더라도 경기도 인덕원 퍼스비엘, 평촌 트리지아 등 수도권 상급지 신축 분양권을 초기투자금 1억 중후반 대에 매수할 수 있었다.

하지만 2025년 상반기에 이르면서 P가 1억~2억 원씩 상승하여 서울의 경우 분양권 투자 시 최소 3억 원, 수도권 상급지의 경우 2억 원 정도가 필요하게 되었다. 분양권 투자에 관심이 있다면 현시점 서울은 동대문구 이문동, 휘경동, 성북구 장위동, 경기도의 경우 인덕원과 평촌 일대를 검토해 보길 권한다.

3억~5억 원

확보할 수 있는 시드머니가 3억~5억 원이라면, 투자 전략이 앞서보다 단순명료해진다.

주택가격	주택담보대출 비율	대출 가능 금액	필요 시드머니
10억 원	70%	7억 원	3억 원
12억 원	70%	8억 4,000만 원	3억 7,000만 원
15억 원	70%	10억 5,000만 원	4억 5,000만 원

DSR(총부채원리금상환비율)을 검토하였을 때 가구 연 소득이 1억 원이 된다면, 그의 7배인 7억 원이 주택담보대출액으로 나오고, 연 소득이 1억 5,000만 원이 된다면 그의 7배인 10억 5,000만 원 정도를 대출받을 수 있다.

따라서 시드머니 3억 원에 연 소득이 1억 원이라면, 통상 10억 원짜리 주택을 매수할 수 있고, 시드머니 4억 5,000만 원에 연 소득이 1억 5,000만 원이라면, 15억 원짜리 주택을 매수할 수 있다는 말이다.

만약 내게 실제로 3억 원, 4억 원, 5억 원이 있다면, 다른 빌라나 상업용 부동산이 아닌, 10억 원짜리, 12억 원짜리, 15억 원짜리 실거주 아파트를 매수할 것이다. 큰 대출액이 두렵고 부담스러울 수도 있다. 그러나 실제로 나는 2019년에 레버리지를 최대한으로 활용하여 투자를 감행했고, 그것이 현재 자산의 기반이 되었다. 따라서 ==젊을수록, 시드머니가 부족할수록, 소득 우상향이 확고할수록, 레버리지를 통해 시간을 당겨쓰는 투자를 해야 한다==고 생각한다.

2019년 당시에는 주택담보대출이 40%밖에 나오지 않았는데, 현시점은 강남 3구와 용산구를 제외한 모든 지역에서 70%까지 나온다니, 얼마나 좋은가?

만약 내가 지금 사회 초년생이거나 신혼부부로 3억 원의 시드머니를 확보했다면, 무조건 10억 원짜리 아파트를 매수한 뒤 열심히 일해서 대출원리금을 갚으며 오히려 마음 편히 하루하루를 보낼 것 같다.

6억~10억 원

2025년 5월 현시점, 정부는 무주택자의 경우 LTV(담보인정비율)를 서울 강남 3구(강남·서초·송파)와 용산구에선 50%, 이외 지역에선 70%로 규제하고 있다. 이를 고려할 때, 시드머니 7억 5,000만 원이 있다면 강남 3구와 용산구에선 15억 원짜리 주택까지, 마포구, 성동구 등 이외 지역에선 25억 원짜리 주택까지 매수할 수 있다. 이는 물론 대출을 최대한으로 활용하는 경우인데, 시드머니가 커질수록 대출 70%를 꽉 채워 투자하는 사례는 드물 것이다.

다만, 나는 강남 3구와 용산구 소재의 아파트라면, 받을 수 있는 50%를 꽉 채워서 대출을 받아서라도 매수하는 방안을 권한다. 다소 무리해서라도 가장 우수한 입지의 미래 가치가 가장 유망한 아파트

위치	주택가격	주택담보대출 비율	대출 가능 금액	필요 시드머니
강남 3구 · 용산	15억 원	50%	7억 5,000만 원	7억 5,000만 원
	18억 원	50%	9억 원	9억 원
	20억 원	50%	10억 원	10억 원
	25억 원	50%	12억 5,000만 원	12억 5,000만 원
마포 · 성동 등 전 지역	15억 원	70%	10억 5,000만 원	4억 5,000만 원
	18억 원	70%	12억 6,000만 원	5억 4,000만 원
	20억 원	70%	14억 원	6억 원
	25억 원	70%	17억 5,000만 원	7억 5,000만 원

를 선점하는 것이 현명하다고 생각하기 때문이다.

이에 대한 지역별 신축이나 구축 아파트, 재건축에 대한 전략과 의견은 본책의 투자 사례를 통해 충분히 기술하였다. 나는 향후 환금성 측면에서 볼 때, 강남 3구와 용산구의 경우 최소 20억~30억 원 이상의 주택, 마포, 성동 등 차상급지 지역의 경우 15억~25억 원짜리 주택이 유리할 것으로 본다.

분명한 것은, 각 지역에 맞는 금액대가 있다는 것이다. 만약 노원구, 구로구에서 20억 원짜리 집에 거주하고 있다면 분명 환금성 측면에서 불리한 선택을 한 것이며, 강남구나 서초구에서 6억 원짜리 집을 보유하고 있다면 이 역시 맞지 않는 옷을 입고 있는 것이라 할 수 있다.

10억 원 이상

시드머니로 10억 원 이상을 가지고 있는가? 축하한다. 그렇다면 이미 유리한 출발선에 서 있는 셈이다. 당신이 선택할 수 있는 투자처를 간략히 정리해 보았다.

10억~15억 원: 25억 원 이상의 한강변 재건축

15억~20억 원: 30억 원 이상의 강남구, 서초구 재건축

20억~30억 원: 한남 뉴타운 2구역, 4구역 30평대 배정 물건

30억~40억 원: 50억 원 이상의 압구정 재건축 중소형 혹은 반포 신축 아파트

여기서 세부 단지 및 지역명을 언급하진 않겠으나, 3부 3장의 '아파트 vs. 아파트 Top 30'의 내용을 참고한다면, 개인 생애주기와 가족 구성원, 실거주에 따른 예상 투자처를 가늠할 수 있을 것이다.

 가격 상대성과 회복률을 고려하라

부동산 투자를 하다 보면, 동일 조건의 아파트 2개 단지가 최종 후보로 남는 경우가 많다. 입지, 평형, 학군 등이 유사하다면 선택이 더욱 어려워진다. 이럴 때 나는 딱 2가지를 중요하게 본다. 첫째는 평당가이고, 둘째는 회복률이다. 평당가는 해당 아파트 단지의 가격이 적정한지를 판단하는 핵심 지표다. 같은 조건이면 평당가가 더 높은 단지가 가격 메리트가 있고, 상승 여력도 크다고 볼 수 있다. 또 회복률은 단지가 이전 부동산 하락장에서 얼마나 빠르게 가격을 회복했는지를 의미한다. 같은 입지의 부동산이라도 회복 속도는 단지의 브랜드, 커뮤니티 만족도, 세대 구성에 따라 차이가 크다는 점에서, 반드시 사전에 확인할 필요가 있다.

조금이라도 평당가가 높은 곳을 택하라

해당 부동산의 평당가가 곧 자산의 미래 가치를 결정한다는 사실을 절대 잊지 말아야 한다. 지금 평당가가 높은 아파트가 그렇지 못한 곳보다 향후 상승폭이 더 클 가능성이 매우 높기 때문이다. 25평 아파트를 기준으로 계산해 보자. 가령 A 아파트의 평당가가 3,000만 원이고 B 아파트의 평당가가 4,000만 원이라면, 그 차이가 단순히 1,000만 원이 아니라, 매매가격에서 2억 5,000만 원이라는 큰 격차가 나는 것이다. 33평 아파트라면 매매가격에서 무려 3억 3,000만 원의 차이로 확대된다. 이 3억 원 안팎의 차이가 무엇을 의미할까? 단순히 금액의 많고 적음이 아니다. 주거환경의 퀄리티, 주변 이웃의 소득 수준, 교육 수준, 문화적 인프라와 직결된다. 입주민들의 소득 수준, 교육 수준, 직업군이 상향 평준화되어 있다는 뜻이다. 이는 곧 내가 맺게 될 인간관계, 우리 자녀들이 만나게 될 친구 심지어 아이가 다니게 될 학원이나 학교의 수준까지 결정짓는 강력한 기준이다. 어느 한 아파트의 생활 수준, 좀 더 솔직하게는 의식 수준을 알 수 있는 가장 기본적인 지표가 바로 평당가이다.

고점 대비 회복률이 더딘 곳을 검토하라

2025년 5월 현시점, 서울 강남 3구와 마용성, 경기도 과천시, 성남시 분당구 등 상급지의 신축, 재건축, 구축 그리고 그 이하 급지에서의 상품성 좋은 신축 혹은 재건축 아파트들은 이미 과거 고점 가격을 회복하는 것은 물론, 큰 폭으로 돌파했다.

특히 강남 2구와 잠실 지역 등 서울 부동산 시세를 주도하는 아파트들은 이미 이전 고점 대비 20% 이상 높은 신고가를 기록 중이다.

반면 서울의 일부 외곽지역 아파트들은 아직도 고점 가격을 회복하지 못한 경우가 많다. 가령, 서울 동북권이나 서남권의 일부 아파트 단지들은 2021년 부동산 가격 정점 당시 평당 3,500만 원에 달했지만, 대다수는 현시점 3,000만 원 안팎에 머물고 있는 상태이다.

일반적으로 서울 부동산 시장은 먼저 상급지 아파트의 시세가 오르면, 일정 시차를 두고 중급지와 하급지 아파트의 시세도 후행적으로 따라가는 흐름을 보인다. 그러나 최근 들어 외곽지역에 추가 주택을 소유한 다주택자에 대한 규제가 강화되면서 상급지 중에서도 가장 좋은 입지의 '똘똘한 한 채'로의 쏠림 현상이 더욱 가속화되었다. 이러한 현상을 두고 언론과 부동산 전문가들이 '부동산 양극화'라고 부르는데, 이 같은 양극화 현상은 앞으로도 지속될 가능성이 크고, 심지어 더욱 심화될 우려가 있다.

그렇다고 해서, 서울 중급지와 중·하급지 부동산이 투자처로서 매력이 없다는 의미는 아니다. 서울의 중급지와 중·하급지 내에도 입지 조건이 우수하고 생활 환경이 쾌적한 역세권의 대단지 아파트가 많다. 또 이들 중에는 여전히 전고점 대비 15~20%의 하락 상태에 머물러 있는 경우가 있다. 이를테면, 서울 성북구, 노원구, 은평구의 몇몇 역세권 대단지 아파트들은 2021년 고점 대비 20% 정도 낮은 가격에 거래되고 있다. 이러한 역세권 대단지 아파트들은 여전히 살기 좋은 인프라와 충분한 세대수를 기반으로 일정 수준으로 가격이 회복될 가능성이 크다.

투자자 입장에서 본다면, 서울 부동산 시장 내 양극화 현상이 지속된다고 하더라도 상대적으로 덜 오른 중급지와 중·하급지의 일부 아파트 단지들은 여전히 비교 우위 조건을 갖추고 있다는 말이다.

부동산 투자 시 놓치지 말아야 할 개념은, 저평가이다. 단순히 현시점 상급지냐 아니냐의 이분법적 판단으로 투자를 결정할 것이 아니라, ==상급지가 주도하는 상승 흐름 속에서도 입지, 세대수, 인프라 같은 기본적인 가치를 바탕으로 아직 가격 회복이 덜 된 외곽지역에서 알짜 단지를 선별해야 한다.== 본래 가치가 높으나 현재 평가절하된 '저평가 자산'과 본래 가치가 낮아 가격이 오르지 않은 '한계 자산'의 차이를 명확히 구분하는 혜안이 필요하다.

3장

아파트 vs. 아파트 Top 30, 2채가 남았다면?

나는 '임실장 자산증식연구소' 블로그와 세미나, 텔레그램 등의 온·오프라인 채널을 통해, 내 집 마련이나 부동산 투자를 하려는 이들로부터 하루에도 수십 건의 질문을 받는다. 그중에는 치열하게 공부하고 임장한 끝에 최종 선택지 2곳만을 남겨두고 고민하다가, 내게 도움을 요청하는 이들도 많다. 그래서 이번 장에서는 가장 많은 질문을 받았던 아파트 vs. 아파트 Top 30을 모아, 퀀텀 점프 가능성과 실거주 가치, 가격 상대성이란 3가지 기준으로 두 아파트씩 비교 평가해 보고자 한다. 부디 비슷한 고민으로 밤잠을 설치는 이들에게 도움은 물론, 투자에 힌트가 되었으면 한다.

여의도동 시범 35평 vs. 한남4구역

여의도동 시범 재건축 조감도

여의도 내 최고 한강변 입지로, 완공 시 지역 내 최고가가 예상된다.
자료원: 서울시

한남4구역 래미안글로우힐즈한남 조감도

현대건설과의 치열한 경쟁 끝에 삼성물산이 시공권을 확보했다.
자료원: 삼성물산

퀀텀 점프 가능성

한남4구역은 이미 사업시행인가 이후 단계에 진입하여 사업의 속도가 빠르고 확실성이 높아, 퀀텀 점프의 가능성이 극대화된 단지이다. 특히 조합원 전체의 한강뷰 확보가 가능할 것 같아 완공 이후 압도적인 입지 프리미엄이 예상된다. 인근 유엔사 부지에 들어설 더파크사이드서울 개발 및 용산공원과 같은 굵직한 지역 호재들까지 고려하면, 큰 폭의 자산 상승을 기대할 수 있다.

여의도동 시범 역시 완공 후 서울 최고 입지로서 명실상부 대장이 되겠지만, 아직 사업초기 단계로 속도 측면에서 한남4구역의 손을 들어주고 싶다.

실거주 가치

한남4구역은 장기적인 관점에서 용산공원이라는 쾌적한 자연환경과 함께, 강남 및 도심권으로의 뛰어난 접근성을 바탕으로 매우 우수한 실거주 환경을 갖출 것으로 예상된다. 이러한 입지는 향후 주거지로서의 가치를 크게 끌어올릴 수 있는 중요한 요소로 작용할 것이다.

여의도동 시범은 이미 우수한 업무 인프라와 생활 편의성을 갖추고 있는 지역이지만, 향후 주거환경 개선 측면에서는 뉴타운 주거밀집 지역인 한남4구역이 더 유리할 것으로 보인다.

가격 상대성

완공 후 여의도동 시범과 한남4구역의 가격대는 매우 유사하게 형성될 가능성이 크다. 두 지역 모두 한강뷰라는 공통적인 프리미엄을 갖추고 있기 때문이다. 그러나 한남4구역은 용산이라는 서울의 중심지에 위치한 입지적 특성과 향후 한강뷰 프리미엄을 더해, 평당가가 현저히 상승할 가능성이 크다.

여의도동 시범 역시 금융 중심지로서의 특성과 이미 자리 잡은 한강뷰 프리미엄 덕분에 높은 가격대를 형성할 가능성이 있다. 여의도는 기존의 안정적인 업무 인프라와 함께 강력한 상업적 중심지로서 이미 확고한 가치를 지니고 있지만, 중·단기적인 투자 관점과 안정적인 실거주 환경 측면에서 한남4구역이 명확하게 우위에 있다.

한남하이츠 28평 vs. 노량진1구역

한남하이츠 재건축 조감도

2025년 희림건축을 설계사로 선정하며 사업에 속도를 내고 있다.
자료원: 희림건축

노량진1구역 조감도

노량진 뉴타운 내 최고 입지로, 완공 시 대장 아파트가 되리라 예상된다.
자료원: 서울시

퀀텀 점프 가능성

한남하이츠는 현재 관리처분인가를 앞둔 단계로, 최근 조합 내부 갈등이 마무리되면서 설계사를 재선정하여 사업에 속도를 내고 있다. 이 사업지는 28평에서 34평으로 평형 증가와 함께 일정 수준의 한강뷰 확보가 가능할 것으로 기대되기에, 입주 시 자산 가격 퀀텀 점프의 가능성이 매우 크다. 또 인근에 압구정 재건축, 한남 뉴타운, 성수 전략정비구역 등 서울 제1의 정비사업 지역들이 있어 이로 인한 입지 상승 효과까지 반영될 여지도 있다. 따라서 향후 한남하이츠 한강뷰 매물의 가격 상승폭은 매우 클 것으로 예상된다.

실거주 가치

한남하이츠는 옥수동에 있긴 하지만, 사실상 한남동 생활권에 도보로 근접할 수 있는 위치다. 따라서 단지 내 고급화 전략이 잘 반영된다면, 한남하이츠는 매우 높은 가치의 주거 단지로 거듭날 가능성이 크다. 또한 강남으로의 접근성이 우수하여 높은 실거주 만족도를 제공할 것으로 보인다.

노량진1구역은 교육 및 교통 측면에서 실거주 만족도가 양호할 것으로 보이나, 입지 프리미엄 측면에서 성동구, 용산구, 한강변 재건축이 가진 매력을 따라잡기는 어려울 것이다. 이러한 입지 차이가 향후 가격 상승 잠재력에서도 큰 차이로 드러날 수 있다.

가격 상대성

한남하이츠는 평형 확대와 한강뷰 확보, 주변 재건축 사업지로 인한 추가 상승 압력 등을 고려할 때 추후 가치 상승 여력이 매우 뛰어나다.

노량진1구역은 안정적인 가치 상승을 기대할 수 있지만, 한남하이츠의 한강뷰 프리미엄 상승폭을 따라잡기 어려울 것으로 판단된다. 따라서 두 지역 모두 각기 다른 상승 잠재력을 가지고 있으나, 한남하이츠가 상대적으로 더 큰 여력을 지녔다고 볼 수 있다.

대치현대 26평 vs. 방배아트자이 24평

대치현대

대치동 학원가 접근성이 뛰어나, 주변이 자녀를 라이딩하려는 차량으로 혼잡하다.
자료원: 네이버지도

방배아트자이

방배삼익과 방배신동아 아파트의 재건축이 완료되면 동반 가치 상승이 예상된다.
자료원: 네이버지도

퀀텀 점프 가능성

대치현대는 학군 중심 지역에 위치한 아파트로, 장기적인 관점에서의 가격 상승이 비교적 확실한 편이다. 다만, 이 단지는 재건축이 아닌 리모델링 형태의 정비사업이 추진될 가능성이 크므로 구조적 제약으로 인해 퀀텀 점프는 제한적일 수 있다.

방배아트자이는 신축 단지로서 생활의 쾌적함을 제공하며, 주변 지역의 재건축 사업, 즉 방배신동아, 방배삼익 등의 정비사업이 완료되면 그 여파로 인해 일정 수준의 가치 상승도 기대할 수 있다.

그럼에도 불구하고, 대치동의 교육 및 입지 프리미엄과 비교했을 때, 방배아트자이의 향후 가격 상승 여력은 상대적으로 다소 부족해 보인다.

실거주 가치

대치현대는 방 2개, 화장실 1개의 비교적 협소한 구조로, 공간적으로는 다소 열악한 조건이다. 그럼에도 대치동의 뛰어난 교육환경과 다양한 인프라 덕분에, 학령기 자녀를 둔 가정에게는 압도적으로 높은 실거주 가치를 제공한다.

방배아트자이는 신축 아파트라는 점에서 현대적인 내부 시설과 쾌적한 생활환경 등이 장점으로 꼽힌다. 하지만 교육 여건 측면에서 대치동의 수준을 따라잡을 수 없기에, 입지의 교육적 우위에서 열세임에 분명하다.

가격 상대성

대치현대는 우수한 학군과 핵심 입지를 기반으로 꾸준한 수요가 뒷받침되는 지역이므로, 가격 상승이 안정적으로 이어질 가능성이 크다. 그만큼 자산가치 또한 장기적으로 높게 유지될 것이다.

방배아트자이는 신규 개발지역이라는 특성상 초기 개발 프리미엄과 함께 일정 부분의 상승 여력은 기대할 수 있으나, 입지와 학군, 브랜드 가치에서 대치동이 지닌 고유의 프리미엄과 비교하면 분명한 한계가 존재한다.

장기적인 관점에서 안정성과 가치 상승 가능성 모두를 고려한다면, 대치현대가 더 확실하고 전략적인 선택이라고 볼 수 있다.

도곡렉슬 26평 vs. 잠실엘스 24평

도곡렉슬

자녀를 둔 부모라면 한눈에 반할 만큼 양육 환경이 좋은 도곡 2동의 대장 단지.
자료원: 네이버지도

잠실엘스

대한민국 서울 아파트 시세의 표준. 잠실엘스 가격이 떨어지면 하락장을 준비해야 한다.
자료원: 임실장

퀀텀 점프 가능성

잠실엘스는 삼성역 개발, MICE 산업 육성, 잠실 스포츠 콤플렉스 재편 등 굵직한 개발 호재들이 복합적으로 작용하는 지역으로, 향후 뚜렷한 퀀텀 점프 가능성을 가진 핵심 입지이다.

도곡렉슬 또한 강남 대표 학군지로서 우수한 교육환경과 생활 인프라를 갖추고 있어, 실수요자에게 꾸준히 인기 있는 지역이다. 다만 폭발적인 상승보다는 안정적인 실거주 수요에 기반한 지속적이고 완만한 가격 상승을 기대할 수 있다.

실거주 가치

도곡렉슬은 우수한 학군과 조용하고 안정적인 주거환경으로, 자녀를 양육하는 가족 단위의 실거주자에게 최적화된 단지이다. 특히 인근에 명문 초·중·고등학교와 다양한 교육 인프라가 밀집해 있어, 교육에 민감한 수요자들에게 꾸준한 선호를 얻고 있다. 주변 녹지공간과 생활 편의시설도 균형 있게 갖춰져 있어 장기적인 실거주 만족도가 매우 높은 편이다.

잠실엘스는 대규모 단지의 장점과 더불어 한강과 인접해 있는 입지적 매력 그리고 롯데월드타워와 잠실 상권 등 다양한 편의시설에 대한 접근성이 뛰어나다는 것이 특징이다. 이러한 요소는 상대적으로 자유로운 생활패턴을 추구하는 직장인이나 신혼부부에게 더욱 적합할 수 있다.

가격 상대성

잠실엘스는 다양한 개발 호재가 연속적으로 예정되어 있어, 향후 가격 상승의 여지가 크다. 특히 이러한 호재는 단기간 내에 시장 기대감을 높일 수 있으므로 투자 관점에서 매력적인 선택지로 평가받고 있다. 도곡렉슬은 대치동 학군이라는 서울 최고의 교육 프리미엄과 함께 고소득층의 거주 비중이 높아서 실거주 만족도가 매우 높다. 또 꾸준한 수요가 유지되는 단지로, 견고한 자산가치를 유지할 것으로 보인다.

결론적으로 투자 수익률을 고려한다면 잠실엘스가 보다 높은 상승 탄력을 기대할 수 있으며, 자녀교육과 실거주 안정성을 중시한다면 도곡렉슬이 더 유리한 선택이 될 수 있다.

역삼동 래미안그레이튼2차 24평 vs. 가락동 헬리오시티 33평

역삼동 래미안그레이튼2차

진달래2차를 재건축한 것으로, 최근 입주하는 신축보다 넓은 판상형 구조가 특징이다.
자료원: 네이버지도

가락동 헬리오시티

외관은 답답해 보이지만 파크밴드를 걸어보면 마음이 달라질 대한민국 대단지의 표준.
자료원: 네이버지도

퀀텀 점프 가능성

역삼동 래미안그레이튼2차는 강남구 역삼동이라는 핵심 입지에 있으며, 향후 강남권 전반의 재정비 및 개발에 따른 수혜가 기대되는 단지이다. 이러한 입지적 우위는 향후 재건축이나 리모델링 등의 사업과 결합될 경우 높은 퀀텀 점프가 가능할 수 있다.

가락동 헬리오시티는 9,510세대에 달하는 대규모 단지로서, 생활 인프라 면에서 탁월한 장점이 있다. 대단지 특유의 수요 안정성과 거래량은 일정 수준의 가격 안정성을 보장하고, 점진적인 가격 상승을 가능케 하기 때문이다. 그러나 교육환경 측면에서 강남 8학군에 비해서는 경쟁력이 다소 떨어지므로, 학군 수요 중심의 추가 상승 여력은 상대적으로 제한적일 수 있다.

실거주 가치

역삼동은 강남 8학군 중에서도 교육 여건이 매우 우수한 지역으로 꼽히며, 역삼동 래미안그레이튼2차는 이러한 교육 인프라를 온전히 누릴 수 있는 입지에 있다. 특히 인근 대치동 학원가와의 접근성과 GBD(강남 업무지구)와의 근접성은 학령기 자녀를 둔 가족에게 실거주 측면에서 매우 큰 장점으로 작용한다. 여기에 더해 도심 속 생활 인프라도 잘 갖추고 있어 실거주 만족도가 높다.

가락동 헬리오시티는 대단지 내 커뮤니티 시설, 상업시설 등 자체 인프라가 뛰어나고 생활 편의성이 높지만, 송파구 일대는 강남구에 비해 상대적으로 교육 특화 인프라에서 약한 편이다. 이에 따라 학군 중심의 실거주 선호도에서는 역삼동과 비교해 다소 열세일 수 있다.

가격 상대성

역삼동 래미안그레이튼2차는 교육환경, 교통 접근성, 생활 인프라 측면에서 매우 우수한 조건을 갖추고 있다. 이에 따라 자산가치 상승도 꾸준하고 안정적으로 이어질 가능성이 크다.

가락동 헬리오시티는 이미 높은 가격대를 형성하고 있다. 우수한 단지 내 인프라와 교통 환경의 장점이 이미 가격에 충분히 반영되어 있는 대한민국 대단지의 표준이라 할 수 있다.

결론적으로, 자산가치 상승 가능성과 실거주 가치를 종합적으로 고려했을 때, 가락동 헬리오시티보다는 역삼동 래미안그레이튼2차가 더 유리한 선택지로 보인다.

일원동 푸른마을 31평 vs. 광장동 극동1차 31평

일원동 푸른마을

일원동 샘터마을 아파트와 함께 일원역 서편을 책임지는, 일원본동 엔트리 단지.
자료원: 네이버지도

광장동 극동1차

재건축 후 한강변 신축으로 탄생할 경우 상당한 가치 상승이 기대되는 광진구 대표단지.
자료원: 네이버지도

퀀텀 점프 가능성

광장동 극동1차는 한강변이라는 입지적 장점에 더해 재건축이 가능한 아파트로 분류되어 장기적인 관점에서 퀀텀 점프를 기대할 수 있는 잠재력이 매우 높은 곳이다. 특히 한강 조망과 강변북로 및 올림픽대로 인접성 등 입지적 희소성을 갖춘 단지로서, 향후 재건축이 본격화될 경우 높은 수준의 자산가치 상승을 기대할 수 있다. 다만 현재는 재건축 사업이 초기 단계에 머물러 있어, 관련 인허가 절차와 조합설립, 사업승인 등의 과정까지 수년이 소요될 가능성이 크다. 따라서 장기 보유 전략이 필요하기에 단기적인 투자 수익을 기대하는 투자자에게는 제한적인 선택이 될 수 있다.

일원동 푸른마을은 현재 대치동 학군과의 연계성이 뛰어나 교육 수요가 탄탄하다는 것이 강점이다. 그러나 재건축 가능성이 낮고 토지 활용 면에서도 여유가 많지 않아 개발 여력이 크지 않다는 점에서 향후 자산가치 상승에는 어느 정도 한계가 있을 수 있다. 따라서 장기적 퀀텀 점프의 관점에서 본다면, 구조적 변화나 가격 상승의 폭이 제한적이므로 상대적으로 열세에 해당한다.

실거주 가치

일원동 푸른마을은 대치동 학원가와의 우수한 연계성 덕분에, 학령기 자녀를 둔 가정에게는 매우 뛰어난 실거주 조건을 제공한다. 특히 남아를 둔 가정이라면, 강남 8학군 내에서도 명문으로 손꼽히는 남고, 중동고가 인접해 있어서 좋고, 중·고등학교 진학 시 대치동 중심 학군과의 접근성이 좋아 실질적인 교육 편의성을 누릴 수 있기에, 이는 가족 구성원 전반의 만족도로 이어질 것이다. 따라서 일원동 푸른마을은 안정적인 생활 기반과 교육환경을 동시에 고려하는 실거주 수요자에게 매우 매력적인 선택지이다.

광장동 극동1차 역시 인근에 광남중·고를 포함한 광남학군이 있어, 학령기 자녀를 둔 가정에는 나름의 교육 인프라를 갖춘 지역으로 평가받는다. 다만 교육 인프라 수준이나 밀도 면에서는 대치동과의 직접 연계성이 있는 일원동에 비해 상대적으로 열세이며, 실거주 입장에서 체감하는 교육 편의성 또한 다소 차이가 있을 수 있다. 또한 광장동 극동1차 역시 향후 재건축이 기대되는 단지이긴 하지만, 현재로서는 건축 연한이 오래된 구축 아파트로서 주거환경이 전반적으로 노후화되어 있다. 이에 따라 재건축이 완료되기 전까지는 실거주 만족도가 상대적으로 떨어질 가능성이 크다.

가격 상대성

광장동 극동1차는 장기적으로 한강변 입지와 한강 조망권이라는 프리미엄이 뚜렷하게 작용하는 지역으로, 향후 재건축이 완료될 경우 압도적 가격 상승이 확실해 보인다. 이러한 요인은 장기적 자산 가치를 중시하는 투자자들의 매수 검토에 매우 유리하게 작용할 것이다.

일원동 푸른마을은 대치동 학군과의 연계성이라는 분명한 강점을 바탕으로 실거주 수요가 탄탄하게 유지되는 지역이다. 이러한 실거주 중심의 수요는 하락장에서의 가격 방어에는 강점이 있지만, 재건축 가능성이 낮아 향후 장기적 가치 상승 면에서는 광장동 극동1차가 좀 더 유리하다고 볼 수 있다.

결론적으로, 학령기 자녀의 교육환경과 실거주 가치가 중요한 수요자라면 일원동 푸른마을이, 장기적 부동산 가치 상승을 원하는 투자자라면 광장동 극동1차가 더 적합할 것으로 보인다.

마포래미안푸르지오 25평 vs. e편한세상옥수파크힐스 25평

마포래미안푸르지오

지방 투자자들까지 '마래푸'라고 줄여 부르는 강북의 대표 단지이자, 전국구 인기 투자처.
자료원: 네이버지도

e편한세상옥수파크힐스

옥수동의 대표 신축 대단지를 넘어, 마용성 대장급 단지로 자리매김했다.
자료원: 네이버지도

퀀텀 점프 가능성

마포래미안푸르지오나 e편한세상옥수파크힐스 모두 이미 정비사업이 완료된 단지로, 향후 재건축이나 재개발을 통한 물리적인 퀀텀 점프는 기대하기 어려운 곳이다. 즉, 정비사업성 측면에서의 추가 개발 여력은 제한적이라는 의미다. 다만 입지적인 측면에서 살펴보면, e편한세상옥수파크힐스는 강남과 연접해 있고 향후 인근의 압구정 재건축, 한강변 개발, 서울숲-성수 일대 고급 주거벨트 확장 등 다양한 개발 호재가 진행 중이거나 계획되어 있어, 이러한 외부 개발 효과가 간접적으로 반영될 수 있는 여지가 크다. 따라서 정비사업이 완료되었음에도, 입지 가치 상승에 따라 가격의 상방 여력은 여전히 열려 있는 단지라고 볼 수 있다.

마포래미안푸르지오는 이미 마포구 내 주요 개발사업이 대부분 마무리된 상태로, 주변 인프라가 완성도 높게 갖춰진 안정된 주거지역이다. 실거주 수요가 꾸준하고 생활 편의성이 우수하다는 점은 장점이지만, 인근 지역에서 드라마틱한 변화를 일으킬 수 있는 대형 개발사업이 진행될 여지가 제한적이므로, 향후 연접 지역의 대규모 정비사업으로 인한 가격 상승 가능성은 상대적으로 낮다고 볼 수 있다.

실거주 가치

마포래미안푸르지오는 서울의 핵심 업무지구인 CBD(광화문·종로),

YBD(여의도), 마곡지구, DMC(상암) 등 주요 거점과의 접근성이 매우 뛰어난 위치에 있다. 이러한 입지적 장점 덕분에 직주근접성을 중요하게 여기는 맞벌이 부부나 직장인 수요층에 높은 실거주 만족도를 제공하는 단지로 평가된다. 특히 대중교통망이 잘 갖춰져 있어 통근 시간의 효율성을 확보할 수 있으며, 인근에 아현 뉴타운 아파트들이 몰려 있어 생활 및 자녀양육 인프라 또한 성숙 단계에 이르러 실거주 편의성 측면에서도 뛰어난 안정감을 선사한다.

e편한세상옥수파크힐스는 강남권과의 접근성이 우수하다는 점에서 입지적으로 큰 장점을 가진다. 다만 단지가 위치한 옥수동 일대가 언덕 지형에 위치해, 도보 이동이나 일상생활에서 체감되는 생활 편의성은 마포래미안푸르지오에 비해 다소 떨어질 수 있다. 고령자나 어린 자녀가 있는 가정이라면, 이러한 점도 고려해야 할 사항이다.

가격 상대성

e편한세상옥수파크힐스는 강남 접근성 및 향후 주변 지역 정비사업 프리미엄이 장기적 가격 상승에 영향을 미칠 것으로 예상된다. 마포래미안푸르지오는 서울 서북권의 중심 주거지로서 이미 생활 인프라와 교육환경, 교통망 등 모든 측면에서 성숙된 입지를 갖추고 있어 안정적인 자산가치를 보유하고 있다. 실거주 측면에서의 만족도가 높고, 임대 수요 역시 꾸준하기 때문에 보수적인 성향의 투자자에게는 안정적인 선택지다. 하지만 인근의 마포프레스티지자이

등 더 최근에 입주한 대단지 신축 아파트들과 비교했을 때, 상대적으로 추가적인 가격 상승 여력은 제한적일 수 있다.

결론적으로, 투자 관점에서 본다면 e편한세상옥수파크힐스가 옥수동 내 드문 신축이자 향후 개발 프리미엄을 기대할 수 있다는 점에서 상대적 우위를 가진다. 반면 마포래미안푸르지오는 실거주 중심의 안정성을 중시하는 수요자에게 더 적합한 선택지일 수 있다.

방배현대1차 32평 VS. 올림픽훼밀리타운 31평

방배현대1차

오랫동안 방배동을 지켜온 근본 있는 구축으로, 여아 학군으로 인기가 높다.
자료원: 네이버지도

올림픽훼밀리타운

1988년 서울올림픽 시절, 올림픽선수기자촌과 함께 준공된 송파구 문정동의 초대형 단지.
자료원: 네이버지도

퀀텀 점프 가능성

올림픽훼밀리타운은 입지적으로 강남구 수서 권역과 인접해 있고, 단지 규모 또한 상당히 커서 재건축 시 높은 프리미엄을 기대할 수 있는 단지이다. 특히 인근 가락시영 아파트가 가락동 헬리오시티로 재건축되며 가격 프리미엄이 상승하는 모습을 정면에서 목격한 아파트로, 장기적인 관점에서 분명 재건축에 따른 퀀텀 점프 가능성을 품고 있다. 다만 현재는 정비사업 초기 단계로, 실제 사업 추진까지는 상당한 시간이 소요되고 다양한 변수가 발생할 수 있어서 투자 시 불확실성을 감수해야 하는 요소가 많다. 즉, 잠재력은 크지만 시간과 리스크를 동반한 선택이라 할 수 있다.

방배현대1차는 최근 수년간 방배동 일대에서 활발하게 진행되고 있는 재건축 사업의 중심 인근에 있다. 이미 다수의 단지에서 사업이 진행되고 있어서 해당 지역 전체의 주거환경 개선과 가치 상승이 가시화된 상황이다. 이러한 영향으로 방배현대1차는 연쇄적인 자산가치 상승을 기대할 수 있는 단지로 평가된다.

실거주 가치

방배현대1차는 강남 8학군으로 대표되는 탄탄한 교육환경과 함께, 안정적인 주거 분위기를 자랑하는 지역에 있다. 특히 서문여중·서문여고 배정이라는 확실한 학군 메리트 덕분에, 학령기 여아를 둔 가정에는 실거주 가치 측면에서 매우 높게 평가된다. 더불어 인근에 다양한 사교육 인프라와 학습 분위기가 잘 형성되어 있어, 자녀교육을 중시하는 수요층의 지속적인 유입이 이뤄지고 있다. 이러한 학군 프리미엄은 향후 집값 안정성은 물론, 매도 시점에도 일정 수준의 수요를 보장받을 수 있는 중요한 요소이다.

올림픽훼밀리타운은 가락·문정 생활권에 속해 있어 대형마트, 병원, 공공시설 등 기본적인 생활 인프라가 잘 갖춰져 있는 편이다. 다만 학군 측면에서는 방배동에 비해 다소 열세로 평가된다.

가격 상대성

방배현대1차는 탄탄한 학군 프리미엄과 함께, 인근에서 활발히 진행 중인 방배5구역, 6구역, 13구역, 14구역, 15구역 재건축 사업들에 따른 수혜가 기대된다. 이로 인해 향후에도 지속적인 가격 상승 압력이 유지될 가능성이 크다.

올림픽훼밀리타운 역시 재건축 기대감이 존재하지만, 아직 사업이 초기 단계에 머물러 있어 실제 추진까지는 상당한 시간과 불확실성이 동반될 수 있다. 또한 여아 학군 프리미엄 측면에서 방배현대1차에 비해 상대적으로 열세이기 때문에, 장기적인 관점에서 가격 상승 여력은 다소 제한적일 수 있다.

결론적으로, 자녀교육이 주요 고려 요소가 아니라면 두 아파트 모두 훌륭하므로 직주근접에 유리한 쪽으로 선택하면 되고, 학령기 여아가 있다면 방배현대1차가 유리한 선택지로 보인다.

래미안송파파인탑 26평 vs. 분당 시범단지삼성한신 32평

래미안송파파인탑

송파동을 대표하는 준신축 단지로, 고급스러운 외관이 눈길을 끈다.
자료원: 네이버지도

분당 시범단지삼성한신

서현역 초역세권으로 상권, 교육, 판교 직주근접, 녹지 모두 만족시키는 단지.
자료원: 네이버지도

퀀텀 점프 가능성

분당 시범단지삼성한신은 향후 재건축이 본격화될 경우 선도적인 역할을 할 가능성이 크다. 이미 입지적 강점과 더불어 학군, 교통, 생활 인프라를 고루 갖추고 있어 실거주 수요도 탄탄한 편이다. 이러한 기반 위에 재건축이 더해질 경우 평당가 상승과 함께 시세 퀀텀 점프 가능성이 매우 크므로, 중장기적인 자산가치 상승을 기대할 수 있는 유망 단지로 평가된다.

래미안송파파인탑은 송파구 내에서도 신축 브랜드 아파트로 이미 높은 가격 수준을 형성하고 있는 단지이다. 이미 어느 정도 프리미엄이 반영된 상태이므로, 장기적인 퀀텀 점프 가격 상승 여력은 재건축을 앞둔 분당 시범단지삼성한신에 비해 제한적일 수 있다.

실거주 가치

분당 시범단지삼성한신은 오랜 시간 동안 지역 주민들로부터 사랑받아 온 안정된 주거환경과 더불어, 분당 일대의 우수한 교육 인프라를 모두 갖춘 단지로서 실거주 만족도가 매우 높은 곳이다.

래미안송파파인탑은 신축 아파트 특유의 쾌적한 주거환경과 우수한 교통 접근성을 자랑한다. 다만 교육환경 측면에서 분당이 제공하는 학군의 체계성과 교육열을 따라가기 부족한 면이 있으며, 주거안정성 측면에서도 분당을 따라잡기는 어려울 것으로 보인다.

가격 상대성

분당 시범단지삼성한신은 장기적인 관점으로 볼 때, 가격 상승 잠재력과 재건축 사업성 모두에서 확실한 강점을 갖고 있다. 분당 권역 내에서도 최상급 입지로 평가받는 위치에 있으며, 기존의 주거 만족도와 학군, 교통, 생활 인프라를 고루 갖추고 있어 이미 입지 프리미엄이 형성된 상태이다. 이러한 점에서 장기적으로도 안정적이면서 우상향하는 자산가치를 기대할 수 있다.

래미안송파파인탑은 준신축 브랜드 아파트로서 이미 높은 가격대를 형성하고 있으며, 이미 신축 프리미엄이 상당 부분 반영된 상태이다.

결론적으로, 장기적인 관점에서 가격 상승폭은 래미안송파파인탑이 분당 시범단지삼성한신에 비해 제한적으로 보인다.

이촌동 한가람 25평 vs. e편한세상옥수파크힐스 25평

이촌동 한가람

이촌동 대표 구축 단지로, 추후 신축으로 준공된다면 입지적 가치가 더욱 빛날 것이다.
자료원: 네이버지도

e편한세상옥수파크힐스

옥수동의 대표 신축 대단지를 넘어, 마용성 대장급 단지로 자리매김했다.
자료원: 네이버지도

퀀텀 점프 가능성

이촌동은 리모델링을 포함한 다양한 정비사업 추진 가능성이 커 장기적으로 퀀텀 점프의 잠재력이 크다. 특히 이촌 한가람은 한강변에 위치한 단지로, 입지적 프리미엄에 더해 큰 가치 상승을 기대할 수 있다.

e편한세상옥수파크힐스는 입지적인 장점이 분명하지만, 정비사업 추진 가능성은 이촌 한가람에 비해 낮다. 이로 인해 퀀텀 점프의 가능성이 제한적이며, 이미 상대적으로 안정된 가격대를 형성하고 있어 큰 변동폭을 기대하기 어려운 상황이다.

실거주 가치

이촌동 한가람은 평지에 위치해 있어 생활 편의성이 뛰어난 단지로, 일상적인 교통 편의성과 상업시설 접근성이 우수하다. 또한, 이촌 지역은 신용산초, 용강중 같은 우수한 학군을 보유하고 있어 자녀교육을 중시하는 학령기 자녀를 둔 실거주자에게 매우 높은 만족도를 제공한다. 따라서 실거주자들이 안정적인 생활을 꾸릴 수 있는 최적의 조건을 갖췄다고 볼 수 있다.

e편한세상옥수파크힐스는 강남 접근성이 뛰어나며, 교통의 편리함과 업무지구와의 연결성이 매우 좋은 아파트이긴 하지만, 언덕 지형에 위치해 있어 다소 일상생활에서 불편을 느낄 수 있다.

가격 상대성

이촌동 한가람은 향후 정비사업 추진 가능성과 우수한 학군으로 인해 장기적인 가격 상승 가능성이 매우 큰 곳이다.

e편한세상옥수파크힐스는 현재 가격이 안정적이지만, 추가적으로 큰 상승폭을 기대하기는 어려운 상황이다.

결론적으로, 장기적인 투자와 실거주 가치를 함께 고려할 때, 이촌동 한가람이 향후 가치 상승과 생활 편의성을 동시에 갖춘 뛰어난 선택지가 될 것이다. e편한세상옥수파크힐스는 현재의 안정적인 가격대를 중시하는 수요자에게 적합할 수 있지만, 장기적인 관점에서 정비사업이 가시화될수록 이촌동 한가람이 더 우수한 선택지로 보인다.

잠원동 신화 22평 vs. 흑석동 아크로리버하임 25평

잠원동 신화

소단지가 많은 잠원동 내 한강변 핵심 입지의 아파트.
자료원: 네이버지도

흑석동 아크로리버하임

대림E&C의 '아크로 시리즈' 중 하나로, 웬만해서는 그 아성을 뛰어넘기 힘든 흑석동 대표 단지.
자료원: 네이버지도

퀀텀 점프 가능성

잠원동 신화는 현재 구축 아파트이지만, 중장기적인 관점에서 리모델링 등을 기대할 수 있는 잠원동 내 소단지 아파트이다. 특히 잠원동은 과거 아파트 건축 시 필지를 분할하여 준공된 소단지 아파트들이 즐비한 서울 시내 한강변 상급지로, 아파트마다 이해관계가 달라 각각 정비사업을 진행 중이다. 이것이 대단지 정비사업이 가능했던 반포동과 가장 큰 차이라고 할 수 있다. 향후 메이플자이가 입주하고 잠원동 동아 등이 리모델링에 성공한다면, 나머지 소단지들의 정비사업에 대한 방향성도 도출되지 않을까 싶다.

흑석동 아크로리버하임은 신축 프리미엄이 이미 시세에 반영되어 있어, 안정적인 가격 상승을 누릴 것으로 예상된다. 다만 아크로리버하임에서 바라보는 한강뷰는 특히나 일품이라고 알려져 있어, 희소성에 따른 한강뷰 매물의 퀀텀 점프는 한강변 아파트의 프리미엄이 지속되는 한 계속될 것으로 보인다.

실거주 가치

잠원동 신화는 교육과 생활 인프라 측면에서 강점을 지닌 단지이다. 신동초·중 등 선호 학군이 인접해 있어 자녀교육에 관심이 많은 가족 단위 수요자에게 높은 선호도를 보인다. 또한 도보권 내에 신세계백화점, 뉴코아아울렛, 반포한강공원 등 다양한 생활 편의시설과 여가 공간이 잘 갖춰져 있다는 것도 장점이다. 다만, 구축 단지이기 때문에 실내 구조가 최신 신축 단지에 비해 다소 비효율적이며, 층간 소음이나 주차 공간 협소 등의 불편함도 감수해야 한다.

반면, 흑석동 아크로리버하임은 최근에 준공된 신축 단지로, 최신 트렌드를 반영한 실내 구조와 고급 커뮤니티 시설, 체계적인 보안 시스템 등에서 매우 높은 거주 만족도를 제공한다. 안정된 주거환경과 관리의 편의성을 중시하는 1~2인 가구나 자녀가 없는 부부에게 최고의 주거지가 될 수 있다.

가격 상대성

흑석동 아크로리버하임은 이미 2025년 5월 기준 평당 8,500만 원 이상에 거래되고 있는 고가 단지로, 신규 진입을 고려하는 실수요자나 투자자에게는 부담이 될 수 있다.

반면, 잠원동 신화는 현재 평당가가 상대적으로 낮은 수준에 형성되어 있다. 향후 리모델링 등 정비사업이 본격화된다면, 개발 기대감과 함께 시세가 빠르게 상승할 수 있는 여지가 충분하다.

결론적으로, 가격 대비 향후 자산가치 상승 차원에서 보자면 잠원동 신화가 조금 더 유리한 투자처로 보인다. 다만 흑석동 아크로리버하임 내에서도 한강 조망권이 확보되는 세대는 한강뷰 프리미엄을 기반으로 한 수요가 꾸준해 자산가치가 지속 상승하게 될 가능성이 크다. 단, 일반적인 25평형 기준에서는 조망권 확보가 제한적일 수 있으므로 동일 조건에서의 수익성과 미래 가치를 잘 따져봐야 한다.

📍 금호16구역 vs. 신당8구역

금호16구역 조감도

금호동 구릉지를 재개발하여 지어지는, 약 10년 만에 들어올 금호동 신축 단지.
자료원: 서울시 정비사업 정보몽땅

신당8구역 조감도

공급이 없어도 너무 없는 '버티고개-약수-청구-신당' 라인의 신축으로 거듭날 재개발 구역.
자료원: 서울 중구

퀀텀 점프 가능성

금호16구역이나 신당8구역 모두 현재 정비사업이 활발히 추진되고 있는 재개발 구역으로, 향후 가치 상승 가능성이 크다. 신당8구역은 서울 중심부에 위치하며, 지하철 5, 6호선이 지나는 청구역 더블 역세권이라는 교통 프리미엄을 갖추고 있어 직주근접 수요에 강점을 지닌다. 이로 인해 실거주뿐만 아니라 투자 수요 측면에서도 안정성이 높은 편이다.

금호16구역은 지형이 언덕에 위치해 접근성 면에서는 호불호가 갈릴 수 있으나, 한강 조망이 가능한 일부 세대는 매우 높은 희소성을 지닌다. 이러한 조망권을 확보한 고층 세대는 프리미엄 실현이 가능하므로, 개별 매물 간 가격 편차가 크다는 것이 특징이다.

결론적으로 신당8구역이 교통 편의와 중심지 입지를 기반으로 한 안정적인 성장 가능성을 갖춘 지역이라면, 금호16구역은 한강 조망권이라는 특별한 프리미엄을 기대할 수 있는 지역이다.

실거주 가치

신당8구역은 서울 중구에 속해 있어, 금호16구역이 위치한 성동구에 비해 자치구 급지 측면에서는 다소 열세에 있다. 그러나 지하철 5, 6호선 청구역 더블 역세권이라는 교통 인프라와 지하철역과의 도보 거리, 초등학교까지의 통학 경로 등을 종합적으로 판단했을 때, 맞벌이 부부나 자녀가 있는 실거주 수요층에는 금호16구역보다 더욱 매력적인 선택지일 가능성이 크다.

가격 상대성

금호16구역은 한강 조망이 가능한 일부 세대를 중심으로 희소성 높은 프리미엄을 갖춘 구역이다. 다만 지하철역과의 도보 거리, 언덕 지형으로 인한 접근성, 인근의 노후 빌라 밀집 지역 등의 요소가 입지 측면에서 일부 약점으로 작용할 수 있다. 그럼에도 재개발을 통해 공급되는 중상급지 신축 아파트로서의 가치는 충분히 인정받을 수 있다.

신당8구역은 더블 역세권 입지와 안정적인 생활 인프라를 바탕으로, 향후 시세에서 금호16구역에 비해 조금이라도 높은 가격이 형성될 가능성이 있다. 다만 실질적인 투자 측면에서는 시장에 급매물이 출현하는 타이밍이 주효할 수 있으므로, 둘 중 하나를 선택해야 한다면, 급매가 출현하는 구역을 추천한다.

분당 양지1단지금호 31평 vs. 광장동 극동2차 31평

분당 양지1단지금호

분당 지역에서 1기 신도시 선도지구로 확정된 아파트.
자료원: 네이버지도

광장동 극동2차

재건축이 완료된다면 우수한 학군, 한강 인접성, 교통 여건 등의 메리트가 더욱 두드러질 곳.
자료원: 네이버지도

퀀텀 점프 가능성

분당 양지1단지금호는 국가가 지정한 1기 신도시 재건축 선도사업지로 선정되어, 현재 정부 차원의 지원과 관심을 받는 재건축 프로젝트의 최전선에 있는 단지이다. 이미 관련 행정절차가 빠르게 진행 중이며, 구체적인 계획과 실행이 속도감 있게 이어지고 있어, 중기적으로는 확실한 퀀텀 점프가 기대된다. 따라서 실수요자와 투자자 모두에게 매력적인 지역이라 할 수 있다.

광장동 극동2차는 서울 광진구의 한강변에 위치한 구축 단지로, 입지적인 장점과 함께 한강 조망 프리미엄, 향후 정비사업 추진에 따른 장기적 호재가 내재된 지역이다. 그러나 현시점에는 정비사업이 극초기 단계에 머물러 있어, 본격적인 개발이 이루어지기까지는 상당한 시간이 소요될 가능성이 크다.

실거주 가치

양지1단지금호는 분당 지역 내에서도 교육환경과 생활 인프라가 우수한 입지를 자랑한다. 인근 초·중·고등학교 접근성이 뛰어나고, 다양한 생활 편의시설이 잘 갖춰져 있어, 실거주 만족도가 매우 높은 지역으로 평가받고 있다. 특히 쾌적한 주거환경과 안정적인 교육여건은 자녀를 둔 가족 단위 수요자들에게 큰 매력으로 작용하고 있으며, 이러한 요소는 향후 재건축 이후에도 주거 선호도를 높이는 핵심 경쟁력이 될 수 있다.

광장동 극동2차는 서울시 광진구의 한강변에 위치한 단지로, 지형이 비교적 평탄하고 일부 세대는 한강 조망이 가능하다는 점에서 주거 쾌적성 측면에서 강점을 지닌다. 하지만 연식이 오래된 만큼 주차 공간이 협소하고 생활 편의성이 다소 떨어지는 것도 사실이다. 이는 양지1단지금호에 비해 전반적인 주거환경이나 실생활의 편리함 측면에서 아쉬움으로 작용할 수 있다.

가격 상대성

광장동 극동2차는 서울 한강변이라는 희소성이 높은 입지를 갖춘 덕분에, 장기적으로는 한강 조망 프리미엄과 정비사업 호재에 따라 시세 상승 여력이 분명히 존재한다. 다만 현재는 정비사업 초기 단계로, 재건축 추진 과정에서의 사업 지연 리스크와 절차적 속도 문제가 단점으로 작용할 수 있다.

양지1단지금호는 분당이라는 안정된 지역성과 정비사업의 진행 속도가 상대적으로 빠르고 명확하다는 것이 장점이다. 이에 따라 향후 가격 회복력과 상승 속도에 강한 탄력을 받을 가능성이 크다. 분당 내에서도 실거주 선호도가 높은 입지에 있어, 수요 기반이 탄탄하다는 점 역시 장기적인 가치 안정성을 뒷받침할 것이다.

결론적으로, 분당 양지1단지금호가 퀀텀 점프 가능성 및 실거주 가치를 동시에 누릴 수 있는 선택지이다.

이촌동 한가람 25평 vs. 방배15구역

이촌동 한가람

이촌동 대표 구축 단지로, 추후 신축으로 준공된다면 입지적 가치가 더욱 빛날 것이다.
자료원: 네이버지도

방배15구역 조감도

뛰어난 대중교통 접근성으로, 준공된다면 방배동 재건축의 방점을 찍게 될 곳.
자료원: 방배15구역 재건축정비사업조합

퀀텀 점프 가능성

방배15구역은 방배동 정비사업지 중에서도 핵심 입지로 꼽히며, 이미 조합설립인가를 득하고 사업 추진이 활발히 이루어지고 있는 구역이다. 이로 인해 퀀텀 점프 가능성이 매우 큰 곳으로 평가받고 있으며, 향후 개발이 완료되면 강남의 핵심 지역으로서 주거 수요와 투자 수요 모두에서 큰 관심을 받을 것으로 예상된다.

이촌동 한가람은 동부이촌동 내에 위치해 있으며, 리모델링 사업을 추진 중인 아파트이다. 그러나 현재 리모델링 사업의 본격적인 추진이 가시화되지 않은 상태로, 속도 면에서는 방배15구역에 비해 뒤처진다고 볼 수 있다. 리모델링이 이루어진다고 하더라도 사업 속도나 진행 상황에 따라 향후 시세 상승에 시간이 걸릴 수 있다는 점에서, 투자자 입장에서는 다소 신중하게 접근할 필요가 있다.

실거주 가치

이촌동 한가람은 한강변 평지에 위치한 고급 주거지로서, 편리한 교통망과 우수한 학군을 갖추고 있어 실거주 가치가 매우 높은 지역이다. 특히 자녀교육과 안전하고 조용한 생활환경을 중시하는 실수요자들에게 인기가 있으며, 주거 안정성이 뛰어나기 때문에 실거주를 원하는 가구들에게 매우 매력적인 선택지인 것은 확실하다.

방배15구역은 현재 재개발이 이루어지지 않아 낙후된 환경이지만, 재개발이 완료된 이후에는 고급 주거지역으로 변모할 가능성이 매우 크다. 다만 현시점 개발 초기 단계에 있어 주거환경이 개선되기까지는 다소 시간이 필요해 보인다.

가격 상대성

이촌동 한가람은 이미 해당 가격대 수요층에서 선호도가 높은 입지로 자리 잡았으며, 리모델링에 대한 기대감이 이미 가격에 반영된 상태이다. 그럼에도 불구하고 여전히 추가 상승 여력이 존재하는 지역으로, 한강변의 우수한 입지와 고급 주거지로서의 특성을 고려했을 때, 향후 시세 상승이 꾸준히 이어질 가능성이 있다. 다만, 가격 상승에 대한 기대감이 어느 정도 가격에 반영되었기에, 급격한 가격 상승보다는 점진적인 가치 상승이 기대된다.

방배15구역은 사업시행인가 전 정비사업지로, 현재 진입가가 상대적으로 낮은 편이다. 향후 재개발 사업이 완료되면 이촌을 뛰어넘는 가격 상승폭을 기록할 수 있다.

결론적으로, 보유 후 중장기 수익률 측면에서는 방배15구역이 이촌동 한가람에 비해 더 높은 차익을 기대할 수 있을 것으로 보인다.

옥수삼성 25평 vs. 래미안공덕3차 25평

옥수삼성

강북 구축 아파트 중 정비사업 호재 없이 상품성만으로 가장 민첩한 가격 상승을 보인 곳.
자료원: 네이버지도

래미안공덕3차

구축임에도 상품성과 생활 여건이 매우 우수한, 동마포 지역의 근본과도 같은 곳.
자료원: 네이버지도

퀀텀 점프 가능성

옥수삼성은 강남권과의 연결성과 평지 입지 등의 장점으로 이미 높은 평당가를 형성한 성동구 내 핵심 구축 단지이다. 구축 아파트의 내부 구조적인 한계로 퀀텀 점프 가능성이 다소 제한적일 수 있지만, 한남, 성수, 압구정 일대의 정비사업이 완료되어 주변 지역의 가치가 상승할 경우, 그의 영향으로 옥수삼성의 가격도 함께 상승할 가능성이 크다. 단, 단기적으로 급격히 상승하기보다는 장기적인 가치 상승을 예상할 수 있다.

래미안공덕3차는 정비사업보다는 입지 자체의 강점에 기반하여 안정적인 상승을 기대할 수 있는 지역이다. 공덕역 인근의 우수한 교통망과 생활 편의시설 등을 고려할 때, 급격한 자산 상승보다는 완만하고 지속적인 성장이 이루어질 가능성이 크다. 즉, 래미안공덕3차는 안정적인 수익을 추구하는 투자자에게 적합한 지역으로, 중장기적으로 꾸준한 자산가치 상승을 기대할 수 있는 곳이다.

실거주 가치

래미안공덕3차는 동마포의 주거지역 한복판에 있어, 도심권과 여의도 등 직주근접의 장점이 두드러진다. 또한, 지하철 5, 6호선, 경의중앙선, 공항철도 등 교통 인프라가 풍부하다. 생활 편의성과 교통 접근성이 뛰어나 맞벌이 부부에게 선호도가 높고, 직주근접으로 균형 잡힌 라이프 스타일을 원하는 실수요자들에게 매력적인 지역으로 평가된다.

옥수삼성은 성동구 옥수동에 있어 강남권 접근성이 뛰어나고, 높은 생활 편의성 또한 장점으로 꼽힌다. 언덕 지형에 위치한 일부 세대는 불편을 느낄 수 있지만 옥수삼성은 단지 내 평탄화 작업이 이뤄진 몇 안 되는 옥수동 내 아파트로서, 주거 편의성이 뛰어나고 실거주 가치 또한 매우 높은 것으로 평가된다.

가격 상대성

옥수삼성은 성동구 구축 단지 중에서도 상당히 높은 평당가로 거래되고 있다. 이러한 고평가는 입지적 희소성과 우수한 실수요층 때문이다. 강남권 접근성과 높은 주거 편의성을 두루 갖춘 덕분에, 성동구 내에서도 주거 안정성을 중시하는 실수요자에게 큰 인기를 얻고 있다. 또한, 옥수삼성은 평탄화된 단지 내 환경과 우수한 주거지로서의 특성으로 향후 시세 상승 가능성 또한 충분히 기대할 수 있다.

래미안공덕3차는 가격대가 인근 마포래미안푸르지오 등 준신축 단지 대비 경쟁력 있게 형성되어 있어 가격 접근성이 좋은 편이다. 그러나 옥수삼성만큼의 상방 기대감이나 장기적인 자산가치 상승을 기대하기에는 한계가 있을 수 있다.

종합적으로 볼 때, 입지 프리미엄을 바탕으로 옥수삼성이 장기적인 측면에서 더 유리한 선택지라고 볼 수 있다.

응봉동 대림1차 31평 vs. 송파동 한양2차 26평

응봉동 대림1차

서울숲, 한강, 중랑천 조망권으로, 성동구 응봉동에서 재건축 기대감이 가장 높은 곳.
자료원: 네이버지도

송파동 한양2차

조합설립인가 이후 재건축 기대감이 높아 투자자들이 주목하는 단지.
자료원: 네이버지도

퀀텀 점프 가능성

응봉동 대림1차는 한강변에 위치한 대단지로, 재건축 시 상당한 프리미엄이 예상된다. 중랑천과 한강 일부를 끼고 있는 입지 덕분에 향후 가치 상승이 기대되지만, 현재로서는 재건축 사업이 초기 단계에 머물러 있어 사업 추진 동력은 부족한 상황이다. 이에 따라 단기적인 가치 상승보다는 장기적인 관점에서의 가치 실현이 가능할 것으로 보인다.

송파동 한양2차는 이미 재건축 조합설립인가를 득한 단지로, 사업 추진 속도가 상대적으로 빠르다. 이로 인해 비교적 빠른 시일 내에 퀀텀 점프가 현실화될 가능성이 크다. 송파동 한양2차 인근 지역은 송파구 내에서 재건축 사업이 활발히 진행되는 지역으로서, 재건축 완료 후에는 인근 아파트와 연계해 상당한 프리미엄이 예상되며, 투자자라면 중기적 투자처로 주목할 필요가 있다.

실거주 가치

송파동 한양2차는 송파구 내에서도 잠실 생활권을 이용할 수 있을 정도로 잠실과 인접해 있어, 잠실로의 접근성이 뛰어나다는 것이 가장 큰 장점이다. 또한 학군, 교통, 생활 인프라 등 실거주에 필요한 요소를 두루 갖추고 있어 실거주 만족도가 매우 높다. 특히 인근 잠실 지역의 다양한 편의시설을 쉽게 이용할 수 있고 생활 편의성도 뛰어나 실수요자에게 매력적인 선택지로 꼽힌다.

응봉동 대림1차는 쾌적한 한강변 입지와 성동구의 안정적인 환경을 자랑한다. 한강변의 자연경관과 성동구의 생활 안정성이 장점으로 작용하지만, 구축의 노후도와 언덕 지형에 위치해 있다는 것이 다소 아쉬운 점이다. 이러한 이유로 실거주 만족도만큼은 송파동 한양2차가 상대적 우위에 있다.

가격 상대성

응봉동 대림1차는 성동구 내에서 저평가된 구축 단지 중 하나로 평가된다. 향후 정비사업이 본격화되면 가격 상승 여력이 클 것으로 예상되지만, 현재 시점에서의 상승 탄력은 그리 크지 않다.

반면, 송파동 한양2차는 재건축 기대감과 지역개발의 수혜를 직접적으로 누릴 수 있는 입지에 있다. 각종 호재가 이미 평당가에 어느 정도 반영되었으나 향후 단기적인 상승 여력도 충분히 존재한다. 재건축 사업 추진 속도가 빠르기 때문에 투자금 회수 관점에서는 송파동 한양2차가 우세하다.

이문동 래미안라그란데 25평 vs. 행당한진타운 25평

이문동 래미안라그란데

이문1구역을 재개발한 단지로 이문 뉴타운의 시작점과 같은 단지.
자료원: 네이버지도

행당한진타운

행당동의 터줏대감. 단지 내 언덕을 엘리베이터로 극복해 실거주 여건을 개선했다.
자료원: 네이버지도

퀀텀 점프 가능성

이문동 래미안라그란데는 동대문구 내 신축 프리미엄이 반영된 단지로, 현재로서는 신축이라는 장점이 있지만 향후 급격한 가격 상승은 다소 제한적일 것으로 보인다. 따라서 단기적인 시세 상승보다는 안정적인 가치 유지가 기대되는 지역이다.

행당한진타운은 구축이지만 성동구 행당동 행당역 인근에서 가장 선호되는 아파트로 평가된다. 이 단지는 리모델링 등 정비사업이 추진될 가능성이 크며, 향후 사업성이 어느 정도 뒷받침될 것으로 보인다. 정비사업이 본격화되면 퀀텀 점프 가능성이 커지며, 이문동 래미안라그란데와 비교했을 때 상대적으로 큰 상승 여력을 가졌다고 볼 수 있다.

실거주 가치

이문동 래미안라그란데는 신축 특유의 쾌적한 주거환경과 완성도 높은 커뮤니티 시설을 갖추고 있어 실거주 만족도가 매우 높다. 특히 수준 높은 생활 편의시설로 실수요자에게 매력적인 선택지로 꼽힌다.

행당한진타운은 구축이지만, 지하철 5호선 행당역 초근접 역세권이라는 교통 편의성과 뛰어난 강남 접근성으로 실질적인 이동 편의성을 제공한다. 또한 성동구 내 학원가가 발달한 지역에 있어서 학령기 자녀를 둔 맞벌이 가정이 선호할 것으로 보인다. 특히 교통과 학군 등 생활 편의성을 고려했을 때, 행당한진타운은 실거주 가치가 매우 높다.

가격 상대성

장기적인 가격 성장성과 투자 수익률 관점에서 볼 때, 입지적 가치가 상대적으로 우수한 행당한진타운이 이문동 래미안라그란데보다 더 유리한 선택지로 보인다.

금호동 두산 31평 vs. 옥수삼성 25평

금호동 두산

금호역 도보 5초 컷인 초역세권 단지.
자료원: 네이버지도

옥수삼성

강북 구축 아파트 중 정비사업 호재 없이 상품성만으로 가장 민첩한 가격 상승을 보인 곳.
자료원: 네이버지도

퀀텀 점프 가능성

금호동 두산과 옥수삼성 둘 다 현시점 정비사업이 진행되고 있지 않아 퀀텀 점프 가능성은 낮다. 다만 금호동 두산의 경우 최근 역세권 용적률 혜택으로 인해 재건축 추진 움직임이 보인다.

실거주 가치

옥수삼성은 평지 입지와 도보 생활권 인프라를 잘 갖추고 있으며, 옥수역 인근의 평지 접근성이 뛰어나 실거주 만족도가 매우 높은 단지이다. 우수한 교통 편의성과 생활 인프라로 실거주에 적합하다.

금호동 두산 31평은 옥수삼성 25평과 비교할 때 보다 넓은 평형으로 실내 거주성은 뛰어나지만, 단지 내 단차가 심해 도보 용이성이 떨어지는 금호동 두산의 특성상 생활 편의성은 다소 부족할 수 있다.

가격 상대성

옥수삼성은 지역 내 구축 중 최고 평당가를 유지하고 있으며, 성수와 한남을 잇는 독서당로의 중심에 위치하여 한남, 성수 권역의 가격 상승에 간접적인 영향을 받을 가능성이 크다. 또 옥수삼성은 비교적 평지인 단지 내부와 옥정초, 옥정중과 인접하여 학세권, 역세권을 모두 만족하는 등 우수한 실거주 조건을 갖추고 있어, 단기적인 가격 상승뿐만 아니라 장기적인 안정성도 기대할 수 있는 지역이다.

 반면 금호동 두산은 언덕 지형에 따른 주거 호불호가 있어, 이로 인해 단기적인 시세 상승보다는 인플레이션을 헷지하는 장기 보유에 더 적합한 투자처라고 할 수 있다.

 결과적으로, 가격 민첩성에 따른 상승을 원하는 투자자라면, 금호동 두산보다는 옥수삼성이 더 유리한 선택지이다.

신촌푸르지오 33평 vs. 남산타운 32평

신촌푸르지오

서대문구 2호선 아현~이대역 라인의 준신축을 대표하는 단지.
자료원: 네이버지도

남산타운

강북 최상급지 한남동과 강남 최상급지 압구정을 관통하는 6호선이 지나는 대단지.
자료원: 네이버지도

퀀텀 점프 가능성

신촌푸르지오와 남산타운 두 단지 모두 현재로서는 가시화된 정비사업 계획이 없어, 단기간 내에 급격한 가치 상승이나 개발 호재에 따른 큰 폭의 퀀텀 점프는 기대하기 어려운 상황이다.

중구 신당동에 위치한 남산타운은 리모델링 조합설립 단계에서 인가에 필요한 동의율은 확보했으나, 사업지에 임대아파트 포함 여부와 관련해 서울시와 의견 충돌이 있어 조합설립인가 절차가 지연 중이다. 관련 법안 등이 개정되어 조합설립인가를 득하고 리모델링 사업이 순항할 경우, 시세 상승이 예상된다.

실거주 가치

서대문구 북아현동에 위치한 신촌푸르지오는 단지 주변에 다양한 상업시설이 밀집되어 있어 생활 편의성이 뛰어나다. 특히 젊은 층과 신혼부부에게 적합한 실거주 환경을 제공하는 단지로 평가받고 있다. 가격 또한 인근 아파트들과 유사한 수준이다.

남산타운은 도심 접근성이 뛰어나, 직주근접을 우선시하는 맞벌이 가정의 선호도가 높은 편이다. 또 단지 내외부에 풍부한 녹지공간이 조성되어 있어 비교적 조용하고 쾌적한 주거환경을 갖추고 있다. 이러한 특성 덕분에 실거주 만족도가 전반적으로 높은 편이다.

가격 상대성

남산타운은 현시점 시세 기준으로 볼 때, 향후 한남동 등 인근 지역의 개발 이슈와 연계되어 리모델링이 가시화된다면 현재까지의 시세 상승보다는 큰 폭의 상승을 기대할 수 있을 듯 보인다.

반면, 신촌푸르지오는 이미 안정적인 주거지역 내에 위치해 있어 실거주 중심의 수요는 꾸준하나, 정비사업을 통한 추가 상승 여력은 제한적일 수 있다.

종합적으로 판단했을 때, 남산타운이 2025년 5월 현재 가격 대비 미래가치와 정비사업 가능성 측면에서 신촌푸르지오보다 상대적으로 우위에 있다고 볼 수 있다.

분당 느티마을공무원4단지 25평 vs. 광장동 현대9단지 33평

분당 느티마을공무원4단지 리모델링 조감도

분당 최초의 리모델링 단지로서, 분당 리모델링 방향성의 바로미터가 될 곳.
자료원: 포스코E&C

광장동 현대9단지

광진구 특유의 조용한 분위기와 유명 학군으로 학부모들에게 인기 있는 곳.
자료원: 네이버지도

퀀텀 점프 가능성

분당 느티마을공무원4단지는 리모델링 사업 마무리 단계로, 이제 분양 및 준공, 입주를 앞두고 있는 상황이다. 분당 내에서도 상급지로 분류되는 '서수정(서현, 수내, 정자)'의 정자동 대장 아파트가 될 것으로 예상된다. 이러한 입지적 특성과 리모델링 추진 속도를 고려할 때, 사업이 완료된 이후에는 시세가 급격히 상승할 가능성이 크다.

반면, 광장동 현대9단지는 광장동 양진학군 내 위치한 구축 단지로서 입지적으로 매력이 있으나, 용적률 354%, 건폐율 24%로 추후 재건축 사업에는 명확한 한계를 있어 자산 퀀텀 점프 측면에서는 분당 느티마을공무원4단지가 압도적으로 유리하다.

실거주 가치

분당 느티마을공무원4단지는 분당이 지닌 안정된 주거환경과 우수한 학군 그리고 풍부한 생활 인프라를 두루 갖추고 있어, 실거주 만족도가 매우 높은 단지이다. 이러한 요소들은 특히 가족 단위의 장기 거주를 고려하는 수요자들에게 큰 장점으로 작용하고 있다.

광장동 현대9단지는 광진구 광장동 내 우수한 학군과 학원가를 겸한 입지적 강점을 가지고 있으나, 단지 규모 측면에서 437세대 규모의 중소단지이기에 대단지인 분당 느티마을4단지에 비해 다소 열세라고 볼 수 있다.

가격 상대성

분당 느티마을공무원4단지는 분당 내에서도 리모델링 프리미엄을 가장 먼저 흡수할 수 있는 지역 중 하나로 평가받고 있으며, 이에 따라 평당가의 상승 여력도 높은 편이다. 이러한 점이 투자 수익뿐만 아니라 추후 신축의 가치를 함께 고려하는 수요자들에게 긍정적으로 작용하고 있다.

광장 현대9단지는 향후 리모델링 등 정비사업이 추진되더라도 실제 사업이 진행되기까지는 상당한 시간과 함께 다양한 리스크가 수반될 가능성이 있다.

결론적으로, 투자금의 빠른 회수와 실거주 병행을 원한다면, 분당 느티마을공무원4단지가 상대적으로 더 우세한 선택지이다.

답십리동 래미안위브 34평 vs. 수서동 까치마을 14평

답십리동 래미안위브

쾌적한 주거환경으로 인기가 높은 동대문구 전농·답십리 뉴타운의 대표적 대단지.
자료원: 네이버지도

수서동 까치마을

강남구 엔트리 단지 중 하나로, 일원본동 특유의 쾌적하고 아늑한 분위기가 느껴진다.
자료원: 네이버지도

퀀텀 점프 가능성

수서동 까치마을은 강남구에 속하지만, 전체적으로 소형 평형 위주로 구성되어 있는 데다, 대지지분 또한 낮은 편이다. 따라서 정비사업 추진 시 수익성 확보가 어려워 사업성이 높지 않은 단지이다.

답십리동 래미안위브 역시 현시점 기준으로는 정비사업을 통해 큰 폭의 가치 상승, 즉 퀀텀 점프를 실현하는 것은 사실상 어렵다고 볼 수 있다.

실거주 가치

답십리동 래미안위브는 동대문구에 위치한 준신축 단지로서, 인근에 다양한 생활 인프라가 잘 갖춰져 있어 자녀를 둔 가정의 실거주 수요가 많은 편이다. 특히 단지 내 보안 시스템, 커뮤니티 시설, 조경 등 거주 만족도를 높이는 요소들이 많아 실거주자들의 평가도 긍정적이다.

수서동 까치마을은 소형 평형 위주로 구성되어 있어 1~2인 가구에는 비교적 적합하지만, 전반적인 노후도와 평면 구조의 한계로 인해 실거주 만족도는 상대적으로 낮은 편이다.

가격 상대성

답십리동 래미안위브는 래미안크레시티와 함께 동대문구 내에서 준신축 단지의 대표주자 역할을 하며, 지역 내에서 자산가치를 비교적 높게 평가받고 있는 단지이다. 브랜드 파워와 입지, 단지 구성 등 여러 요소에서 일정 수준 이상의 가치를 유지하고 있으며, 현재 입지 대비 평당가도 비교적 안정된 수준이라, 중장기적인 관점에서 보았을 때 안정적인 우상향 흐름을 기대할 수 있다.

수서동 까치마을은 초기 진입가가 저렴하다는 장점이 있지만, 소형 평형 위주의 구조와 낮은 대지지분 등으로 인해 정비사업 가능성은 낮은 단지이다.

결론적으로, 자산가치 상승과 실거주 만족도를 동시에 고려하는 수요자에게는 답십리동 래미안위브가 수서동 까치마을보다 우위에 있는 선택지로 보인다.

DMC파크뷰자이 25평 vs. 길음동 롯데캐슬클라시아 25평

DMC파크뷰자이

가재울 뉴타운의 대장급. 세 시공사 브랜드 'HDC아이파크+SK뷰+자이'가 이름에 반영됐다.
자료원: 네이버지도

길음동 롯데캐슬클라시아

입지와 상품성을 다 잡아, 현재는 물론 미래에도 길음 뉴타운의 시세를 리딩할 대장 단지.
자료원: 네이버지도

퀀텀 점프 가능성

DMC파크뷰자이는 서대문 가재울 뉴타운 지역의 랜드마크로, 이미 입주 11년 차를 맞이한 준신축 단지이다. 따라서 현재로서는 정비사업 계획이 없기에 이를 통한 큰 폭의 시세 상승, 즉 퀀텀 점프 가능성은 없는 상황이다.

길음동 롯데캐슬클라시아 역시 성북구 길음 뉴타운 내 신축 단지로, 정비사업을 통한 시세 급등 가능성은 거의 없다고 볼 수 있다. 이 두 단지 모두 현재 상태에서 정비사업을 통한 큰 변화는 기대하기 어렵다.

실거주 가치

실거주 측면에서 DMC파크뷰자이는 상암의 각종 방송국 및 IT 기업에 근무하는 사람들에게 우수한 직주근접성을 제공하며, 주변의 뛰어난 생활 인프라로 주거 만족도가 매우 높은 단지이다.

길음동 롯데캐슬클라시아는 편리한 교통 환경과 균질도가 높은 지역 분위기, 인접한 학원가 등으로 가족 단위 실수요자들에게 매우 매력 있는 단지이다.

다만 DMC 지역은 주로 업무지구 중심의 특성을 지닌 반면, 길음 뉴타운은 학군과 생활권 중심의 특성이 강하기 때문에, 개인의 라이프 스타일에 따라 두 단지에 대한 평가가 다를 수 있다.

가격 상대성

가격 상대성 측면에서 두 단지 모두 지역 내 다른 단지들에 비해 높은 평당가를 형성하고 있어, 향후 자산가치는 견고하게 유지될 가능성이 크다. 이러한 특성 덕분에, 동북권과 서북권 생활권에 따라 어느 단지를 선택하더라도 큰 격차는 벌어지지 않을 것으로 예상된다.

그럼에도 결론을 내보자면, 길음동 롯데캐슬클라시아가 상품성 측면에서 상대적으로 우수하며, 4호선 길음역의 교통 편의 측면에서도 우세하다고 볼 수 있다.

신금호파크자이 24평 vs. 청구e편한세상 25평

신금호파크자이

신금호역 아파트를 대표하는 단지로, 언덕 지형이나 평탄화 작업으로 리조트 같은 느낌이다.
자료원: 네이버지도

청구e편한세상

중구 신당동 '버티고개-약수-청구' 라인의 15년 된 준신축 단지.
자료원: 네이버지도

퀀텀 점프 가능성

신금호파크자이나 청구e편한세상 두 단지 모두 신축과 준신축으로서 정비사업을 통한 퀀텀 점프는 기대할 수 없다.

실거주 가치

성동구 금호동에 있는 신금호파크자이는 최근 지하철 5호선 신금호역을 이용하는 도심권 및 여의도에 직장을 둔 고소득 젊은 층 유입이 활발해지면서 주거 수요가 증가하고 있다. 특히 생활 인프라가 지속적으로 개선되고 있어, 가족 단위 거주자에게도 매우 좋은 거주 환경을 제공하는 단지이다.

청구e편한세상은 중구 신당동에 위치하며 도심과 강남 접근성이 뛰어나 맞벌이 부부에게 매우 좋은 선택지가 될 수 있다. 지하철 5호선과 6호선을 이용할 수 있는 청구역 더블 역세권의 편리함은 청구e편한세상의 큰 강점으로 작용한다. 다만 신금호파크자이에 비해 아파트 자체의 상품성은 상대적으로 떨어지는 편이다.

가격 상대성

가격 상대성 측면에서는 신금호파크자이가 높은 신축급 평당가를 기반으로 미래 가치를 확고하게 유지할 수 있다는 장점이 있다. 하지만 향후 가격 상승폭 측면에서는 역세권 구축인 청구e편한세상도 결코 뒤처지지 않을 것으로 예상된다.

청구e편한세상은 신당8구역이 바로 앞에 들어설 예정이라 이로 인한 인근 인프라의 개선 가능성이 크다. 이로써 편리한 교통망과 주변 환경 개선이 이루어질 경우, 청구e편한세상이 상대적으로 더 유리한 투자처가 될 수 있다.

분당 청솔한라3단지 23평 vs. 금호동 벽산 26평

분당 청솔한라3단지

분당 정자동의 인기 학군을 공유하면서도, 정자동에 비해 매력적인 가격으로 인기가 높다.
자료원: 네이버지도

금호동 벽산

금호동에서 유일하게 리모델링이 속도감 있게 진행 중이며, 고층은 한강 조망이 가능하다.
자료원: 네이버지도

퀀텀 점프 가능성

　분당 청솔한라3단지는 금곡동에 있지만, 정자동 늘푸른 초등학교와 중학교 배정 학군지에 포함되어 있어 학부모들 사이에서 매우 인기가 높은 단지이다. 현재 재건축 가능성은 크지 않은데, 안정적인 입지와 우수한 학군 덕분에 향후에도 꾸준한 수요를 유지할 가능성이 크다. 또한 학군 외에도 주변의 생활 인프라와 교통 여건이 좋아서 가격 상승 여력은 충분하리라 본다.

　반면, 성동구의 금호동 벽산은 현재 리모델링이 빠르게 추진되고 있어, 리모델링 완료 시점에 퀀텀 점프를 기대할 수 있다.

실거주 가치

　분당 청솔한라3단지는 분당 지역 내에서 우수한 학군과 생활 인프라를 갖추고 있어 가족 단위 거주자에게 높은 만족도를 제공하는 곳이다. 특히, 학군이 뛰어나 자녀교육을 중시하는 학령기 자녀를 둔 가구에 적합해 보인다.

　금호동 벽산은 뛰어난 교통 접근성과 도심 인프라를 갖춘 덕분에 직장인 맞벌이 부부에게 적합한 단지이다. 다만 주거환경의 쾌적성 측면에서는 분당 지역이 상대적으로 우위를 점할 수 있다.

가격 상대성

　가격 상대성 측면에서는 성동구 금호동 벽산의 리모델링 진행 속도가 빠르고, 리모델링이 확정적이어서 단기적인 가격 상승폭이 클 것으로 예상된다. 이에 따라 금호동 벽산은 단기적인 투자 성과를 추구하는 투자자에게 유리한 선택이 될 수 있다.

반면 분당 청솔한라3단지는 장기적인 안정성을 제공하는 단지로, 단기적인 큰 가격 상승보다는 꾸준한 시세 유지가 예상된다.

결론적으로, 빠른 투자 성과를 원한다면 금호동 벽산이 상대적으로 더 유리한 선택지가 될 수 있다.

신공덕삼성래미안2차 24평 vs. 상도더샵1차 25평

신공덕삼성래미안2차

공덕역 북동쪽의 구축 단지로, 공덕1구역의 입주 후 분위기가 바뀔 수 있어 기대된다.
자료원: 네이버지도

상도더샵1차

동작구 상도동의 터줏대감. 상도 지역을 매수 대상으로 검토할 때 가장 먼저 찾는 단지.
자료원: 네이버지도

퀀텀 점프 가능성

마포구의 신공덕삼성래미안2차와 동작구의 상도더샵1차 두 단지 모두 정비사업에 의한 퀀텀 점프의 가능성은 낮다.

실거주 가치

마포구에 위치한 신공덕삼성래미안2차는 뛰어난 도심 접근성으로 여의도를 비롯한 도심의 주요 업무지구와의 연결성이 탁월하여, 직주근접을 중시하는 직장인에게 매우 높은 실거주 가치를 제공한다.

상도더샵1차는 동작구 내 안정적인 거주환경과 향후 교통 인프라 개선의 여지가 있어, 실거주 가치는 더욱 상승할 것으로 예상된다.

가격 상대성

가격 상대성 측면에서는 신공덕삼성래미안2차가 공덕역 기준 1사분면 내 랜드마크 단지로 자산가치의 안정성이 뛰어나다고 볼 수 있다.

실거주 및 안정적 투자를 원한다면 신공덕삼성래미안2차를 선택하는 것이 바람직하고, 추가적인 가격 상승률 측면에서는 현재 가격 기준으로 볼 때 상도더샵1차가 더 유리할 수 있다. 단, 마포 생활권과 서남부 생활권의 특성이 매우 다르므로 개인별 상황에 따라 판단할 필요가 있다.

미사강변센트리버 24평 vs. 송파꿈에그린위례24단지 22평

미사강변센트리버

미사 신도시 한강변에 위치한 단지로, 미사한강공원이 가까운 장점이 있다.
자료원: 네이버지도

송파꿈에그린위례24단지

송파구 위례를 대표하는 대장 단지. 안정적이고 아늑한 분위기로 가치가 지속 상승 중이다.
자료원: 네이버지도

퀀텀 점프 가능성

미사강변센트리버와 송파꿈에그린위례24단지 둘 다 정비사업에 의한 퀀텀 점프의 가능성은 낮다.

실거주 가치

미사강변센트리버는 미사 신도시 내에서 뛰어난 생활 인프라와 함께 한강의 탁월한 조망권을 확보한 단지이다. 넓고 쾌적한 환경을 제공하여, 자연친화적인 삶을 원하는 사람들에게 매우 매력적인 선택지이다. 그러나 지하철 이용이 상대적으로 어렵기에, 대중교통을 주로 이용하는 사람들에게는 불편한 교통 편의가 단점으로 작용할 수 있다. 또한, 차량 중심의 생활권으로 자차 이용이 필수적이라는 사실도 고려해야 한다.

송파꿈에그린위례24단지는 송파, 하남, 성남으로 이루어진 위례 신도시 내에서도 송파구에 속해 있어 송파 생활권의 여러 가지 이점을 누릴 수 있는 단지이다. 서울 송파구의 생활 인프라를 기반으로, 자녀를 둔 가정이 실거주하기에 매우 유리한 환경을 제공한다. 미사 지역에 비해 송파구는 교통 편의성, 상업시설, 교육환경 등에서 상대적으로 우위를 점하고 있기 때문에, 직주근접 및 실거주 만족도를 중시하는 가정에는 더 매력적인 선택이 될 수 있다.

가격 상대성

미사강변센트리버는 서울 강동구와 인접한 단지로, 서울 외곽 지역 중에서도 높은 미래 가치를 지닌 곳이다. 미사 신도시 내에서 생활 인프라가 계속 확장되고 있고, 공원으로 둘러싸인 쾌적한 주거환경 덕분에 향후 시세 상승 가능성이 크다.

다만 송파꿈에그린위례24단지가 위례 내에서도 송파구 프리미엄이 있기에 미사강변센트리버에 비해 가격 상승 여력이 조금 더 클 것으로 예상된다. 결국, 실거주와 서울 생활권에 중점을 두고 선택한다면, 송파꿈에그린위례24단지가 상대적으로 더 유리한 선택이 될 것이다.

용인 신정1단지주공 25평 vs. 신흥역하늘채랜더스원 24평

용인 신정1단지주공

뛰어난 강남 접근성, 리모델링 기대감, 저렴한 투자금으로 전국구 매력적인 투자처로 꼽혔다.
자료원: 네이버지도

신흥역하늘채랜더스원

구성남 신흥역 인근의 대표단지. 주변이 대단지로 개발된다면 동반 가치 상승이 기대된다.
자료원: 네이버지도

퀀텀 점프 가능성

용인 신정1단지주공은 신분당선이라는 뛰어난 교통 인프라와 전국적으로 높은 투자자의 관심 덕분에 리모델링 정비사업이 활발히 추진 중이다. 따라서 가격 상승의 여지가 크고, 향후 퀀텀 점프 가능성도 존재한다.

반면 구성남 신흥역 인근의 신흥역하늘채랜더스원은 신축 아파트로서 정비사업 계획은 없다. 다만 인근에 해링턴스퀘어신흥역이 3년 내 입주를 앞두고 있어, 주변 인프라 개선으로 신흥역하늘채랜더스원 역시 향후 가격 상승 여지가 있을 것으로 보인다.

실거주 가치

용인 신정1단지주공은 쾌적한 주거환경과 안정적인 학군으로, 학령기 자녀를 둔 가족 단위 거주자에게 매우 적합한 단지이다. 수지 지역은 자연환경이 잘 보존되어 있고, 다양한 생활 편의시설과 안전한 주거지 등이 가장 큰 장점이다. 특히 우수한 학군지로 자녀교육에 대한 고민을 덜 수 있다.

신흥역하늘채랜더스원은 지하철 8호선 신흥역을 중심으로 생활 인프라가 빠르게 확장되고 있어, 젊은 가정이나 맞벌이 부부에게 높은 실거주 가치를 제공하는 단지이다. 신흥역을 중심으로 다양한 상업시설과 생활 편의시설이 형성되고 있으며, 교통망도 잘 갖추어져 있어, 서울 및 강남 권역으로의 출퇴근이 용이하다. 특히 잠실 권역으로 통근하는 직장인에게 더욱 매력적일 수 있다.

가격 상대성

용인 신정1단지주공은 전국적인 인지도와 신분당선이라는 뛰어난 교통 인프라 덕분에 꾸준히 높은 가격을 유지할 가능성이 크다. 특히 강남 및 서울 주요 지역과의 연결성이 뛰어난 신분당선 이용이 용이하다는 점이 큰 장점으로 작용할 수 있다. 이러한 교통의 편리함은 실거주자뿐만 아니라 투자자에게도 매력적인 요소로 작용하며, 수지 지역의 특성을 고려했을 때 안정적이고 지속적인 가치 상승이 예상된다.

신흥역하늘채랜더스원은 신규 개발단지로서 단기적인 상승폭이 클 가능성이 있지만, 중장기적인 정비사업 가능성과 신분당선 역세권의 자산가치 측면에서는 용인 신정1단지주공이 다소 우위를 점할 수 있다.

구성남 e편한세상금빛그랑메종3단지 24평 vs. 분당 매화마을공무원2단지 24평

구성남 e편한세상금빛그랑메종3단지

구성남 단대오거리역 주변을 재개발한 대단지, 커튼월룩 시공으로 외관이 고급스럽다.
자료원: 네이버지도

분당 매화마을공무원2단지

분당 야탑동의 구축 단지로, 야탑역 상권과 인근 녹지를 두루 이용할 수 있다.
자료원: 네이버지도

퀀텀 점프 가능성

구성남 금광동의 e편한세상금빛그랑메종3단지나 분당 야탑동의 매화마을공무원2단지 모두 정비사업을 통한 퀀텀 점프 가능성은 다소 떨어진다.

실거주 가치

분당 매화마을공무원2단지는 분당 야탑 권역 내에서 안정적인 주거환경과 상권을 제공하는 단지로, 실거주 만족도가 높은 곳이다. 특히, 야탑 권역 내의 생활 인프라를 충분히 누릴 수 있다는 것이 큰 장점이다. 가족 단위의 거주자들에게 매우 적합하며, 학부모들 사이에서 인기가 높다. 다만 입지적 측면에서는 같은 분당 내의 서현, 수내, 정자와 같은 메인 지역이나 신분당선이 지나는 미금역 인근보다는 상대적으로 떨어진다.

구성남 e편한세상금빛그랑메종은 구성남 지역 내에서 상품성이 뛰어난 단지로, 특히 1단지가 우수하다. 3단지는 언덕 지형에 위치하여 실생활에 다소 불편을 감수해야 하지만, 신축 단지의 다양한 시설을 쾌적하게 이용할 수 있다는 것이 장점이다.

결론적으로 실거주 가치 측면에서는, 분당 야탑 권역의 평지와 생활 인프라로 인한 프리미엄을 고려할 때 분당 매화마을공무원2단지가 더 높은 평가를 받을 수 있다.

가격 상대성

구성남 e편한세상금빛그랑메종3단지는 구성남 지역 내에서 환금성이 매우 높은 단지로, 특히 평당가가 점진적으로 상승하고 있어 지속적인 가격 상승과 함께 높은 자산 유동성을 확보할 수 있다는 것이 장점으로 꼽힌다.

분당 매화마을공무원2단지는 분당 프리미엄을 보유하고 있음에도 불구하고, 야탑 권역 내에 위치해 있어 분당 내 다른 지역들에 비해 상대적으로 가격 상승폭이 제한적일 수 있다. 또한 평형적 한계와 정비사업이 어려운 조건의 구축 아파트라는 특성으로 인해 가격 상대성 측면에서 구성남 e편한세상금빛그랑메종3단지에 비해 다소 떨어질 수 있다.

결론적으로, 장기적인 투자 관점에서는 구성남 e편한세상금빛그랑메종3단지가 우위에 있으며, 안정적이고 지속적인 자산 성장을 원하는 투자자에게 더 적합한 선택지가 될 수 있다.

신촌럭키 24평 vs. 천연뜨란채 23평

신촌럭키

서대문구 2호선 '아현역-이대역' 라인의 구축 엔트리 단지. 대학가 상권으로 호불호가 있다.
자료원: 네이버지도

천연뜨란채

가격이 매력적이나 인근 언덕 지형 및 대중교통 접근성이 아쉽다.
자료원: 네이버지도

퀀텀 점프 가능성

서울시 서대문구 대현동에 위치한 신촌럭키는 신촌 지역 내의 역세권 단지로, 향후 장기적인 관점에서 정비사업의 가능성도 존재하여 퀀텀 점프의 가능성이 있다. 다만 현재로서는 재건축 연한에 도달하지 않았고 추진 주체도 명확히 존재하지 않으므로 신촌럭키는 물론 같은 서대문구의 천연뜨란채 단지 모두 현실적으로 당장 정비사업이 진행되기 어렵다.

실거주 가치

신촌럭키는 신촌이라는 부도심 중심에 있어 뛰어난 교통 인프라와 다양한 상권 확보로 실거주 수요가 높은 편이다. 특히, 지하철 2호선 이대역과의 접근성이 뛰어나 도심권 내 직장인들의 출퇴근이 용이하며, 다양한 쇼핑몰, 음식점, 문화 시설들이 인근에 있어 생활 편의성이 대단히 우수하다. 이런 이유로 신혼부부와 맞벌이 직장인들에게 매력적인 주거지로 평가받고 있다.

서대문구 천연동에 위치한 천연뜨란채는 서대문구 내에서 쾌적한 주거환경을 제공하는 아파트이지만, 교통 접근성이나 생활 편의성 측면에서 신촌럭키보다는 다소 부족할 수 있다.

가격 상대성

신촌럭키는 신촌 중심지의 우수한 역세권 단지로, 뛰어난 교통 인프라와 다양한 상업시설 덕분에 지속적인 수요가 예상된다. 이러한 수요는 향후 평당가 상승에 긍정적인 영향을 미칠 것으로 보이며, 특히 신촌이라는 지역 특성상 상업적 가치와 주거적 가치가 동시에 상승할 가능성이 크다. 따라서 신촌럭키는 안정적인 수익을 추구하는 투자자뿐만 아니라, 실거주를 원하는 이들에게도 매우 매력적인 선택지가 될 것이다.

천연뜨란채는 상대적으로 안정된 가격 흐름을 보이고 있지만, 언덕 및 생활 인프라의 한계로 추가적인 가격 상승폭이 크지 않을 수 있다. 이는 주거지로서의 안정성은 보장되지만, 단기적으로 높은 수익을 기대하는 투자자에게는 다소 아쉬운 점이 될 수 있다. 다만, 장기적으로 북아현3구역이 재개발을 마치고 입주하게 된다면, 인프라 개선으로 인한 실거주 가치 상승의 가능성이 존재한다.

결론적으로 투자와 실거주를 동시에 만족시키고자 한다면, 신촌럭키가 상대적으로 더 우수한 선택지일 수 있다.

가양·등촌 소형 vs. 상계·중계 소형

가양2단지성지

한강변에 위치한 가양동 대단지 구축 아파트. 복도에서 한강뷰를 볼 수 있다.
자료원: 네이버지도

상계주공1단지

상계주공 아파트의 시초로, 7호선 중계역과 1호선 녹천역을 도보로 이용할 수 있다.
자료원: 네이버지도

퀀텀 점프 가능성

가양·등촌 지역의 소형 아파트는 마곡 및 여의도 권역과의 직주근접성 덕분에 직장인들에게 매력적인 선택지가 될 수 있다. 이 지역에는 복도를 통해 단지 북쪽에 위치한 한강 조망권을 확보한 아파트들이 많아 간접적 한강뷰에 따른 가격 프리미엄을 인정받을 수 있다. 이러한 이유로 장기적인 관점에서 한강변 트렌드에 따른 시세 상승을 기대할 수 있으며, 퀀텀 점프 가능성도 존재한다.

반면 상계·중계 지역의 소형 아파트는 재건축 가능성이 있긴 하지만, 사업 진행 속도가 다소 느려 퀀텀 점프는 제한적일 수 있다.

실거주 가치

가양·등촌 지역은 여의도와 마곡에 근무하는 직장인들에게 매우 뛰어난 직주근접성을 제공한다. 이는 실거주 가치에 주요 요소로 작용하며, 교통 편의까지 더해져 직장인들의 수요가 지속적으로 증가할 가능성이 크다.

상계·중계 지역은 CBD 접근성이 뛰어나 광화문이나 종로 도심으로의 빠른 이동이 가능하다. 특히 서울 중계동 학군이 뛰어난 교육 환경을 제공하므로 학령기 자녀를 둔 가정에 매력적인 선택지가 될 수 있다.

따라서 두 지역은 각 가정의 필요에 따라 선택이 갈릴 수 있다. 가양·등촌은 직장인들에게, 상계·중계는 학령기 자녀를 둔 가정에 유리한 선택이 될 것이다.

가격 상대성

가양·등촌 지역은 한강변 프리미엄이 지속적으로 반영될 가능성이 있어, 장기적으로 안정적인 가격 상승을 기대할 수 있다.

반면, 상계·중계 지역은 안정적인 학군을 바탕으로 자녀를 둔 가정에 실거주 가치가 높다. 다만 가격 상승이 꾸준하긴 해도 속도가 느리므로 단기적인 투자보다는 안정적인 중장기 투자를 원하는 이들에게 적합하다.

결론적으로, 직장 권역과 투자 성향을 고려하여 선택할 필요가 있다. 빠른 투자 수익을 원한다면 가양·등촌 지역이, 안정적인 실거주 및 장기적 가치를 원한다면 상계·중계 지역이 적합할 것으로 보인다.

에필로그

액션이 없으면
그 어떤 결과도 도출되지 않는다

2022년 2월 눈이 내리던 어느 날, 카페에 홀로 앉아 부동산 뉴스를 보고 있었다. 그때는 이미 퇴사한 후 3주택 마련을 완료한 터라, 거주 중이던 집까지 합하면 약 20억 원의 부동산 자산을 확보한 상황이었다. 불현듯 이제까지 나의 부동산 투자 과정을 아카이빙 archiving(기록물을 체계적으로 수집하고 정리하고 보존하는 것) 해두면 좋겠다는 생각이 들었다. 내가 무엇을 어떻게 생각하고 느끼면서 투자를 했는지 기록해 두면, 훗날에라도 좋은 교재가 될 것 같았다. 이러한 이유로 무작정 네이버 블로그에 글을 쓰기 시작했다.

처음 부동산을 매수하면서 계약금, 중도금, 잔금을 이체할 때 얼마나 심장이 두근두근했었는지 그 심정부터 생생하게 기록했다. 아닌

게 아니라 살면서 누군가에게 그렇게 큰돈을 송금해 본 적이 없었으니, 기억에 남을 수밖에 없었다. 그렇게 시작된 개인 투자 기록장이 바로 네이버 블로그의 '임실장 자산증식연구소'이다.

말 그대로 블로그는 개인 부동산 투자 기록장으로 쓸 작정이었지만, 많은 사람이 투자 기록 사이사이에 들어 있는 내 생각과 감정에 공감해 주었고, 생생한 투자 현장에 대한 포스팅이 네이버부동산 카페를 비롯한 각종 SNS에 공유되었다. 그렇게 내 블로그는 운영 3년 차인 현재, 총 조회 수 약 450만 뷰, 구독자 수 약 2만 명에 달하게 됐다.

이러한 아카이빙은 부동산 투자의 기본 중 기본인 '액션'을 또 다른 차원에 적용한다는 점에서 내게도 도움이 됐다. 이후 일상생활을 하며 투자 아이디어가 떠오를 때마다 잊지 않고 기록했으며, 소중한 찰나가 증발하지 않도록 계속해서 액션을 이어갔다. 이것이 단순 기록으로 끝나지는 않았다. 복기를 통해 다시 비슷한 상황이 왔을 때 더 좋은 판단과 결정을 내릴 수 있는 '미래를 위한 액션'이 되었다. 이러한 기록이 계속 축적되고 자가 피드백이 반복될수록 삶이 더욱 풍요로워질 것이라고 확신한다.

선조치 액션은 늘 옳다

주변을 둘러보면 끊임없이 부동산 투자 공부를 하면서 손품 팔고 발품 팔고, 그것도 모자라 팀 단위로 부동산 스터디를 꾸려서 수시로 아파트 단지에 대해 분석하고 프레젠테이션하면서 열심히 노력하는 이들이 정말 많다. 하지만 그들 중 그렇게 1년이 지나고, 2년이 지나도 정작 본인 소유의 부동산 1채도 마련하지 못한 경우가 대다수다. 그러한 열심과 노력이 그야말로 '학습을 위한 학습', '만족을 위한 지식 쌓기'에 불과했던 것이다. 효용 가치가 매우 떨어지는 방법이라고 할 수 있다.

'백문이 불여이행百聞不如一行', 즉 백 번 듣고 보는 것보다 한 번이라도 실제로 해보는 것이 중요하다는 말이 가장 잘 적용되는 곳이, 바로 부동산 투자 세계다. 내가 목표로 삼은 곳에 직접 내 돈을 투자하는 것과 그저 제3자 입장에서 바라보며 피드백만 하는 것은 완전히 다른 경지다. 적절한 시간을 투입해 어느 정도 스터디와 임장 등 손품과 발품을 팔며 충분히 고민했다면, 내가 그토록 치열하게 공부한 그 부동산을 직접 매수해야 한다. 부동산을 매수하고 갈아타기도 하고 추가 여유 자금으로 갭 투자도 해봐야, 지금까지 쌓은 부동산 학습과 지식이 10배, 100배의 효용 가치를 지니게 되는 것이다. 나는 이러한 액션을 최대한 빠르게 남들보다 먼저 취하는, 즉 '선조치'가 바로 부동산 투자에서 압도적 승리를 거머쥘 수 있는 유일한 방법이라고 생각한다.

==자신의 자금력과 여력을 최대한 동원해 단번에 가장 좋은 부동산으로 진입하고, 2~3년간 2차 시드머니를 모은 뒤 상급지 갈아타기를 통해 서울의 핵심 한강변으로 이동하는 '선조치'를 한다면, 자신도 모르는 새 대한민국 부동산 투자 세계의 본궤도에 오른 자신을 발견하==

==게 될 것이다.== 이러한 결과는 최초의 '액션' 없이는 결코 도출할 수 없다. 이처럼 인생에서든 투자에서든, '선조치 액션'은 늘 옳다.

이 책의 독자들 또한 선조치를 통해 투자 세계에서 압도적으로 승리할 수 있기를 진심으로 기원한다.

감사한 이들에게

책을 쓰기 전에는 '책 한 권 쓰는 게 어려우면 뭐 얼마나 어려울까?' 생각했다. 하지만 이 에필로그를 쓰면서 드는 생각은 단 하나다. '아마 두 번째 책은 없을 것 같다!'

그만큼 이 책을 쓰면서 정말 많은 고민과 정리가 필요했다. 블로그 글쓰기와는 전혀 다른 작업이었다. 이 책의 방향을 잡아주신 송병규 팀장님과 '임실장 자산증식연구소 블로그'의 구독자이자 부동산 및 크립토 실전 투자자이신 신동빈 마케터님께 감사드린다. 더불어, 늦어지는 원고를 기다리고 응원해 주신 페이지2북스 김선준 대표님께도 감사의 마음을 전한다.

마지막으로, 각종 투자를 늘 응원해 주고 지지해 주는 사랑하는 아내 Wool, 올해 1월에 태어난 막강한 개성의 귀여운 아들 Sean, 세상에서 가장 순진한 강아지 Jamon에게도 이 자리를 빌려, 고맙다는 말을 전하고 싶다.

미래의 대한민국 최상급지 완벽 분석 가이드

★★★ 특별 권말 부록 ★★★

차례

01 ...... **2040 서울도시기본계획 해설**
02 ...... **서울, 경기 주요 지역별 아파트 분석**

01

2040 서울도시기본계획 해설

서울시는 2022년 3월, 오세훈 시장 주도로 다음과 같은 '2040 서울도시기본계획'을 발표했다.

2040 서울도시기본계획 6대 공간계획

도시공간 재구조화
1. '보행 일상권' 조성
2. 수변중심 공간 재편
3. 미래성장거점, **중심지** 혁신
4. 다양한 도시모습, **도시계획 대전환**

미래 도시 인프라 구축
5. 기반시설 입체화 (지상철도 지하화)
6. 미래교통 인프라 확충

자료원: 서울시

거시적인 계획이긴 하지만, 부동산 투자자 관점에서 주목해야 할 몇 가지 포인트들이 있다. 나는 결국 ② 수변 중심 공간 재편 ④ 다양한 도시 모습, 도시계획 대전환이 중기적인 관점에서 유효한 계획이 되리라 본다. 특히 ②번은 현시점 부동산 시장에도 그 가치가 빠르게 반영되고 있다. 그럼, 핵심적인 포인트 4가지를 하나씩 살펴보자.

① 보행 일상권

2040 서울도시기본계획 - 보행 일상권 조성

자료원 : 서울시

서울시는 앞으로 주거-일자리-상권을 모두 걸어서 접근할 수 있는 '보행 일상권'을 조성하겠다는 비전을 제시했다. 판교와 같은 직주근접형 고급

도시 모델이 목표이므로, 현재 일자리와 상권이 부족한 아파트 밀집 지역들이 향후 새로운 중심지로 성장할 가능성이 크다.

따라서 지금은 베드타운이지만 향후 일자리와 상권이 형성될 가능성이 큰 지역에 선제적으로 투자해야 한다. 서울시 도봉구 창동과 노원구 상계동 창동차량기지에 일자리가 들어온다면, 오로지 주거를 위한 아파트로 빽빽했던 지역이 주거-일자리-상권으로 변모하여 보행 일상권이 가능해질 것이다. 판교 수준에는 못 미치고 상당 기간이 소요되겠지만, 서울 동북 지역의 직주근접 개선에 효과가 있으리라 본다.

② 수변 중심 공간 재편

자료원: 서울시

서울시는 한강을 중심으로 한 지천들을 개발하여 수변 중심으로 공간을 재편할 계획이다. 지도에 표기된 여의도, 이촌, 한남, 반포, 옥수, 압구정, 성수 그리고 잠실 MICE 권역까지 포함된다면 엄청난 변화가 있을 것이다.

특히 '정비사업 시 한강과 연계 유도'라는 말에 주목할 필요가 있다. 이는 서울시가 여의도 재건축과 한남 뉴타운, 반포 재건축, 압구정 재건축, 성수 전략정비구역 등 한강변 주요 지역의 정비사업을 진행할 때, 덮개공원이나 한강 접근성 개선을 통해 이들 지역을 서울의 랜드마크로 만들겠다는 강한 의지를 드러낸 것이기 때문이다. 이것이야말로 내가 본 책에서 계속 강조한 '한강변 시대'에 대한 방증이라고 할 수 있다.

실제로 과거 도심과 강남 내륙에 있었던 서울의 중심축이 이제는 한강변으로 이동 중이다. 그러니 한강변 중에서도 곧 신축 주택으로 변모할 정비사업지들의 미래 가치는 예측조차 힘들다.

만약 '한강변+재개발' 혹은 '한강변+재건축' 조건을 갖춘 부동산을 보유하고 있다면, 이것이 '똘똘한 한 채'가 될 가능성이 매우 크다. 게다가 해당 부동산이 강남구와 서초구에 있다면, 사실상 대한민국 주거용 부동산 중에서도 최고의 자산을 보유한 것이라고 할 수 있다.

아울러 서울시의 수변 활성화 방안에는 안양천, 홍제천, 중랑천, 탄천 등 서울의 4대 권역 하천이 규정되어 있다. 서북 권역의 홍제천이 관통하는 서대문구, 마포구 일대, 동북 권역의 중랑천이 관통하는 노원구, 도봉구, 동대문구, 중랑구 일대, 서남 권역의 안양천이 지나는 양천구, 영등포구, 금천구 일대 그리고 탄천이 가로지르는 강남구와 송파구의 개발 잠재력은 실로 대단할 것이다.

자료원: 서울시

    탄천의 경우, 상류가 경기 외곽이 아닌 분당과 수지 권역으로 타 하천 대비 전 구간의 정비가 잘 되어 있어서 현시점 인근 부동산 가격도 비싼 편이다. 다만 서울의 4대 권역 하천 중에서 나는 개발 잠재력 측면에서 1위는 '중랑천'이라고 생각한다. 중랑천 권역은 장위 뉴타운, 이문·휘경 뉴타운 등이 접해있고, 광운대역 개발 이슈와 GTX-C, 추후 동부간선도로 지하화 작업까지 예정되어 있으므로 기대하지 않을 수 없다.

③ 미래성장거점, 중심지 혁신

자료원: 서울시

　서울시는 종로구와 중구 일대의 CBD(Central Business District), 강남구, 서초구, 송파구 일대의 GBD(Gangnam Business District), 여의도 일대의 YBD(Yeouido Business District)로 집중되어 있던 업무지구를 4대 혁신축으로 활성화할 계획을 밝혔다. 이 4대 혁신축이란, 바이오·의료·ICT 기반의 '청년첨단 혁신축', 방송·문화·미디어·R&D 기반의 '감성문화 혁신축', 역사·금융·업무·핀테크 기반의 '국제경쟁 혁신축', AI·R&D·로봇·MICE 기반의 '미래융합 혁신축'이다. 다만 이러한 혁신축이 각 역할에 맞게 재편되고 개발되려면, 상당한 시일이 소요될 것으로 보인다.

지도에서 보듯 동북권의 청년첨단 혁신축은 창동·상계~광운대~청량리~왕십리로 이어지는데, 이는 앞서 이야기한 중랑천 권역의 잠재개발과 일맥상통하고, GTX-C 노선과 동일하며, 각종 뉴타운과 개발사업지를 관통하는 축이라는 사실을 기억해 둘 필요가 있다.

④ 도시계획 대전환

자료원: 서울시

도시계획 대전환이란, 간단히 말해서 주거용 아파트를 신축할 때 기존 서울시 전역에 일률적으로 적용했던 35층의 층수 제한을 없애고, 다양한 높이의 스카이라인을 허용해 도시 디자인 가치를 높인다는 것이다.

이는 현재 재개발 및 재건축 현장에 즉각 도입되었는데, 기존 35층 한도로 사업을 추진하던 일부 현장은 오세훈 서울시장 부임 이후 최대 68층까지 고도를 변경하여 진행하고 있다. 여의도 재건축, 이촌동 한강맨션, 압구정 재건축 단지들이 고층 재건축 사업에 포함되었는데, 단, 한남 뉴타운의 경우 남산 고도 제한과 중첩되어 고층 건축은 제한되었다.

이러한 스카이라인 규제 완화를 가장 먼저 적용받은 곳은 수변이다. 그리고 수변 중에서도 '한강변'이 가장 먼저 혜택을 받았다. 계획대로 진행된다면 실제로 10~15년 정도가 지나면 여의도와 동부이촌동, 한남동 등지의 스카이라인이 다채롭게 바뀔 것이며, 20년 정도 뒤에는 압구정과 성

2040 서울도시기본계획 - 스카이라인 관리 방향

스카이라인 관리 방향
동일 밀도 하에서 **유연한 스카이라인 및 경관 창출**

높고 낮은 건축물의 적정배치로 **다채로운 스카이라인 형성**

Seoul → Dubai

동일 용적률에서 슬림한 건축 배치로 **통경축 및 개방감 확보**

자료원 : 서울시

수동의 스카이라인 역시 더욱 멋지게 형성될 것이다.

서울시의 스카이라인 관리 방향의 핵심은 통경축(조망을 확보할 수 있는 시각적으로 열린 공간)과 개방감 확보이다. 결국 '디자인 도시, 서울'이라는 목표에 도달하기 위한 서울도시기본계획에는 한강 그리고 재건축, 재개발 현장이 있다는 점을 염두에 두어야 한다.

02
서울 주요 지역별 아파트 분석

나는 현재 '임실장 자산증식연구소'라는 블로그를 운영하고 있다. 평소에도 많은 구독자가 댓글이나 쪽지로 다양한 질문을 주곤 한다. 그런데 구독자들로부터 가장 많이 받는 질문은, 자신이 투자를 고민하고 있는 아파트가 있는데 이 아파트의 향후 가치 등을 어떻게 보는지에 대한 것이다. 이러한 질문에 대해서는 그동안 개별적으로 답변을 주곤 했다. 하지만 책을 집필하면서 서울 주요 지역의 아파트를 분석해 부록으로 제공하면, 독자들의 현명한 투자 선택에 도움이 되지 않을까 하는 아이디어가 떠올랐다. 그래서 블로그 구독자들의 댓글을 통해 부록에 수록할 아파트를 선정하기로 했다.

최종적으로 서울 시내 25개 구와 경기도 분당, 과천, 구성남, 광명에서 각 2~3곳씩, 총 56곳의 아파트를 선정했다. 그리고 이를 본책에서 소개한 '똑똑한 한 채 비교 원칙'에 따라 분석했다. 특별히 누구나 쉽게 알 수 있도록, 정비사업성과 실거주 가치를 별 4개 만점의 별점으로 평가해 넣었다. 정비사업성은 재건축, 재개발, 리모델링 등 정비사업 가능성을 종합적으로 판단했으며, 실거주 가치는 역세권, 학세권, 상품성을 고려한 실거주 편의에 대한 개인적인 의견을 담았다.

단, 마지막 비교 원칙인 가격 상대성은 현시점 형성된 가격에 따라 전고점, 회복률 등을 종합적으로 고려해야 하는데, 이는 가격의 유동적 특징에 따라 언제든 변할 수 있기에 별점 평가에서는 제외하였음을 밝힌다.

강 남 구

01. 삼성동 서광

주소	서울특별시 강남구 선릉로130길 19				
준공연월	1998.11	용적률	366%	인근 지하철	7호선/수인분당선 강남구청역
세대수	304세대	건폐율	24%	인근 초등학교	언북초등학교

별점평가표	정비사업성 ★★☆☆	실거주 가치 ★★★☆

삼성동 서광은 주로 마용성 구축단지에서 강남 권역으로 상급지 갈아타기를 준비할 때, 많은 이가 잠원동 소단지들과 더불어 가장 먼저 검토하게 되는 아파트 중 하나이다.

현재 리모델링을 추진 중이라 재건축에 비해 사업 구조적 한계가 명확히 존재하지만, 가장 소형인 23평형도 계단식 구조로 구성되어 있어 리모델링 시, 구조적 한계를 어느 정도 극복할 수 있으리라 예상된다.

강남구청역 수인분당선과 7호선 초역세권으로, 테헤란로 북쪽(테북) 명문인 언북초, 언주중 학군을 이용할 수 있다. 길 건너의 청담래미안과 청담e편한세상 시리즈 아파트는 언북초 배정이지만, 중학교가 상대적으로 비선호 중학교인 청담중 배정이다. 따라서 삼성·청담 일대 소단지 중에서 사실상 학군과 교통, 내부구조까지 모든 것을 갖춘 삼성동 서광이 가장 좋은 대안이 된다.

강남구

02. 일원동 개포한신

주소	서울특별시 강남구 일원동 615-1				
준공연월	1984.3	용적률	179%	인근 지하철	3호선 대청역
세대수	364세대	건폐율	17%	인근 초등학교	일원초등학교

별점평가표	정비사업성 ★★★★	실거주 가치 ★★★☆

일원동 개포한신은 현재 364세대의 소단지이지만, 재건축을 통해 총 498세대로 늘어날 예정이다. 2025년 1월, 재건축 마지막 관문인 관리처분인가를 득하고 현재 이주를 준비 중이며, 시공사는 GS건설이 자이 단독 브랜드로 건설한다.

입지 측면에서 볼 때, 지하철 3호선 대청역이 도보 5분 거리에 있어 대중교통 이용이 편리하며, 인근에 일원초, 중동중, 중동고 등 우수한 학군이 형성되어 있는 등, 일원동 내에서는 개포동과 붙어 있는 가장 쾌적한 블록이라고 볼 수 있다.

북쪽에 접한 개포우성7차 역시 재건축 사업시행인가 단계에 있으며, 인근의 디에이치자이개포(옛 개포주공8단지)와 래미안개포루체하임(옛 일원현대), 디에이치포레센트(옛 일원대우) 등이 같은 블록에 있어서, 쾌적한 주거 분위기와 자녀양육에 좋은 환경으로 실거주 만족도가 높다.

대치동, 도곡동, 개포동으로 진입하기에 예산이 부족하다면, 남아있는 개포 재건축, 특히 일원동 북부에 속한 이 블록의 재건축인 개포우성7차나 일원동 개포한신을 눈여겨보자. 이곳이야말로 향후 퀀텀 점프를 통한 높은 수익이 보장된 곳이라고 할 수 있다.

서초구

03. 반포미도1차

주소	서울특별시 서초구 반포동 60-4				
준공연월	1987.6	용적률	177%	인근 지하철	3호선/7호선/9호선 고속터미널역
세대수	1,260세대	건폐율	13%	인근 초등학교	서원초등학교

별점평가표	정비사업성 ★★★☆	실거주 가치 ★★★☆

반포미도1차는 서초구의 심장이라 불리는 '서리풀로축' 중심부에 위치한 대표적인 대단지 구축 아파트이다. 1980년대 공급된 1기 신도시급 초창기 반포 아파트군의 핵심이라고 할 수 있다. 대지지분이 약 17평으로 그리 넓지는 않지만 이를 커버할 매우 우수한 입지로 재건축 추진 조건을 갖췄으며, 현재 추진위 승인을 받아 재건축을 진행 중이다.

교통 측면에서는 지하철 3, 7, 9호선이 지나는 고속터미널역, 9호선 사평역 등 트리플 역세권에 해당하며, 인근에 고속터미널, 신세계백화점, 서리풀공원, 반포한강공원까지 있어 생활·상업·자연 인프라 모두를 품은 셈이다.

연식이 매우 오래된 탓에 세대 내부 구조가 불편하고, 지하 주차장이 없으며, 도시가스 배관 등 설비가 노후화된 것이 단점으로 꼽히지만, 이러한 문제는 재건축 이후에는 완전히 해소될 것이다. 다만 재건축이 현시점 아직 추진위 단계라는 것이 정비사업의 리스크 요인 중 하나다.

현재 가격이 반포 한강변 재건축 단지들에 비해 상대적으로 낮게 형성되어 있어, 투자 및 퀀텀 점프를 위한 진입지로서는 매우 매력적이라고 할 수 있다.

서 초 구

04. 잠원동 한신로얄

주소	서울특별시 서초구 신반포로33길 64				
준공연월	1992.6	용적률	268%	인근 지하철	3호선 잠원역
세대수	208세대	건폐율	24%	인근 초등학교	반원초등학교

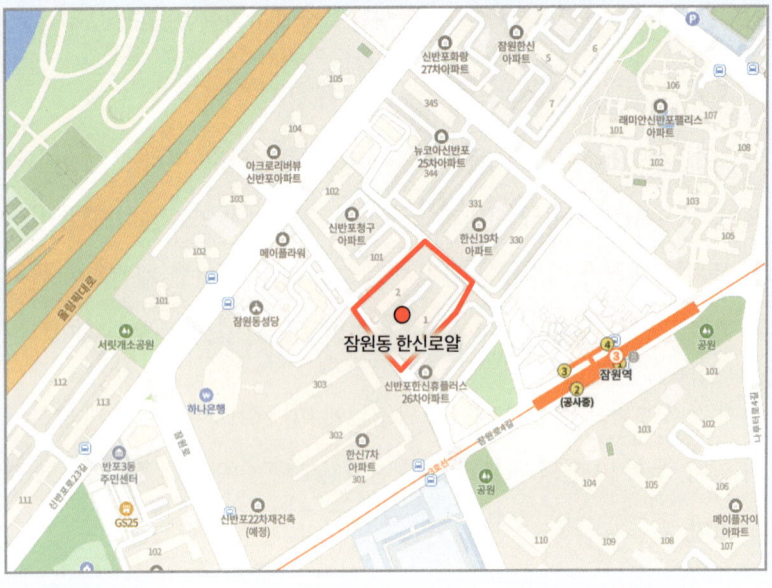

별점평가표	정비사업성 ★★☆☆	실거주 가치 ★★★☆

잠원동 한신로얄은 잠원동 한강변에 위치한 총 208세대 규모의 대표적 소단지이다. 마용성 구축에서 강남권 진입을 위해 서초구 소단지를 검토하는 이들이, 앞서 다룬 강남구 삼성동 서광과 함께 고려하는 단지 중 하나다. 잠원역 도보권, 뛰어난 한강 접근성, 조용한 환경 등으로 실거주 만족도가 높다.

현재 리모델링 추진 중에 있으나, 우수한 입지에 비해 속도는 더딘 편이다. 다만 인근 메이플자이 등 잠원동 내 신반포 재건축 단지들의 사업이 대부분 진척되고 있어, '후속 신축 후보지'로서 기대감이 점차 커지고 있다.

단기적인 정비사업 성과보다는 한강변 실거주와 함께 중장기 인플레이션에 의한 집값 상승 여력을 동시에 노릴 수 있는 '생활 만족형 입지'라고 할 수 있어, 투자보다 실거주 선호가 강한 단지이다.

송파구

05. 가락동 프라자

주소	서울특별시 송파구 문정로 125				
준공연월	1985.7	용적률	179%	인근 지하철	8호선 문정역, 3호선 경찰병원역
세대수	672세대	건폐율	23%	인근 초등학교	가동초등학교

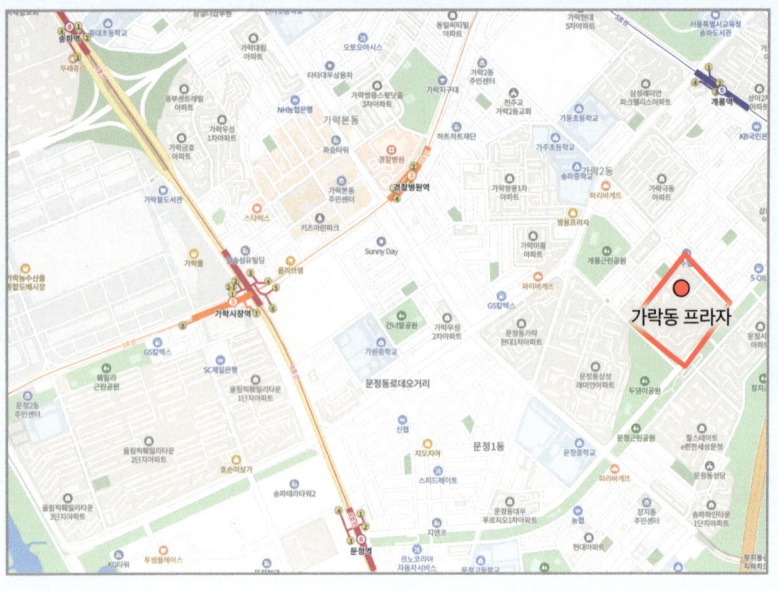

별점평가표	정비사업성 ★★★★	실거주 가치 ★★☆☆

가락동 프라자는 송파구 전체가 보이는 지도를 놓고 보면 가락동에 있음에도 동남쪽으로 지나치게 치우쳐져 있어, 서울시 동남권 끝자락에 위치해 있다고 해도 과언이 아니라는 걸 알 수 있을 것이다. 가락동 생활권이라기보다는 문정 권역 생활권에 속한다.

대지지분 20평으로 양호한 재건축 여건을 갖추고 있다. 무엇보다 2025년 상반기 재건축 관리처분인가를 득하여, 이제 이주, 철거, 착공, 준공만 남은 상황이다. 따라서 잠실 권역을 제외한 송파 권역에서 차기 최신축 아파트가 될 것으로 보인다.

시공사가 GS건설 자이인데, 예상 평면도가 매우 좋아서 입주 시 시세가 상당한 상방 압력을 받을 것으로 예상된다.

다만, 5호선 개롱역과 8호선 문정역과의 거리가 먼 비역세권으로, 이동 시 버스를 이용해야 하고, 학교도 멀리 위치해 학세권도 아니다. 이러한 이유로 실거주 가치는 다소 낮지만, 중·대형 평형 위주로 구성된 단지와 빠른 재건축 속도를 고려하면 투자가치가 상당히 높은 편이라고 볼 수 있다.

송파구

06. 송파동 한양2차

주소	서울특별시 송파구 가락로 192				
준공연월	1984.10	용적률	165%	인근 지하철	8호선 송파역
세대수	744세대	건폐율	20%	인근 초등학교	중대초등학교

별점평가표   정비사업성 ★★★☆   실거주 가치 ★★☆☆

송파동 한양2차는 2020년 조합설립인가를 득하고 사업시행인가를 준비 중인 44년 차 단지이다. 8호선 송파역 도보 10분 내에 위치해 송파동 핵심 생활권 아파트라고 할 수 있다. 총 744세대이며, 석촌호수와 잠실 상권까지 걸어서 접근할 수 있는 우수한 입지이다.

일반적으로 용적률이 낮고 대지지분이 넓으면 재건축 사업성이 좋아 투자가치 또한 높다. 송파동 한양2차의 경우, 용적률이 165%로 낮은 편인데 반해 대지지분은 16.5평 수준으로 그리 넓지는 않은 편이다.

다만 주변의 가락삼익, 송파미성, 잠실 한양3차 등의 재건축 움직임이 활발해짐에 따라 후속 타자로서의 주목도가 커지고 있어, 많은 시공사로부터 러브콜을 받는 중이다.

교육 측면에서는 가락중, 가락고, 잠실여중·고 등 전통적 송파 학군을 품고 있고, 교통 역시 8호선 송파역과 9호선 송파나루역이 가까워 직주근접 실거주지로서의 입지는 우수하다.

연식이 오래된 만큼 단지는 노후화되었으나, 단지 내 녹지율이 높아 44년 차의 연식 대비 실거주 만족도는 양호한 편이다.

용산구

07. 이촌동 한가람

주소	서울특별시 용산구 이촌로 201				
준공연원	1998.9	용적률	358%	인근 지하철	4호선 이촌역
세대수	2,036세대	건폐율	23%	인근 초등학교	신용산초등학교

별점평가표	정비사업성 ★★☆☆	실거주 가치 ★★★☆

이촌동 한가람은 동부이촌동 이촌로 북쪽에 위치한, 이촌역 초역세권 한강변 라인의 대단지 아파트이다. 정비사업성 측면에서는 낮은 대지지분과 358%의 용적률로 재건축은 어려워 보이지만, 리모델링이 비교적 빠르게 진행되고 있다.

강북 내 구축 아파트 중에서 가장 안전한 자산군으로 꼽히며, 마포, 성동, 중구, 동대문, 서대문 등의 구축 아파트 보유자들이 강북 내 갈아타기를 실행할 때 검토하는 곳 중 하나이다.

최근 용산이 국가적 개발축으로 재조명되면서, 한가람 아파트 역시 향후 중·장기적인 리모델링에 대한 기대감이 커지고 있다. 한강변 산책로, 이촌한강공원, 국립중앙박물관, 용산가족공원 등으로 서울 최상위 생활편의와 자연환경을 누릴 수 있으며, 교육 측면에서도 신용산초, 용강중 등 전통 학군이 뒷받침되고 있어, 구축 아파트라는 점만 제외하면 매우 양호한 실거주 요건을 갖춘 셈이다.

용산구

08. 르엘이촌 (구. 이촌 현대맨숀)

주소	서울특별시 용산구 이촌로 303				
준공연월	2027.2(예정)	용적률	308%	인근 지하철	4호선 이촌역
세대수	750세대	건폐율	35%	인근 초등학교	신용산초등학교

별점평가표	정비사업성 ★★★★	실거주 가치 ★★★★

1975년에 준공된 동부이촌동 내 초고령 단지 중 하나인 현대맨숀은 이촌동 최초 리모델링 승인 단지로서, 롯데건설의 '르엘' 브랜드로 시공 중이다. 르엘이촌의 준공이 완료된다면 동부이촌동 내 최신축 브랜드 아파트이자, 이촌 일대의 유일한 고급 신축 단지로서 독점적 프리미엄을 가질 가능성이 매우 크다. 사실상 이촌동의 새로운 기준점이 될 것으로 보인다.

렉스 아파트를 1:1 재건축한 래미안첼리투스가 이촌동 재건축의 모범사례가 되었듯이, 리모델링을 통해 신축으로 변모할 르엘이촌은 대단지 리모델링의 모범사례가 되어, 향후 이촌동뿐 아니라 동작구 우극신, 강동구 선사현대, 성동구 옥수극동·금호벽산, 중구 남산타운 등 서울 시내 주요 대단지 리모델링 추진 단지들의 학습 대상이 될 것이다.

성동구

09. 옥수삼성

주소	서울특별시 성동구 독서당로 218				
준공연월	1999.4	용적률	263%	인근 지하철	3호선 옥수역
세대수	1,114세대	건폐율	18%	인근 초등학교	옥정초등학교

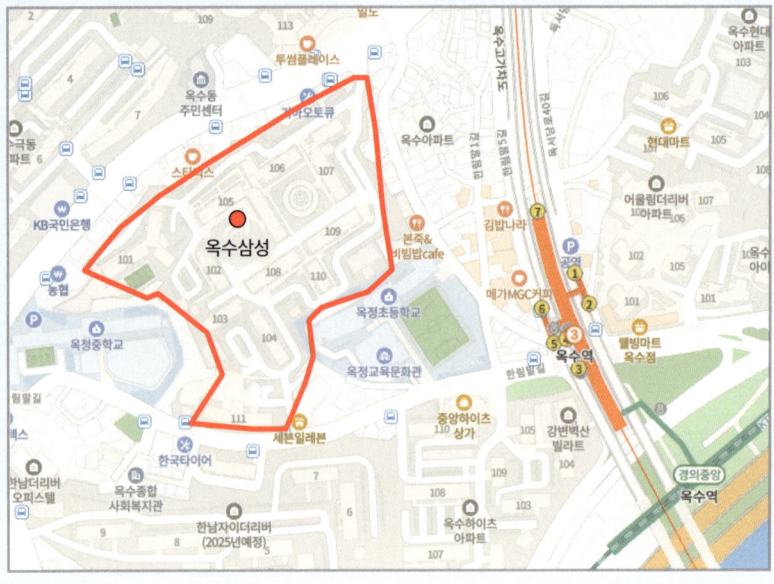

별점평가표	정비사업성 ☆☆☆☆	실거주 가치 ★★★☆

옥수삼성은 옥수동 내 신축, 구축 단지를 통틀어 가장 완만한 경사의 언덕에 구성된 단지로, '옥수역 초역세권＋동호대교·강남 접근성＋초·중학교 접근성'을 동시에 갖추고 있다. 옥수역 도보 3분, 한강 산책로 도보 5분 거리로, 생활 편의시설 접근성이 매우 뛰어나, 실거주 가치는 옥수동에서 가장 우수하다고 볼 수 있다. 32평과 43평 일부 세대의 경우 한강 조망도 가능하다.

정비사업성 측면에서는, 용적률이 263%로 높아 재건축이 아닌 리모델링으로 추진되어야 하는데, 현재 그 어떤 추진 주체의 움직임도 없다. 연식과 용적률이 유사한 타 단지들은 리모델링이 추진 중인데, 옥수삼성은 추진 동력 자체가 없다. 아마도 타 단지와 비교할 때 언덕이 없고, 주차도 어느 정도 여유가 있는 등 실거주 생활에 불편함이 상대적으로 덜 하기 때문으로 보인다.

가격은 성동구 내 구축 아파트 중에서 가장 빠르게 움직이는 경향이 있어서, 부동산 하락장에서 갈아탈 대상으로서 내가 항상 추천하는 곳이기도 하다.

성동구

10. 서울숲리버뷰자이

주소	서울특별시 성동구 고산자로2길 65				
준공연월	2018.6	용적률	280%	인근 지하철	2호선/5호선/수인분당선/경의중앙선 왕십리역
세대수	1,034세대	건폐율	19%	인근 초등학교	일원초등학교

별점평가표	정비사업성 N/A (신축)	실거주 가치 ★★★☆

서울숲리버뷰자이는 서울숲, 중랑천과 한강변 사이에 위치한 성동구 내 신축 대단지 아파트이다. 단지명 그대로 '서울숲+중랑천 리버뷰'를 동시에 확보한 조망 가치가 프리미엄으로 반영되며, 인근에 왕십리역이 있어 직주근접을 중시하는 수요층을 흡수하고 있다.

현재 거래 가격에는 '브랜드+교통+조망+인프라' 가치가 반영되어 있으며, 중랑천 건너 성수동 갤러리아포레, 트리마제, 아크로서울포레스트 등의 고급 주거단지와의 연계성도 시장에서 고평가되는 요소 중 하나다. 실거주 시 단점이라면, 지상철 인접으로 인한 소음을 꼽을 수 있다.

성수동에 서울숲아이파크리버포레가 입주하면서 서울숲 네이밍을 한 최신축의 자리를 내어주게 되었지만, 중랑천 서측에 있는 행당, 응봉 권역 단지 중 의미 있는 네임드 단지라고 할 수 있다.

추후 행당7구역 라체르보푸르지오써밋이 입주하게 되면, 그 가치가 동반 상승할 여력도 충분하다.

성동구

11. 래미안옥수리버젠

주소	서울특별시 성동구 매봉길 15				
준공연월	2012.12	용적률	238%	인근 지하철	3호선 옥수역
세대수	1,511세대	건폐율	22%	인근 초등학교	금옥초등학교

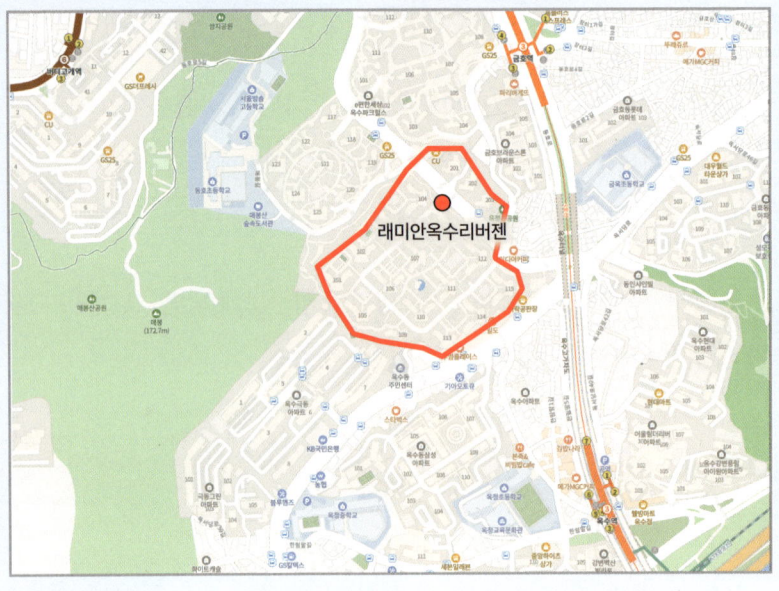

별점평가표	정비사업성 N/A (준신축)	실거주 가치 ★★★★

래미안옥수리버젠은 옥수12구역을 재개발하여 2012년 12월 입주한 준신축 브랜드 아파트이다.

옥수동 고지대에 있지만 앞 동의 경우 한강 조망권을 확보하고 있는 데다, 입주 당시 옥수동 최초의 신축 래미안 브랜드로 단지 내 조경 등을 고급화함으로써 연예인들도 다수 거주했다.

준공된 지 14년이 되어가는 준신축 아파트임에도 입주 만족도가 매우 높은 편이다. 교통 측면에서는 3호선 옥수역, 금호역이 인근에 있으나 언덕 지형으로 인해 도보 10분 내외 소요되며, 옥수동의 정중앙에 위치하여 자차로 압구정동, 한남동, 성수동, 도심권 접근이 모두 15분 안에 가능하여 최상의 교통 요지라고 볼 수 있다.

교육 측면에서는 인근 금옥초 진학이 가능하지만, 아쉽게도 '초품아(초등학교를 품은 아파트)'는 아니다. 이 단지는 성동구 내 중대형 실거주자들에게 사실상 종착지에 해당하며, 임대 세대를 다른 필지로 완전히 분리하여 한 블록을 100% 분양 단지로 구성되었다는 점도 장점으로 꼽힌다.

성동구 옥수동 내에서 우수한 거주 요건을 갖춘 주거지를 찾는 수요층 사이에서 옥수파크힐스와 함께 꾸준히 인기 있는 곳이기도 하다.

마 포 구

12. 래미안마포리버웰

주소	서울특별시 마포구 토정로31길 23				
준공연월	2015.2	용적률	248%	인근 지하철	5호선 마포역
세대수	563세대	건폐율	24%	인근 초등학교	염리초등학교

별점평가표	정비사업성 N/A (준신축)	실거주 가치 ★★★★

래미안마포리버웰은 2015년 2월 입주한 준신축 단지로, 마포역 도보 3분, 공덕역 도보 10분, 한강 조망권, 염리초 학군까지 겸비한 마포구 내 대표적인 실거주 선호 입지 단지이다. 입주 11년 차임에도 불구하고 단지 전반의 관리 상태가 우수하고, 래미안 브랜드 가치에 힘입어 매수를 희망하는 수요가 꾸준한 편이다. 한강 조망권이 확보된 동은 자산가치가 매우 높으며, 마포대교 북단에 바로 접해있어 여의도·도심 접근성이 탁월하다. 특히 직주근접을 우선적으로 고려하는 30~40대 고소득 맞벌이 가구들의 선호도가 높은 편이다.

주변의 공덕동과 아현동 일대가 신축 및 재정비를 거치며 고급화되는 가운데, 래미안마포리버웰은 준신축과 대단지, 브랜드, 한강 조망, 강변북로 접근성, 염리초 학군, 대흥동 학원가, 평지를 두루 갖춘 보기 드문 입지로 평가된다.

공덕역 기준 2사분면에 위치한 마포래미안푸르지오나 마포프레스티지자이와는 동네 분위기가 달라서, 동마포 일대를 임장할 때 두 지역의 차이를 비교하면서 본다면, 더욱 재미있을 것이다.

마포구

13. 신공덕삼성래미안 1차

주소	서울특별시 마포구 백범로37길 12				
준공연월	2000.08	용적률	287%	인근 지하철	5호선/6호선/경의중앙선/공항철도 공덕역
세대수	834세대	건폐율	19%	인근 초등학교	공덕초등학교

별점평가표	정비사업성 ☆☆☆☆	실거주 가치 ★★☆☆

신공덕삼성래미안1차는 2000년에 입주한 834세대 규모의 공덕역 초역세권 단지로, 도보로 통학할 수 있는 공덕초가 인접해 있다. 지하철 공덕역 5, 6호선, 경의중앙, 공항철도까지 4개 노선이 모두 통하는 쿼드러플 초역세권이며, 도보권 내에 실생활에 필요한 모든 인프라를 갖추고 있어 자차 없이도 충분히 생활할 수 있는 자족 입지다.

단지 내 조경과 커뮤니티 또한 구축 아파트 치고는 양호한 편이지만, 협소한 주차 공간 등은 단점으로 꼽힌다.

정비사업성 측면에서는 용적률이 다소 높아 재건축은 힘들어 보이며, 리모델링도 아직 이렇다 할 추진 동력이 없는 상황이다. 다만 공덕역 중심의 지속적인 상권 개발과 인근의 공덕1구역 마포자이힐스테이트라체스가 입주 예정이며, 이에 따라 공덕역 기준 1사분면의 생활권 정비가 어느 정도 궤도에 오를 것으로 보인다.

공덕역 기준 2사분면의 공덕삼성, 공덕래미안 시리즈에 비해 상대적 가격 메리트를 지니고 있다.

마 포 구

14. 신촌숲아이파크

주소	서울특별시 마포구 광성로 17				
준공연월	2019.8	용적률	290%	인근 지하철	6호선 광흥창역
세대수	1,015세대	건폐율	17%	인근 초등학교	서강초등학교

별점평가표	정비사업성 N/A (신축)	실거주 가치 ★★★☆

신촌숲아이파크는 2019년 입주한 브랜드 단지로, 기존 신수1구역 정비사업을 통해 조성된 1,015세대 규모의 대단지이다. 경의중앙선 서강대역 초역세권, 신촌·홍대·공덕을 모두 생활권으로 품는 입지이며, 자차로 서강대교를 통해 여의도 진입이 가능한 데다 도심 진입도 원활하여 교통 편의성 측면에서도 최상에 해당한다.

단지 자체가 약간 고지대에 위치해 조망이 트여 있고, 내부 평면 역시 아이파크 특유의 선호도 높은 실사용 구조로 구성되어 있어, 주거 만족도가 매우 높다.

신촌과 서강대·연세대 등 대학교 밀집 지역과 가까워 먹거리나 문화 인프라는 풍부하지만, 마포구 내에서 가족 단위 실수요가 가장 많이 몰리는 공덕역, 마포역과 거리가 있고, 초등학교 및 중학교와의 거리가 멀고 선호도가 낮은 학군이라, 자녀를 둔 부모 사이에서는 비인기 단지일 수 있다.

그럼에도 '신축+대단지+브랜드' 조건을 모두 갖췄다는 점에서, 딩크족 (DINK, Double Income No Kids의 머릿글자만 딴 조어. 자녀가 없는 맞벌이 부부) 사이에서는 동마포 신축 대비 저렴한 실거주 단지로 주목받고 있다.

강동구

15. 명일동 삼익그린맨션2차

주소	서울특별시 강동구 고덕로 210				
준공연월	1983.12	용적률	171%	인근 지하철	5호선 명일역
세대수	2,400세대	건폐율	14%	인근 초등학교	고명초등학교

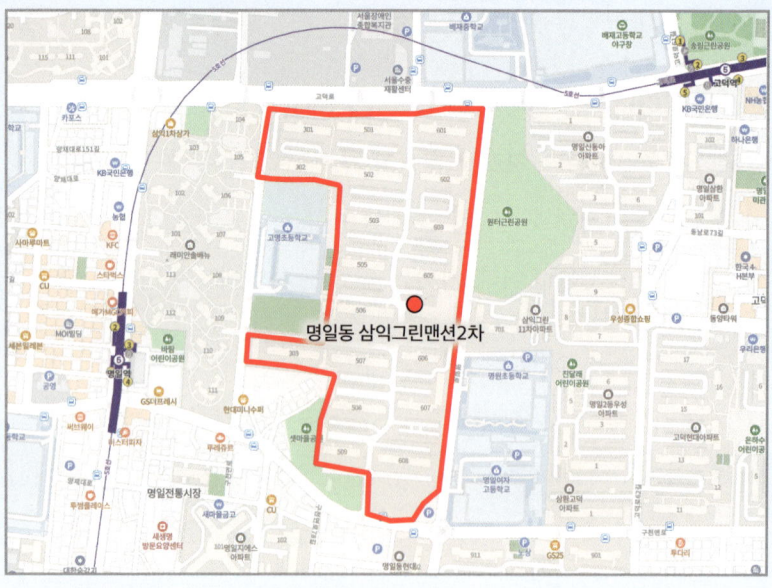

별점평가표	정비사업성 ★★★☆	실거주 가치 ★★☆☆

명일동 삼익그린맨션2차는 1983년에 준공된 강동구 대표적인 재건축 진행 아파트로, 명일역 역세권에 위치한 약 2,400세대 규모의 대단지이다. 인근에 우수한 초·중·고가 있고, 5호선 역세권에 위치하는 등, 노후화된 단지라는 점만 제외하면 실거주에서 큰 단점이 없다.

현재 조합설립인가를 받은 상태로 재건축 사업에 본격적으로 진입했으며, 인근 래미안솔베뉴의 재건축이 빨리 진행되면서 삼익그린맨션2차도 이후 속도를 내고 있다.

명일동 내 많은 재건축 대상 단지들이 빠르게 사업이 진행되어 명일역, 고덕역 사이 단지들이 전부 신축으로 변모된다면, 상일동 인근 고덕그라시움, 아르테온 등의 단지들보다 입지적으로 우수한 명일동에 상품성까지 더해진 삼익그린맨션2차의 미래 가치가 꾸준히 상승할 것으로 예상된다.

강동구

16. 고덕그라시움

주소	서울특별시 강동구 고덕로 333				
준공연월	2019.9	용적률	249%	인근 지하철	5호선 상일동역
세대수	4,932세대	건폐율	20%	인근 초등학교	강덕초등학교

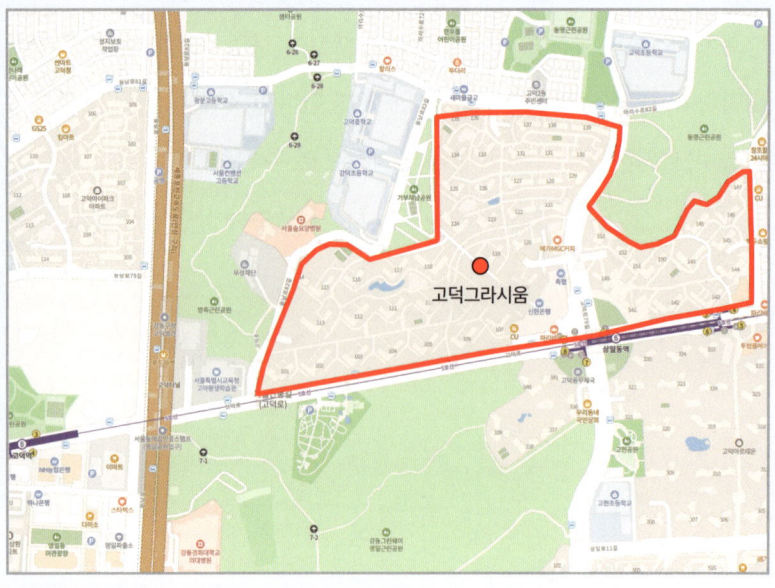

별점평가표	정비사업성 N/A (신축)	실거주 가치 ★★★★

고덕그라시움은 2019년 입주한 약 4,932세대의 초대형 브랜드 신축 단지로, 고덕주공2단지 재건축을 통해 조성된 강동구 신축 대장주이다. 단지 규모가 큰 만큼, 대우·현대·SK 등 컨소시엄 브랜드로 지어져 내부 평면·커뮤니티·조경 모든 측면에서 고급 신축 단지의 느낌을 충분히 자아내고 있다.

지하철 9호선 연장 구간 역사의 도보권이지만, 현재까지는 5호선 상일동역만 이용해야 한다는 점이 입주자들의 대중교통 만족도를 다소 낮추는 요인이 되고 있다.

한편, 고덕비즈밸리, 이케아 등 상업개발이 본격화됨에 따라 직주근접 실거주지로 변모 중이다.

교육 측면에서는 한영고, 고덕중, 배재중·고 등 명문 학교들이 인접해 있어 강동권 내 학세권으로 꼽히며, 한강 조망권은 없으나 단지 내 조망 트임과 쾌적성이 매우 우수하다.

고덕아르테온, 고덕래미안힐스테이트와 함께 가장 선호도가 높은 단지로 평가되며, '마포구는 마래푸, 성동구는 옥수리버젠, 강동구는 고덕그라시움'이라는 말이 있을 정도로 강동구의 대표적 신축이자 명실상부 대장 아파트로 자리매김했다.

광진구

17. 자양동 롯데캐슬이스트폴

주소	서울특별시 광진구 아차산로 420				
준공연월	2025.1	용적률	493%	인근 지하철	2호선 구의역
세대수	1,063세대	건폐율	53%	인근 초등학교	양남초등학교

별점평가표	정비사업성 **N/A (신축)**	실거주 가치 ★★★★

자양동 롯데캐슬이스트폴은 2025년 3월 입주한 자양1 재정비촉진구역을 재개발한 신축 아파트로, 지하철 2호선 강변역과 구의역 사이에 위치한 광진구 신축 대표 단지이다. 한강변에 있을 뿐만 아니라 고층 세대의 경우 파노라마 한강뷰가 펼쳐져, 상당한 자산가치를 형성할 것으로 예상된다. 브랜드 · 조망 · 인프라를 두루 갖춘 광진구 신축 주거지이다.

한강 조망이 가능한 세대는 일부이지만, 단지 전체가 남동향, 남서향으로 배치되어 있어 채광과 통풍이 뛰어나다. 다만 롯데캐슬 특유의 느낌이 외관과 조경에 잘 드러난다.

신축이 귀한 광진구 내 '역세권 신축 브랜드 단지'의 대표 주자라고 할 수 있는데, 참고로 자양동 신축 롯데캐슬리버파크시그니처의 경우 한강뷰 신축이기는 하나 비역세권이다.

위 2개의 광진구 내 신축 아파트 모두 시공사가 롯데라는 점이 특징인데, 둘 다 프리미엄 브랜드인 '르엘'을 적용받지는 못했다. 이는 '광진구+한강뷰' 입지임에도 시공사가 주변 인프라를 고려해 두 아파트를 명확한 상급지로는 인정하지 않았다는 사실을 알 수 있다.

광진구

18. 자양7차현대홈타운

주소	서울특별시 광진구 능동로4길 41				
준공연월	2001.5	용적률	289%	인근 지하철	7호선 자양역
세대수	252세대	건폐율	24%	인근 초등학교	신양초등학교

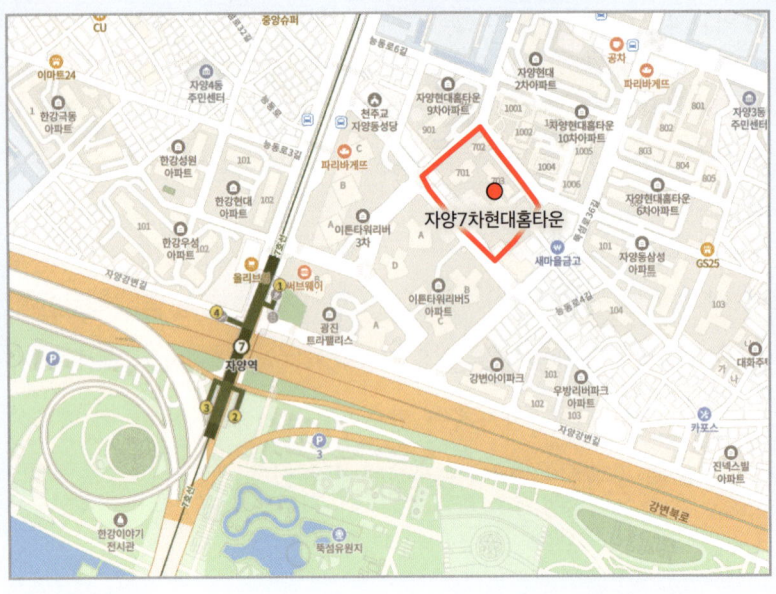

별점평가표	정비사업성 ★☆☆☆	실거주 가치 ★★★☆

자양7차현대홈타운은 2001년 입주한 구축으로, 자양동 내에서도 자양역·뚝섬한강공원과 가까운 광진구 내 강남 접근성과 공원 접근성이 매우 우수한 생활권에 있는 단지이다. 총 252세대의 소규모 단지임에도 인근이 이튼타워, 스타시티, 자양우성 등의 아파트로만 구성된 자양3동 생활권으로, 다세대 주택들로 구성된 자양4동과는 분위기가 확연히 다르다.

생활권과 교통, 교육 측면에서 나쁘지 않은 실거주 여건을 갖춘 구축 단지이지만, 소단지에다 289%에 달하는 높은 용적률로 인해 정비사업성은 많이 떨어진다. 따라서 향후 인근 단지와 통합 정비사업을 하지 않는 이상 리모델링조차 쉽지 않을 것으로 예상된다.

다만 워낙 입지가 우수하고 실거주 가치가 높아, 가격 측면에서는 실수요자에게 상당한 메리트가 될 수 있다.

양 천 구

19. 목동신시가지7단지

주소	서울특별시 양천구 목동로 212				
준공연월	1986.11	용적률	125%	인근 지하철	5호선 목동역
세대수	2,550세대	건폐율	11%	인근 초등학교	목운초등학교

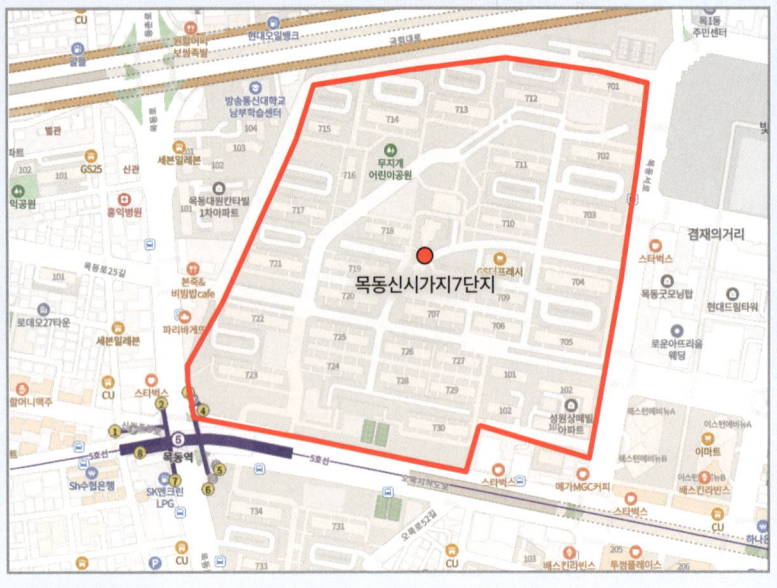

별점평가표	정비사업성 ★★★☆	실거주 가치 ★★☆☆

목동신시가지7단지는 1986년 준공된 40년 차 총 2,550세대 규모의 대단지이다. 목동신시가지 아파트 중에서도 지하철 5호선 목동역 초역세권에 위치하여 가장 핵심 입지에 속한다고 할 수 있다. 초역세권 입지로, 서부 권역뿐만 아니라 서울, 전국구 기준 최상위 학군을 배정받는다.

우수한 학군으로 실거주 수요가 있긴 하지만, 학령기 자녀가 없는 가구는 주차의 어려움과 노후화에 따른 생활 불편 문제로 실거주로서는 대안 투자처를 찾는 경우가 많다.

교육열이 높은 실거주자들 사이에 꾸준한 수요가 있는 만큼, 재건축이 완료된다면 '학군+역세권' 시너지가 극대화될 것으로 보인다.

평균 대지지분이 약 20.8평으로, 목동 전체 단지 중에서도 상위 수준의 사업성을 확보하고 있다. 다만 여러 가지 루트로 빠르게 재건축을 진행하려고 애쓰고 있는데도, 조합설립조차 되지 않은 극초기 단계라는 점이 리스크 요인이다. 그럼에도 불구하고, 낮은 용적률과 높은 대지지분을 보유한 만큼 사업성이 좋아 투자자와 시공사들의 관심이 집중되고 있다.

양천구

20. 목동센트럴아이파크위브

주소	서울특별시 양천구 남부순환로83길 17				
준공연월	2020.5	용적률	264%	인근 지하철	2호선 신정네거리역
세대수	3,045세대	건폐율	24%	인근 초등학교	신남초등학교

별점평가표	정비사업성 N/A (신축)	실거주 가치 ★★★☆

목동센트럴아이파크위브는 2020년 5월 준공된 총 3,045세대 규모의 대단지로, HDC현대산업개발과 두산건설이 컨소시엄으로 시공했다.

목동이라는 이름이 붙긴 했지만 실제로는 신월동에 위치하고 있으며, 목동이나 신정동과는 또 달라서 학원 인프라, 교통 인프라 이용에 있어서도 흔히 말하는 목동과는 거리감이 있다.

교육 측면에서는 단지 내에 신남초가 있는 '초품아'로, 초등학생 자녀를 둔 가정에는 큰 장점이 될 수 있으며, 도보로 통학할 수 있는 중학교도 인근에 있다.

경인고속도로 신월 IC 인근에 위치하여 자차 교통 편의는 우수한 편이나 목동 신시가지에 있는 우수한 학원가나 학군을 이용하기에는 물리적으로 거리가 있는 편이다. 대중교통 편의 측면에서도 지하철역이 생각보다 멀고 '양천구'라는 입지적 특성상 CBD, GBD 등 주요 업무지구 접근이 원활하지 않다.

그럼에도 불구하고, 목동과 신정동, 신월동 내 신축 아파트가 없는 상황이라, 신축 대단지로서의 가치는 일정 기간 유지될 것으로 보인다.

중구

21. 남산타운

주소	서울특별시 중구 다산로 32				
준공연월	2002.5	용적률	231%	인근 지하철	3호선/6호선약수역, 6호선 버티고개역
세대수	5,150세대	건폐율	22%	인근 초등학교	동호초등학교

별점평가표	정비사업성 ★★☆☆	실거주 가치 ★★★☆

남산타운은 2002년 준공된 5,150세대 규모의 초대형 단지로, 서울 중구에 위치하지만 단지 정문은 용산구 한남동, 남문은 성동구 옥수동과 바로 연결되어 있다. 강북권 최대 단지 중 하나로, 도심과 남산의 중간에 위치한 독특한 입지 덕분에 조망과 쾌적성, 교통 접근성이 뛰어나다.

약수역, 버티고개역 등 서울을 동서로 가로지르는 6호선, 남북으로 가로지르는 3호선의 십자 역세권이 인근에 있으며, 남산공원 도보권으로 도심 속에서도 숲세권을 선호하는 수요자들에게는 매우 좋은 실거주 환경으로 주목받고 있다.

정비사업성 측면에서는 준공 20년을 넘긴 만큼 노후화가 누적되고 있으나 과거 서울형 리모델링 시범단지로 선정되었음에도 최근 서울시에서 조합설립에 반기를 들면서, 추진위와 서울시가 갈등하고 있는 상황이다.

서울형 리모델링 시범단지로 선정되었을 당시에는 서울시가 임대 세대를 제외한 리모델링 추진에 찬성했는데, 최근 이를 전면으로 거스르면서, 임대 세대에 대한 리모델링 대책이 나오지 않는 한 조합설립의 지속 지연이 예상된다.

많은 세대수로 인한 관리비 절감 등의 실거주 측면에서 장점이 있고, 다양한 평형대가 있어서 실수요층도 넓다. 단지 내 쌈지공원 등 남산과 맞닿은 배후 환경은 타 지역에서 대체 불가한 영역이다.

중구

22. 청구e편한세상

주소	서울특별시 중구 청구로 64				
준공연월	2011.12	용적률	224%	인근 지하철	5호선/6호선 청구역
세대수	895세대	건폐율	23%	인근 초등학교	흥인초등학교

별점평가표	정비사업성 ★☆☆☆	실거주 가치 ★★★☆

청구e편한세상은 2011년에 준공된 895세대 규모의 중형 브랜드 아파트 단지이다. 중구 신당동에 있으며, 지하철 5, 6호선이 지나는 더블 역세권 생활권으로, 교통 접근성이 매우 우수하다.

종로, 을지로, 광화문, 동대문 등 서울 강북 핵심 업무지구로의 이동이 용이해, 맞벌이 부부 및 직장인 실거주 수요가 안정적으로 형성되어 있다.

e편한세상 브랜드 특유의 실내 구조 설계가 적용되어, 거실 중심 배치 등 실사용 공간의 활용도가 높고, 단지 내 조경과 녹지 설계도 뛰어나다.

다만 인근 상권은 다소 낙후되어 있어, 신당8구역이 조만간 착공 및 준공을 하게 된다면 인근 기반시설은 상당 부분 개선될 것으로 보인다.

한편, 청구e편한세상은 준공된 지 15년 차의 준신축 아파트로서 재건축 등 직접적인 정비사업 호재는 없는 상황이다. 그러나 바로 맞은편 현재 이주를 진행 중인 신당8구역이 조만간 철거를 마치고 5년 내 입주가 완료된다면, 청구역 일대 기반 시설 및 상권 개선이 기대된다. 이러한 호재는 청구e편한세상뿐 아니라, 인근 구축 아파트인 신당삼성도 같이 누릴 수 있으며 이에 따라 청구동 일대 주거환경이 크게 개선될 것으로 예상된다.

동작구

23. 상도파크자이

주소	서울특별시 동작구 장승배기로11가길 11				
준공연월	2016.8	용적률	260 %	인근 지하철	7호선 장승배기역
세대수	471세대	건폐율	17 %	인근 초등학교	영화초등학교

별점평가표	정비사업성 N/A (신축)	실거주 가치 ★★★☆

상도파크자이는 2016년에 준공된 471세대 규모의 소형 브랜드 신축 단지로, 상도역 초역세권 입지를 자랑한다. GS건설 자이 브랜드 특유의 설계 완성도와 마감 품질이 적용되어 있어, 입주자들의 만족도가 높다.

상도터널, 남부순환로 등 주요 도로망과도 가까워 교통 편의도 양호한 편이다.

단지 규모가 작아 최소한의 커뮤니티 시설만 갖추고 있으나, 전반적인 관리가 잘 되어 있고 조용하고 쾌적하다.

무엇보다 향후 10년 내에 인근 노량진6구역을 비롯한 노량진 뉴타운이 모두 입주를 마무리할 예정이라, 뉴타운 인프라를 그대로 누릴 가능성이 크다.

최근에는 상도동 일대 노후 단지들 대비 신축 프리미엄이 부각되면서, 실거주자 중심의 수요가 유지되고 있다.

동작구

24. 노량진동 신동아리버파크

주소	서울특별시 동작구 만양로 19				
준공연월	2001.2	용적률	324%	인근 지하철	7호선 장승배기역, 상도역
세대수	1,696세대	건폐율	19%	인근 초등학교	영본초등학교

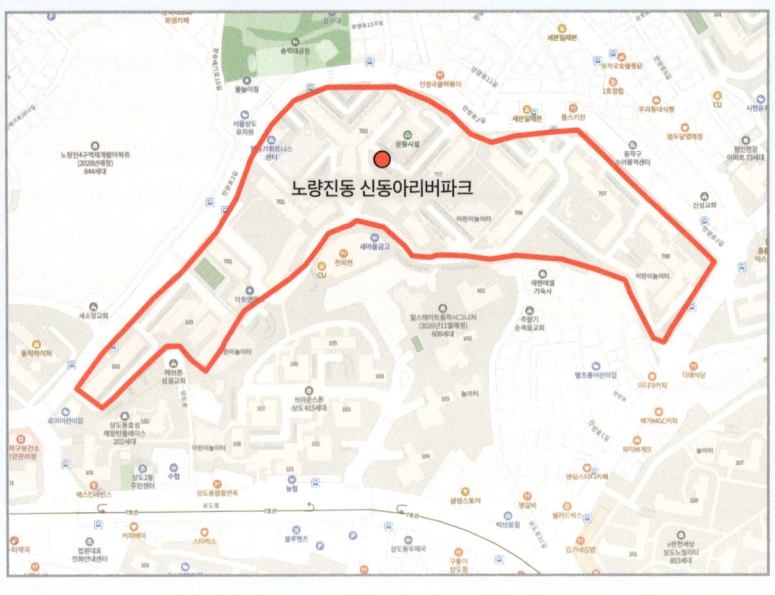

별점평가표	정비사업성 ★☆☆☆	실거주 가치 ★★☆☆

노량진동 신동아리버파크는 2001년 준공된 1,696세대 규모의 대단지 아파트로, 지하철 7호선 장승배기역 역세권이다. 단지가 판상형 위주로 안정적으로 구성되어 있고, 조경과 녹지 비율이 우수하며, 일부 세대는 부분적인 한강 조망권을 확보하고 있다.

규모가 큰 만큼 단지 내 커뮤니티도 잘 갖추고 있으나, 준공 후 20년 이상이 지나면서 노후화가 본격화되고 있다. 실거주 측면에서는 층간 소음, 주차 협소 등의 불편함이 존재하지만, 교통 여건이나 상권 접근성은 양호한 편이다.

정비사업성 측면에서는 리모델링이 거론되고 있지만, 큰 추진 동력은 없는 상황이다. 바로 옆 노량진 뉴타운 4구역 재개발이 진행 중이며, 노량진 뉴타운이 입주를 마치게 되면 인근 인프라 개선이 가격에 반영되리라 기대된다.

서대문구

25. 독립문극동

주소	서울특별시 서대문구 독립문공원길 17				
준공연월	1998.12	용적률	316%	인근 지하철	3호선 독립문역
세대수	1,300세대	건폐율	22%	인근 초등학교	금화초등학교

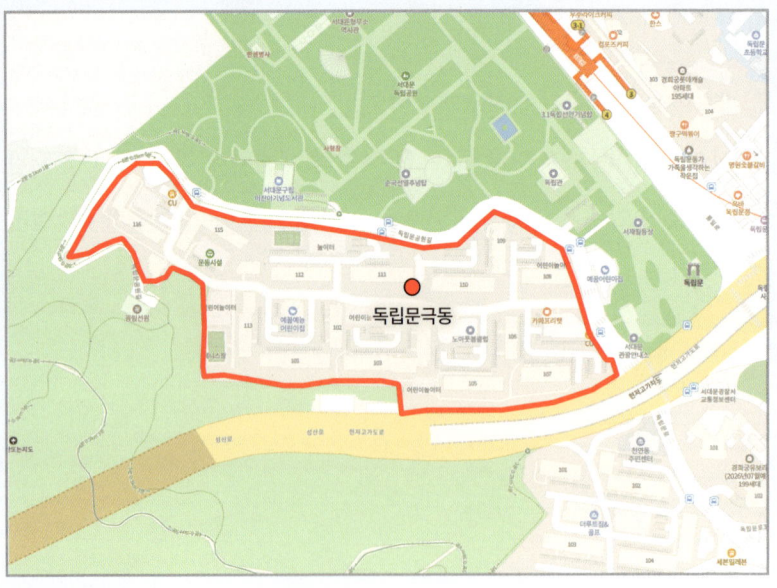

별점평가표	정비사업성 ★★☆☆	실거주 가치 ★★☆☆

독립문극동은 1998년에 준공된 1,300세대 규모의 구축 대단지 아파트로, 지하철 3호선 독립문역 초역세권이다. 도심과 접한 데다 독립문공원, 서대문형무소 역사관 등 역사 문화 자산이 가까이에 있다. 특히 조용하고 안정적인 주거 분위기를 자랑한다. 통일로와 접해 있어 도심 접근성도 양호한 편이다.

1990년대 특유의 단지 내 구조나 평면으로 이뤄져 있음에도 정비사업은 아직 별다른 움직임이 없고, 주민 간 의견 수렴도 본격화되지 않았다.

다만 최근 서대문구 일대의 정비사업으로 신축 단지들이 입주함에 따라 이와 함께 관심이 점차 커지고 있다.

주차 공간 부족, 커뮤니티 미비, 외관 노후화로 인해 실거주 만족도는 다소 떨어지지만, 가격은 인근 동마포 구축 대비 저렴한 편이라 실수요자에겐 대안이 될 수 있다.

서대문구

26. e편한세상신촌

주소	서울특별시 서대문구 북아현로1가길 20				
준공연월	2018.5	용적률	283%	인근 지하철	2호선 아현역, 이대역
세대수	1,910세대	건폐율	25%	인근 초등학교	대신초등학교

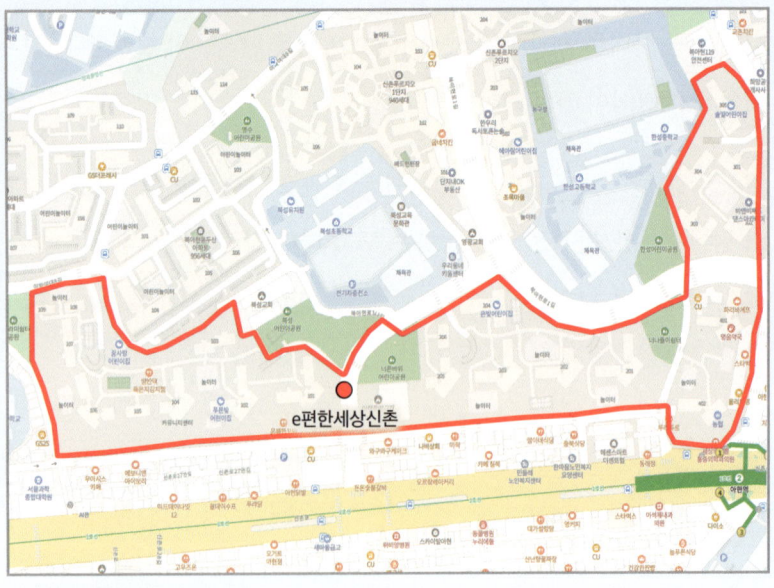

별점평가표	정비사업성 N/A (신축)	실거주 가치 ★★★★

e편한세상신촌은 2018년 준공된 신촌 권역 대표 브랜드 신축 단지로, 총 1,910세대 규모의 대단지이다. 지하철 2호선 이대역, 아현역 도보 5분 거리 역세권이며, 공덕 · 신촌 · 이대 · 충정로 생활권과 맞닿아 있어 광역 교통과 다양한 인프라 접근이 가능한 입지다.

동마포 지역의 신축 아파트들의 가격이 치솟음에 따라 그 대안으로 먼저 검토되는 곳이 e편한세상신촌과 신촌푸르지오이기에, 사실상 동마포 지역의 시세에 영향을 가장 크게 받는 단지라고 할 수 있다.

특히 대단지 아파트로서 관리 상태가 우수해 실거주자 만족도가 높다. 신축 프리미엄이 유지되는 동시에, 실입주자 수요도 지속적으로 유입되고 있다는 것이 큰 장점이다.

종로구

27. 경희궁자이2단지

주소	서울특별시 종로구 송월길 99				
준공연월	2017.2	용적률	252%	인근 지하철	5호선 서대문역
세대수	1,148세대	건폐율	24%	인근 초등학교	독립문초등학교

별점평가표	정비사업성 N/A (신축)	실거주 가치 ★★★★

경희궁자이2단지는 2017년 준공된 경희궁자이 1~3단지 중 가장 중심에 위치한, 총 1,148세대 규모의 신축 대단지이다.

광화문, 종각 등의 CBD와 접한 도심형 입지로, 서대문역 도보 5분, 광화문역 10분 거리의 도심 생활권이다. 종로구 내에서 보기 드문 브랜드 신축이며, 북악산과 경희궁 녹지 조망이 가능한 일부 세대는 한정된 조망 프리미엄을 형성하고 있다.

단지 내 커뮤니티 선호도가 높고, 인근 고소득 직장이 많아 임차 수요가 풍부하며 이에 투자 수요 또한 매우 많다.

실제로 지방 투자자들의 경우 강북권에서는 성동구, 마포구를 주로 보지만, 안정적 임차 수요, 특히 월세 수요를 중시하는 투자자들은 경희궁자이 아파트를 제1 선택지로 검토한다.

실거주 만족도가 매우 높으며, CBD 내 신축 희소성으로 인해 매물 품귀 현상이 잦다. 강북 고급 실거주 단지로서의 입지가 완성된 사례로 평가받고 있다.

영등포구

28. 당산현대5차

주소	서울특별시 영등포구 당산로42길 16				
준공연월	2000.3	용적률	373%	인근 지하철	2호선/9호선 당산역
세대수	976세대	건폐율	25%	인근 초등학교	당서초등학교

별점평가표	정비사업성 ☆☆☆☆	실거주 가치 ★★☆☆

당산현대5차는 2000년에 준공된 976세대 규모의 중대형 구축 단지로, 당산역과 영등포구청역 사이에 위치한 실거주 중심 단지이다.

지하철 2호선과 9호선 당산역 더블 역세권으로 교통 접근성이 매우 우수하며, YBD와도 차량 10분 거리로 출퇴근이 용이하다. 인근에 당서초가 있어 교육 환경도 양호한 편이다.

정비사업성 측면에서는 현재 이렇다 할 추진 동력이 없으나, 준공업지역으로 용적률 400% 혜택을 적용받을 수 있다.

다만 이미 용적률 373%로 사업성이 좋지 않음에도 불구하고, 본 단지는 YBD 직주근접 실거주 효용성이 높아 어느 정도 가격 안정성을 보이는 당산 권역 소단지 중 하나이다. 많은 당산역 인근 소단지들이 이와 같은 특성을 지니고 있다.

영등포구

29. 영등포푸르지오

주소	서울특별시 영등포구 도신로29길 28				
준공연월	2002.5	용적률	249%	인근 지하철	1호선 영등포역
세대수	2,462세대	건폐율	16%	인근 초등학교	영원초등학교

별점평가표	정비사업성 ★☆☆☆	실거주 가치 ★★☆☆

영등포푸르지오는 2002년에 준공된 2,462세대 규모의 신축 대단지로, 영등포역 역세권이다. 1호선 영등포역과 인접한 유일한 대단지 아파트로서, CBD, YBD로 출퇴근이 용이하며 쾌적한 실거주 가치를 적절한 가격에 누리고 싶은 직장인들에게 좋은 선택지가 될 수 있다.

인근에 영등포아트자이가 있긴 하지만, 현재는 주변이 대부분 빌라촌으로 구성되어 있어 주변 인프라가 좋지 않다는 것이 단점이다.

그러나 일대가 모두 신속통합기획 등 재개발 구역으로 지정된 상태이므로, 향후 신축 아파트들이 들어온다면 뉴타운 규모가 될 가능성이 크다.

이에 따른 정비사업 압력으로, 단지 내부에서는 약하게나마 추진 동력이 있는 상황이다.

동대문구

30. 전농동 래미안크레시티

주소	서울특별시 동대문구 사가정로 65				
준공연월	2013.4	용적률	235%	인근 지하철	1호선 / 수인분당선 청량리역
세대수	2,397세대	건폐율	22%	인근 초등학교	전농초등학교

별점평가표	정비사업성 N/A (신축)	실거주 가치 ★★★☆

전농동 래미안크레시티는 2014년에 준공된 2,397세대 규모의 래미안 브랜드 준신축 대단지이다. 인근에 전농·답십리 뉴타운이 자리 잡고 있다.

지하철 1호선 청량리역 도보권이며, 대단지답게 내부 인프라가 탄탄한 편이다.

단지 인근은 아직 정비되지 않은 구축과 혼재되어 있으나, 향후 재개발 진행으로 정비가 완료된다면 동대문구 내 실거주 중심 교통 대장주 아파트로 자리매김할 가능성이 크다.

일반적으로, 이문·휘경 뉴타운의 상급지로 청량리를 꼽는데, 이는 청량리역 주상복합 SKY-L65, 한양수자인을 의미하며, 래미안크레시티나 래미안위브는 여기에 해당하지 않는다.

동대문구

31. 답십리동 힐스테이트청계

주소	서울특별시 동대문구 천호대로55길 11				
준공연월	2018.11	용적률	299%	인근 지하철	2호선 신답역
세대수	764세대	건폐율	19%	인근 초등학교	신답초등학교

별점평가표	정비사업성 N/A (신축)	실거주 가치 ★★★☆

답십리동 힐스테이트청계는 2018년에 준공된 764세대 규모의 힐스테이트 브랜드 단지로, 답십리 인근 청계천변에 있다.

지하철 2호선 신답역과 5호선 답십리역 도보권으로, 단지 바로 앞에 청계천 산책로를 이용할 수 있다. 청계천의 경우 상류에 속하는 서울 종로구 시청 및 종각 일대가 가장 번화한 만큼 산책로 정비도 잘 되어 있다. 하지만 하류에 위치한 동대문구, 성동구 인근의 청계천은 상류의 분위기와는 사뭇 다르다. 그럼에도 서울 한복판 도심에 완만한 평지의 수변 산책로가 있다는 것만으로도 상당한 희소성을 가진다.

인근 청계리버뷰자이, 청계SK뷰가 입주하고 바로 위의 간데메공원 재개발까지 진행된다면, 일대가 다 함께 '밸류업'할 수 있는 단지이다.

가격적인 측면에서 볼 때 2025년 5월 기준, 매수 메리트는 충분하다고 본다.

성북구

32. 장위자이레디언트

주소	서울특별시 성북구 장위동 62-1번지				
준공연월	2025.3	용적률	261%	인근 지하철	6호선 돌곶이역
세대수	2,840세대	건폐율	23%	인근 초등학교	장위초등학교, 선곡초등학교

별점평가표	정비사업성 N/A (신축)	실거주 가치 ★★★☆

장위자이레디언트는 2025년 입주한 장위 뉴타운의 핵심 신축 단지로, 총 2,840세대 규모의 초대형 자이 단일 브랜드 아파트이다. 서울 동북권에서 보기 드문 자이 대단지로서 초기부터 실입주 수요와 투자 수요 모두가 집중되었다.

6호선 돌곶이역과 1호선 석계역이 인접하며, 향후 GTX-C노선 광운대역 연계 가능성까지 있다.

커뮤니티 시설은 자이 브랜드 기준으로 상급이며, 단지 조경, 동 간 거리 및 배치 모두 우수하다. 인근 장위8·9구역과 함께 전체 장위 뉴타운의 중심 역할을 하고 있으며, 입주 이후 빠르게 생활 인프라가 확장되고 있다는 것도 강점이다.

GS건설의 자이 브랜드는 '순살자이 이슈(2023년 인천 검단신도시 안단테 자이 아파트 지하 주차장 붕괴 사고의 원인이 콘크리트 안에 뼈대인 철근이 없었기 때문으로 지적됐는데, 이에 따라 '순살자이'라는 오명을 안게 되었다)' 이후 오명을 벗기 위해 강남에는 개포자이프레지던스, 강북에는 장위자이레디언트, 경기도에는 철산자이더헤리티지를 완성도 있게 준공한 것으로 보인다.

이로써 장위자이레디언트는 장위 뉴타운의 대장 역할을 맡을 것으로 예상된다.

성북구

33. 돈암동 한신한진

주소	서울특별시 성북구 성북로4길 52				
준공연월	1998.7	용적률	276%	인근 지하철	4호선 성신여대입구역
세대수	4,509세대	건폐율	20%	인근 초등학교	돈암초등학교

별점평가표	정비사업성 ★☆☆☆	실거주 가치 ★★☆☆

돈암동 한신한진은 1998년에 준공된 4,515세대 규모의 구축 대단지로, 지하철 4호선 성신여대역 도보권이다.

다만 상당히 높은 언덕 지대에 위치하여 마을버스를 이용해 지하철역까지 이동해야 하고, 높은 지대로 인한 실거주 편의 한계와 초대단지로 인한 하락장 매물 쏠림 현상 등이 가격에 고스란히 반영된 상태이다.

해당 단지의 가장 큰 매력은 대형 평형의 매매가격이다. 가격이 생각보다 훨씬 저렴하기에, CBD로 출퇴근하기 용이하고 대형 평형에 거주하길 원하는 수요층에게는 상당히 매력적인 선택지가 될 수 있다.

정비사업성 측면에서 볼 때, 현재 재건축은 불가하고 리모델링으로 진행되어야 하는데, 인근 신축 아파트가 없고 사업성이 그리 좋은 편은 아니기에 추진 동력이 약하다.

관 악 구

34. 관악드림타운

주소	서울특별시 관악구 성현로 80				
준공연월	2003.9	용적률	267%	인근 지하철	2호선 서울대입구역
세대수	3,544세대	건폐율	16%	인근 초등학교	구암초등학교

별점평가표	정비사업성 ★★☆☆	실거주 가치 ★★☆☆

관악드림타운은 2003년 9월에 준공된 3,544세대 규모의 대단지 아파트로, 용적률 267%, 건폐율 16%로 재건축이 가능한 상황은 아니다.

교통 편의 측면에서도 지하철 2호선 서울대입구역과 7호선 숭실대입구역이 도보로 약 15분 거리에 있어서 역세권이라고 볼 수는 없다.

무엇보다 절대 거리뿐만 아니라 언덕에 위치해, 도보 용이성이 나쁘다. 다만 단지 인근에 다양한 버스 노선이 지나 버스 이용은 용이한 편이다.

실거주 측면에서는 단지 바로 앞에 구암초가 있고, 대단지 아파트 주변이 그렇듯 마트와 병원 등 근린생활시설과 상권이 지근거리에 있어 생활이 편리하다. 특히 아이들의 수가 많아서 자녀를 양육하기에 좋은 아파트로 꼽힌다.

관악구

35. e편한세상서울대입구1차

주소	서울특별시 관악구 청룡10길 45				
준공연월	2019.6	용적률	230%	인근 지하철	2호선 서울대입구역
세대수	1,531세대	건폐율	23%	인근 초등학교	관악초등학교

별점평가표	정비사업성 N/A (신축)	실거주 가치 ★★★☆

e편한세상서울대입구1차는 2019년에 준공된 1,531세대 규모의 신축 브랜드 대단지로, 지하철 2호선 봉천역 도보권이다. 새로 지어져 단지 규모에 비해 커뮤니티 시설도 실속 있게 잘 구성되어 있다.

관악구 내에서는 보기 드문 신축 브랜드 단지로서, 강남권으로 출퇴근하는 전세 수요와 실입주 수요 모두 꾸준하다.

관악구 신축 브랜드 단지 중에서 가장 균형 잡힌 입지와 실거주성을 갖춘 단지로 평가받는다.

지난 부동산 반등장에서 타 자치구의 신축 아파트에 비해서는 가격이 다소 더디게 상승하였지만, 결국 회복하여 묵묵히 제 갈 길을 가고 있다.

은평구

36. 힐스테이트메디알레 (대조1구역)

주소	서울특별시 은평구 대조동 88				
준공연월	2026.10 (입주 예정)	용적률	243%	인근 지하철	3호선/6호선 불광역
세대수	2,451세대	건폐율	24%	인근 초등학교	대은초등학교

별점평가표	정비사업성 N/A (신축)	실거주 가치 ★★★★

힐스테이트메디알레는 은평구 대조동 대조1구역 재개발 사업을 통해 현대건설 힐스테이트 단일 브랜드로 지어진 총 2,451세대의 대단지 아파트이다.

2022년 10월에 착공하였으나 조합 내부 갈등과 공사비 미지급 문제로 인해 2024년 1월부터 공사가 중단되었고, 이후 2024년 6월, 새 집행부가 구성되면서 공사가 재개되었다.

한편 공사 재개 이후 잠시 정체기에 있던 입주권 매물 가격이 서서히 상승하였고, 인근 준신축 아파트 가격에 준하는 총 투자 금액으로 투자를 집행할 수 있는 수준이 되었다.

아직 입주도 하지 않은 최신축 입주권과 비슷한 체급의 준신축의 가격이 거의 비슷하다면, 어떤 물건을 매수해야 할까? 독자의 판단에 맡기겠다.

은평구

37. 녹번역 e편한세상캐슬

주소	서울특별시 은평구 은평로 220				
준공연월	2020.5	용적률	240%	인근 지하철	3호선 녹번역
세대수	2,569세대	건폐율	22%	인근 초등학교	은평초등학교

별점평가표	정비사업성 N/A (신축)	실거주 가치 ★★★☆

녹번역e편한세상캐슬은 응암동에 있는 2020년에 준공된 2,569세대 대단지로, 녹번역 초역세권의 e편한세상 단일 브랜드 아파트이다. 단지 조경이 매우 우수하며 내부 커뮤니티도 정교하게 구성되어 있다.

동의 위치에 따라 차이가 있긴 하지만, 지하철 3호선 녹번역 역세권으로 실거주 만족도가 높아, 젊은 맞벌이 부부 수요가 빠르게 유입 중이다.

녹번역 인근의 힐스테이트녹번역, 힐스테이트녹번, 래미안베라힐즈 등 신축 아파트들이 즐비한데, 세부 매물별로 입지와 상품성에 약간씩 차이가 있으므로, 철저한 임장을 통해 현명하게 선택해야 한다.

응암동은 지하철 3호선을 이용해 한 번에 CBD와 GBD에 진입할 수 있으며, 특히 중구와 종로구 일대를 아우르는 CBD에는 20분 내외로 접근 가능하여 이곳에 직장을 둔 젊은 맞벌이 부부의 선택지 중 하나로 꼽힌다. 다만 학군과 도로 교통(통일로) 편의 측면에서는 열악하여 매수 시 종합적 판단이 필요하다.

구로구

38. 구로주공1차

주소	서울특별시 구로구 구일로4길 65				
준공연월	1986.6	용적률	153%	인근 지하철	1호선 구일역
세대수	1,400세대	건폐율	11%	인근 초등학교	구일초등학교

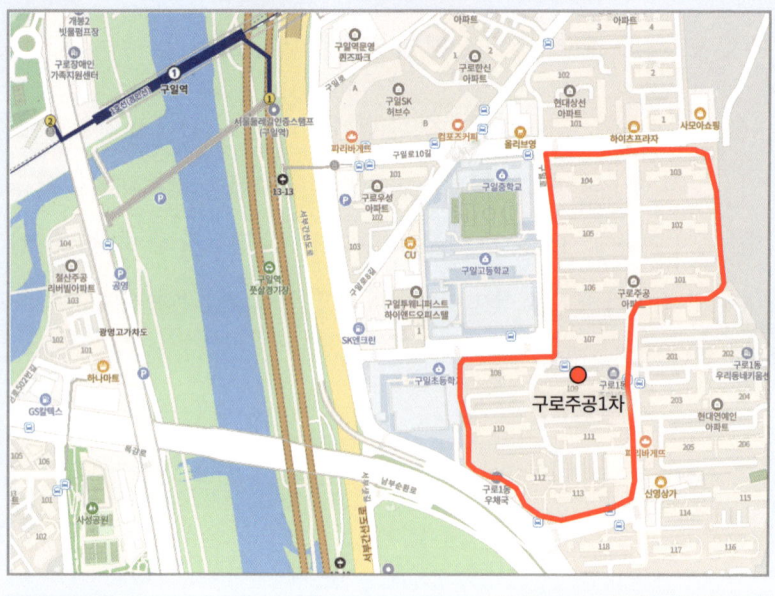

별점평가표	정비사업성 ★★☆☆	실거주 가치 ★★☆☆

구로주공1차는 1986년에 준공된 40년 차 아파트로, 153%의 낮은 용적률로 재건축에 유리한 조건을 갖추고 있다.

정밀안전진단을 통과하여 재건축 추진이 가능해졌으며, 현재 정비구역 지정 절차를 진행 중이다. 특히 특별건축구역 적용을 통해 최고 45층까지 지을 수 있어서, 이로써 기존 세대수의 2배 이상이 되는 3,000세대 규모로 재건축이 계획되고 있다. 이에 따라 향후 지역 내 랜드마크 단지로 거듭날 가능성이 크다.

입지 측면에서는 지하철 1호선 구일역이 도보 10분 거리에 있어 교통이 편리하며, 인근에 구일초·중·고 등 교육시설이 밀집해 있고, 코스트코, 킴스클럽 등 대형 쇼핑몰과 안양천, 구로공원 등 생활 편의시설과 녹지 공간도 풍부한 편이다.

단, 준공된 지 40년이 넘어가는 단지임에도 불구하고 아직 재건축이 속도를 내지 못하고 있다는 점이 투자 리스크 상승 요인이며, 이러한 리스크가 현재 매매가격에 반영된 상태이다.

구 로 구

39. 신도림태영타운

주소	서울특별시 구로구 새말로 93				
준공연월	2000.12	용적률	316%	인근 지하철	1호선/2호선 신도림역
세대수	1,252세대	건폐율	20%	인근 초등학교	미래초등학교

별점평가표	정비사업성 ☆☆☆☆	실거주 가치 ★★☆☆

신도림태영타운은 2000년에 준공된 25년 차 아파트로, 1,252세대 대단지이다. 지하철 1, 2호선 신도림역 더블 역세권으로 신도림역이 도보로 5분 거리에 있으며, 이마트 신도림점 등 인근 대형 상권 이용에 최적 위치에 자리 잡고 있다.

누군가 내게 구로구에서 실거주로 가장 편의성이 좋은 아파트를 알려달라고 한다면, 거두절미하고 신도림태영타운이라고 대답할 것이다.

하지만 25년 차 전형적인 구축 아파트로서 내·외부 노후화가 앞으로 더욱 진행될 것이고, 316%의 높은 용적률로 정비사업성은 떨어지는 편이라, 리모델링 등 정비사업에 대한 해결 방안을 찾지 않는다면 시세 상승에는 한계가 존재할 가능성이 크다.

강서구

40. 강서힐스테이트

주소	서울특별시 강서구 우현로 67				
준공연월	2015.8	용적률	259%	인근 지하철	5호선 우장산역
세대수	2,603세대	건폐율	22%	인근 초등학교	우장초등학교

별점평가표	정비사업성 N/A (준신축)	실거주 가치 ★★★☆

강서힐스테이트는 2015년에 준공된 약 2,603세대 규모의 신축 브랜드 대단지 아파트로, 우장산역 초역세권의 강서구 핵심 입지에 자리하고 있다. 현대건설 힐스테이트 단일 브랜드로 공급되었으며, 마곡지구 직주근접 수요와 함께 마곡나루 공원, 이마트 마곡점, 롯데몰 김포공항 등 대형 인프라와의 접근성이 뛰어나다.

인근 우장산 아이파크 e편한세상 등의 대단지 아파트로 인해 어느 정도 균질성을 갖춰 소규모 학원가가 형성되었으며, 우장산역, 발산역 인근 라인의 아파트는 목동 학원가로 자차 이용이 용이하다는 점에서 교육 환경은 양호한 편이다. 마곡 직주근접과 실거주 상품성, 목동 학원가로의 접근성 등 여러 장점을 갖춘 덕분에 선호도가 높다.

이로써 강서힐스테이트 아파트는 마곡지구 인근 신축 아파트 중 가성비와 입지, 브랜드를 고루 갖춘 육각형 단지로 평가받는다.

강서구

41. 등촌주공8단지

주소	서울특별시 강서구 공항대로43길 104				
준공연월	1994.11	용적률	185%	인근 지하철	9호선 가양역
세대수	445세대	건폐율	정보 없음	인근 초등학교	등원초등학교

별점평가표	정비사업성 ★☆☆☆	실거주 가치 ★★☆☆

등촌주공8단지는 1994년에 준공된 445세대 규모의 중소형 아파트 단지로, 지하철 9호선 가양역 초역세권 입지를 자랑한다. 5호선 발산역도 도보로 이용 가능하며 마곡지구와의 접근성도 뛰어난 데다, 서울 서남권 직주근접 수요가 풍부하다.

다만, 준공된 지 30년에 가까운 연식으로 노후화가 진행되고 있으며, 복도식 구조로 인한 불편함, 주차 공간 부족 등은 단점으로 꼽힌다. 또 현재까지 재건축이나 리모델링 추진 움직임은 본격화되지 않은 상태이다.

등촌, 가양 권역 소형 아파트 단지의 고질적 단점은, 임대 아파트가 많이 배치되어 거주 여건에 호불호가 많다는 것이다. 그러나 이러한 단점이 이미 가격에 반영되어 있기 때문에, 여의도와 마곡 등 서남권의 직주근접을 우선시하는 사회초년생 신혼부부에게는 입지적으로 훌륭한 시작점이 될 수 있다.

강북구

42. SK북한산시티

주소	서울특별시 강북구 솔샘로 174				
준공연월	2004.5	용적률	271%	인근 지하철	우이신설선 솔샘역
세대수	3,830세대	건폐율	17%	인근 초등학교	삼각산초등학교

별점평가표	정비사업성 ☆☆☆☆	실거주 가치 ★★☆☆

SK북한산시티는 2004년에 준공된 총 3,830세대 규모의 대단지 아파트이다. 중·소형 평형 중심으로 실수요자 사이에서 선호도가 높다.

우이신설선 솔샘역의 초역세권 입지로 지하철역 접근성이 뛰어나고, 북한산이 인접해 자연환경과 조망이 우수하며, 대규모 단지 특유의 조경과 동 간격 설계도 잘 갖춰져 있다는 점이 최고의 강점으로 꼽힌다. 교육 환경 역시 탄탄하다. 인근에 삼각산초·중이 있고, 미아 뉴타운 내 대단지 아파트 밀집 지역으로 학원가 인프라 또한 풍부한 편이다.

정비사업성 측면에서는 현재 재건축 연한이 되지 않은 22년 차인 데다, 267%의 높은 용적률로 인해 추진이 쉽지 않다. 리모델링에 대한 움직임도 없어서 정비사업을 통한 자체 호재는 없는 상황이다.

약점이라면, 인접한 우이신설선이 서울 시내 지하철 노선이 아니라는 점과 초대단지라는 특성상 하락장에 매물 쏠림 현상으로 가격 하방경직성이 약하다는 것이다. 그럼에도 거래 수요가 풍부하여 부동산 하락장에도 언제든 거래는 가능하다. 이 모든 특징이 현재 가격에 잘 반영되어 있다.

강북구

43. 번동주공1단지

주소	서울특별시 강북구 한천로105길 23				
준공연월	1991.5	용적률	156%	인근 지하철	1호선 월계역
세대수	1,430세대	건폐율	14%	인근 초등학교	오현초등학교

별점평가표	정비사업성 ★★☆☆	실거주 가치 ★☆☆☆

번동주공1단지는 1991년에 준공된 약 1,430세대 규모의 대단지 아파트이다. 용적률이 156%로 낮아서 강북구 내에서 재건축 기대감이 큰 단지이나, 소형 평형이 많아 대지지분이 13평에 불과하여 재건축 사업성은 좋지 않다. 지난 2020~2021년 부동산 상승장 당시 갭투자자들의 투자 대상 단지에 오른 바 있으나, 이는 단순히 용적률이 200% 미만이라는 조건만 보고 재건축에 대한 기대감을 크게 가진 오판으로 보인다.

투자자로서 정비사업 이슈를 따져볼 때 살펴야 할 것은 용적률이 아닌, 대지지분이다. 그리고 이 대지지분은 대형 평형을 얼마나 많이 확보했는가에 따라 결정된다. 강남의 초핵심 입지가 아닌 이상, 14평, 17평 등 소형 평형이 주를 이루는 단지들은 재건축 사업성이 좋을 리 만무하다.

다만 인근의 모아타운 1호지역인 번동모아타운 단지가 완공되고, 장위뉴타운이 빠르게 완공되고 있어서, 개발 압력을 받을 가능성이 크다.

실거주 측면에서 볼 때는, 현재 1호선 월계역과 4호선 수유역이 지근거리에 있긴 하지만 모두 도보로는 가기 어려운데, 바로 인근에 동북선 역사가 신설 예정이라 교통 편의성은 개선될 것으로 보인다.

노원구

44. 월계동 서울원아이파크

주소	서울특별시 노원구 월계동 85-7		
준공연월	2028.7 (입주 예정)	용적률	약 599%
		인근 지하철	1호선 광운대역
세대수	1,856세대	건폐율	약 30%
		인근 초등학교	한천초등학교

별점평가표	정비사업성 N/A (신축)	실거주 가치 ★★★☆

월계동 서울원아이파크는 2028년 7월 입주 예정인 대규모 주상복합 아파트이다. 노원구 월계동에 위치하지만, 노도강 33평 14억 분양의 시대를 열게 한 총 1,856세대 규모로 계획된 랜드마크 단지이다.

광운대역세권 개발 사업의 핵심으로, 1호선 광운대역 초역세권에 위치해 서울 동북권 교통 요충지로 평가받는다. 상업시설과 주거 공간이 결합된 복합단지로서 지역 내 희소성 또한 높다.

단지 인근에는 한천초 등이 위치해 초등학생 통학 환경이 양호하고, 이마트와 이마트트레이더스 등 대형 상권과도 가까워 우수한 생활 인프라를 갖추고 있다.

향후 GTX-C노선의 교통 호재가 예정되어 있기에, 입지 프리미엄은 더욱 부각될 전망이다. 브랜드와 미래가치 측면에서 동북권 최고 수준의 신축으로 평가된다.

월계동 서울원아이파크의 입주가 완료되면 인근의 노원구 미미삼(미성, 미륭, 삼호) 단지들의 재건축 속도에도 압력을 가할 것으로 예상되며, 만일 미미삼 역시 재건축이 완공되어 입주하게 된다면 노원구 월계동의 밸류는 동북권에서 가장 극적으로 변화될 것으로 기대된다.

노원구

45. 상계주공5단지

주소	서울특별시 노원구 동일로216길 47				
준공연월	1987.11	용적률	93%	인근 지하철	4호선/7호선 노원역
세대수	840세대	건폐율	19%	인근 초등학교	상수초등학교

별점평가표	정비사업성 ★★★☆	실거주 가치 ★☆☆☆

상계주공5단지는 1987년에 준공된 약 840세대 규모이다. 11평의 단일 평형으로 구성되어 있어 좁은 면적으로 인해 실거주 만족도가 매우 떨어진다. 다만 지하철 4, 7호선 노원역 더블 역세권 단지로서, 이에 따른 역세권 상권을 이용하기 좋으며, 단지 맞은편에 상수초, 신상중이 있다. 사실 11평 정도의 좁은 면적에서 학령기 자녀를 키우는 경우는 드물기에, 학교가 가깝다는 것이 상계주공5단지의 실거주 만족도와는 큰 관련이 없다. 이에 따라 상계주공5단지는 많은 부동산 투자자들이 투자용으로 접근하는 아파트라고 볼 수 있다.

정비사업성 측면에서 보자면, 저층 주공아파트로 용적률이 낮아 사업성이 좋아 보이지만, 11평 단일 평형으로 인해 대지지분 역시 매우 좁아서, 사업성이 좋지 않다. 그럼에도 저층의 주공아파트가 그렇듯, 재건축이 빠르게 진행되면서 시공사도 노원구 최초의 자이를 만들겠다는 포부를 밝힌 GS건설로 확정되었다. 하지만 인플레이션에 따른 공사비 상승이 고스란히 조합원 분담금으로 반영되리라 예측되면서, 조합에서 시공사와의 계약을 해지했다.

이후 약 2년이 속절없이 흘러버린 후 새롭게 시공사 입찰을 진행했는데, 처음에는 HDC현대산업개발과 한화건설 등이 관심을 보였으나 실제 입찰에는 단 한 곳도 응찰하지 않음으로써 또 다른 사업의 분수령을 맞이하게 되었다. 투자자라면 상계주공5단지 사례를 통해 재건축 투자 시 겪을 수 있는 2가지 리스크를 체크할 필요가 있다.

첫째, 소형 단일 평수로 구성된 재건축의 경우 사업성 측면에서 리스크가 있다는 것이다. 가령, 중계주공2단지 아파트도 소형 단일 평수로 구성되어 있어 추후 재건축 진행 시 사업성에 대한 리스크 우려가 있다. 이러한 리스크를 헷지하기 위해서 필요한 것은 재개발 투자 시, 다세대주택 대비 단독주택의 비율이 높은지, 재건축 투자 시 소형 평형 대비 대형 평형의 비율이 높은지 등을 꼼꼼히 따져보는 것이다.

둘째, 시공사 계약 해지로 인한 사업 지연 리스크도 따져봐야 한다. 시공사와의 계약을 해지한 데는 더 나은 미래를 위한 조합의 판단이 있었겠지만, 공사비 인플레이션이 가중되는 현실에서 사업이 무조건 지연될 수밖에 없기에, 투자 시 필수적으로 검토해 봐야 한다.

실제 2025년 4월, 한남2구역에서도 총회를 열어 '시공사 계약 해지 vs. 시공사 재신임'에 관한 투표를 진행했는데, 조합원들은 시공사를 재신임하기로 결정했다. 이를 통해 약 2년의 시간을 아끼게 된 셈이다. 결론적으로, 상급지가 아닌 지역에서 섣부른 시공사 교체 움직임이 있는 사업장이라면, 투자 시 꼼꼼히 검토할 필요가 있다.

그래프에서 보듯, 상계주공5단지는 전 세대가 11평 단일 평형으로 구성되어 있다. 그런데 2021년 3월 재건축 기대감이 반영된 7억 2,000만 원 내외의 실거래가가 2025년 5월 현재 4억 7,000만 원으로 상당폭 하락한 상태이다.

많은 서울 시내 재건축 단지들이 2021년 시세를 회복하고 신고가를 갱신하고 있는 반면, 상급지가 아닌 지역에서 시공사 해지로 인한 사업 지연이 기정사실화된 사업장은 시세 회복이 쉽지 않다는 사실을 단적으로 보여준다.

금천구

46. 독산동 롯데캐슬골드파크1차

주소	서울특별시 금천구 벚꽃로 40				
준공연월	2016.11	용적률	297%	인근 지하철	1호선 금천구청역
세대수	1,743세대	건폐율	18%	인근 초등학교	금나래초등학교

별점평가표	정비사업성 N/A (준신축)	실거주 가치 ★★★☆

독산동 롯데캐슬골드파크1차는 2016년에 준공된 총 1,743세대 규모의 대표적인 준신축 단지이다. 금천구청 및 1호선 금천구청역과 인접하고 서해안고속도로와 서부간선도로 진입이 용이한 입지이다.

건설 당시 금천구의 랜드마크를 만들겠다는 롯데캐슬의 목표에 맞춰, 단지 내 헬스장, 어린이집, 주민카페 등을 구성하여 커뮤니티 시설 또한 우수하다.

단지는 판상형과 타워형을 혼합하여 일조와 조망을 고려해 조성했으며, 단지 내 녹지 비율도 높은 편이다.

금천구 내에 신축 아파트가 많지 않은 상황에서 브랜드와 규모를 갖춘 대표 단지로 주목받고 있으며, 금천구청역 주변 개발과 광명시흥테크노밸리, 서부간선도로 지하화 등의 호재도 가치를 더하고 있다.

금천구라는 지역적 한계, 업무지구와 다소 거리가 있는 접근성 등을 제외하면, 금천구 안에서는 실거주 만족도가 상당히 높은 편이다.

중랑구

47. 사가정센트럴아이파크

주소	서울특별시 중랑구 동일로92길 40				
준공연월	2020.7	용적률	299%	인근 지하철	7호선 사가정역
세대수	1,505세대	건폐율	18%	인근 초등학교	면동초등학교

별점평가표	정비사업성 N/A (준신축)	실거주 가치 ★★★☆

사가정센트럴아이파크는 2020년에 준공된 총 1,505세대 규모의 대형 신축 브랜드 단지이다. 지하철 7호선 사가정역 도보 10분 거리에 위치해 교통 접근성이 뛰어나다. 강남권까지 직결되는 7호선 라인의 실거주 수요를 흡수하며, 중랑천·용마산 등 공원 및 녹지 접근성도 우수하다.

단지 내 커뮤니티 시설도 헬스장, 도서관, 실내 골프연습장, 카페 등 최신 트렌드에 맞게 구성되어 있으며, 동 간 간격을 넓혀 주거 환경 또한 쾌적하다.

중랑구 내 대형 브랜드 신축의 희소성과 더불어, 면목동 신속통합기획, 모아타운 등 인근 개발 호재가 시너지로 작용하고 있다.

다만, 빌라 밀집지역인 중랑구의 특성으로 인해 균질성이 떨어지고, 부동산 시장에서 스포트라이트를 받지 못하는 자치구에 속해 있다는 단점은 여전히 존재한다.

그럼에도 사가정센트럴아이파크는 인근 면목라온프라이빗과 함께 부동산 시세를 리드할 것으로 예상되며, 북쪽 중화동에 리버센SK뷰롯데캐슬이 입주를 앞두고 있어, 중랑구 자체의 분위기가 한층 좋아질 것으로 기대된다.

도봉구

48. 창동 주공19단지

주소	서울특별시 도봉구 노해로70길 19				
준공연월	1988.11	용적률	164%	인근 지하철	1호선/4호선 창동역
세대수	1,764세대	건폐율	정보 없음	인근 초등학교	월천초등학교

별점평가표	정비사업성 ★★☆☆	실거주 가치 ★★☆☆

창동 주공19단지는 1988년에 준공된 총 1,764세대 규모의 대단지로, 지하철 4호선 창동역 도보 10분 거리에 있다. 164%로 용적률이 낮지만 대지지분이 16.5평으로 좁은 편이다. 그러나 인근의 소형 평형 위주인 주공 18단지(13.3평), 17단지(8.1평), 4단지(10.3평)보다는 대지지분이 넓은 편이라 사업성 측면에서 상대적 가치가 높다. 다만 아직까지 재건축 조합도 설립되지 않은 극초기 단계이다.

창동역 인근은 GTX-C 확정 지역으로 개발 압력이 상당히 높고, 서울 아레나 등의 문화시설이 현재 개발 중에 있어서 이에 따라 재건축에 대한 기대감도 높은 지역이다. 녹지율이 높고 중랑천, 창동역을 평지에서 이용할 수 있다는 장점이 있는 데다, 인근에 이마트 등 편의시설도 충분한 상황이다.

현재 단지 노후화로 인한 주차난, 구조적 한계로 실거주 만족도는 낮지만, 재건축 이후 도봉구의 대장주로 탈바꿈할 가능성이 크다.

과천

49. 과천 주공10단지

주소	경기도 과천시 관문로 166				
준공연월	1984.6	용적률	86%	인근 지하철	4호선 과천역
세대수	632세대	건폐율	20%	인근 초등학교	과천초등학교

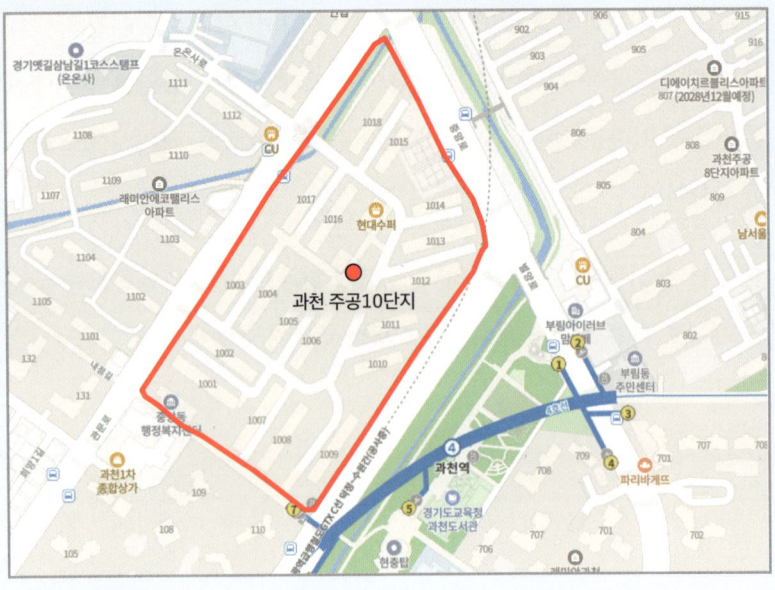

별점평가표	정비사업성 ★★★★	실거주 가치 ★★☆☆

과천 주공10단지는 1984년에 준공된 42년 차 단지로, 정비사업이 마무리되고 있는 과천시에서 몇 안 되는 재건축 대상 단지이다. 지하철 4호선 과천역 초역세권으로, 서울 접근성과 과천 시내 주요 공공기관, 상권과의 인접성이 뛰어나다.

용적률이 100%로 매우 낮은 편이고, 평형 구성 역시 33평, 40평의 비율이 90%에 육박한 데다 대지지분도 39.5평으로 어마어마하게 넓다. 이처럼 우수한 사업성 덕분에 정비사업이 대단히 빠른 속도로 진행되어 2017년 추진위승인, 2021년 조합설립인가를 득했으며, 2023년에는 삼성물산이 시공사로 선정되어 현재 사업시행인가를 준비 중이다. 단지명은 '래미안원마제스티'로, 래미안원베일리(반포), 래미안원펜타스(반포), 래미안원페를라(방배)와 같은 '래미안+원' 시리즈에 포함된다.

현재 주차난, 단지 노후화 등으로 실거주 만족도는 다소 떨어지지만, 향후 재건축이 완료된다면 강남 주요 권역 못지않은 자산가치 상승이 기대되는 대표 단지이다.

과 천

50. 과천 래미안슈르

주소	경기도 과천시 별양로 12				
준공연월	2008.8	용적률	194%	인근 지하철	4호선 정부과천청사역
세대수	3,143세대	건폐율	15%	인근 초등학교	문원초등학교

별점평가표	정비사업성 N/A (준신축)	실거주 가치 ★★★☆

과천 래미안슈르는 2008년에 준공된 총 3,143세대 규모의 과천 1기 재건축 아파트로, 지하철 4호선 정부과천청사역 도보 10분 거리의 역세권 단지이다. 과천 중심권에서 준신축 프리미엄을 갖춘 대표 실거주 단지로 꼽힌다.

삼성물산 시공의 래미안 브랜드답게 마감재, 커뮤니티, 조경, 평면 설계 모두 뛰어나며, 준신축이지만 관리가 잘 되어 있어 실질적인 거주 쾌적성은 신축급 수준이다. 인근의 문원초·중, 중앙고 등 학군도 우수하며, 정부과천청사역 상권과의 접근성 또한 뛰어나다.

그러나 후발로 나섰던 과천 주공아파트들의 최신축 입주가 한창이고, 앞으로 남은 과천 주공 8, 9, 10단지 등 더욱 상품성 좋은 아파트의 입주가 예상됨에 따라, 래미안슈르는 이제 과천 시내 구축으로 남게 될 가능성이 커졌다. 이러한 이슈가 현재 가격에 반영된 상태이다.

분당구

51. 분당 시범단지삼성한신

주소	경기도 성남시 분당구 중앙공원로 53				
준공연월	1991.9	용적률	191%	인근 지하철	수인분당선 서현역
세대수	1,781세대	건폐율	16%	인근 초등학교	서현초등학교

별점평가표	정비사업성 ★★☆☆	실거주 가치 ★★★☆

분당 시범단지삼성한신은 1991년에 준공된 총 1,781세대 규모의 1기 신도시 대표 구축 단지이다. 분당 서현동 중심에 위치한 데다, 분당선 서현역 초역세권이며 인근에 학원가, 학군 모두 우수하여 1기 신도시 중 생활 인프라를 가장 잘 갖추고 있는 단지라고 봐도 무방하다.

최근 1기 신도시 재건축 선도지구 지정과 관련하여 1차에 선정되지는 않았지만, 재건축에 대한 의지가 커서 2차 선정에 도전할 것으로 보인다. 단지 내 녹지율이 높고, 분당 초기 공급 단지답게 넓은 대지지분을 자랑한다.

다만 외관의 노후화, 주차 공간 부족 등이 단점으로 꼽히면서, 재건축 필요성이 꾸준히 제기되고 있다. 그럼에도 입지적 강점과 안정적 수요 덕분에 실거주 선호는 높은 편이다.

분당구

52. 판교푸르지오그랑블

주소	경기도 성남시 분당구 동판교로 123				
준공연월	2011.7	용적률	199%	인근 지하철	신분당선 판교역
세대수	948세대	건폐율	16%	인근 초등학교	보평초등학교

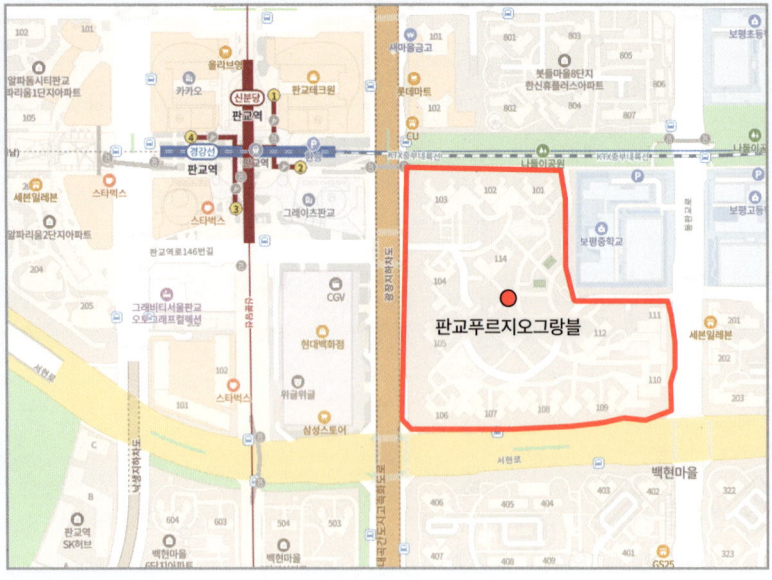

별점평가표	정비사업성 N/A (신축)	실거주 가치 ★★★★

판교푸르지오그랑블은 2011년에 준공된 948세대 규모의 준신축 단지로, 동판교 내 중·대형 평형 중심의 브랜드 단지이다. 분당과 판교 지역의 가장 큰 특징은 래미안, 자이, 힐스테이트, 푸르지오 등 1군 건설사가 시공한 단지가 매우 적다는 것인데, 판교푸르지오그랑블 아파트는 분당·판교권 내에서도 희소성이 높은 푸르지오라는 브랜드를 가진 데다, 판교역 초역세권에 있어 사실상 분당·판교 권역의 대장 아파트라고 할 수 있다.

지난 2021년 부동산 상승장에서 시세 상승폭과 상승 속도가 엄청나서, 잠실을 따라잡을 것이라는 의견도 있었다. 다만 2023년 조정장 이후 다시 반등하는 속도가 잠실 등의 서울 핵심지와 벌어지게 되면서, 그저 판교 대장으로서의 입지를 공고히 하는 정도로 남았다.

푸르지오 특유의 넓은 평면 설계와 다양한 커뮤니티 시설, 녹지 조경 설계가 조화를 이루고 있으며, 자차 출퇴근 및 서울 강남권 접근성이 우수한 입지로 실거주 만족도가 높다. 판교IC 및 판교테크노밸리와의 접근성 또한 매우 우수하다.

구 성 남

53. 산성역포레스티아

주소	경기도 성남시 수정구 수정로 319				
준공연월	2020.7	용적률	249%	인근 지하철	8호선 산성역
세대수	4,089세대	건폐율	20%	인근 초등학교	성남북초등학교

별점평가표	정비사업성 N/A (신축)	실거주 가치 ★★★★

산성역포레스티아는 2021년에 준공된 약 4,089세대 규모의 초대형 신축 단지이다. 산성역 도보 10분 내외의 신흥주공과 통보8차공원 아파트를 결합하는 방식으로 재건축된 단지로서, 통합형 정비사업의 성공 사례로 꼽힌다.

HDC 현대산업개발, 포스코, 롯데건설 컨소시엄 시공으로 내부 마감, 조경, 커뮤니티 시설이 우수하며, 일부 세대는 남한산 조망이 가능하다. 단지 규모가 큼에도 분절되지 않고 하나의 대단지로 조성되어 있으며, 평형대가 다양해 실수요자층도 넓다. 교육, 녹지, 상권 모두 신도시급으로 정비되어 있어 전반적인 주거 만족도가 높다.

수진 재개발구역이나 신흥 재개발구역이 입주를 해도, 산성역포레스티아와 산성역헤리스톤의 구성남 지역의 입지 대장 역할은 지속될 것으로 보인다.

구성남 지역은 언덕 지형이 극심해, 이를 어떻게 극복하느냐가 사업 종료 후 시세 상승의 기준이 될 가능성이 크다. 현재까지는 단지의 분절성이 큰 e편한세상금빛그랑메종이나 신흥역하늘채랜더스원보다는 하나의 단지로 통합되어 있고 서울 송파구와 위례신도시가 직선거리로 가장 가까운 산성역 일대 신축, 특히 산성역포레스티아가 가장 선호도가 높은 편이다.

구 성 남

54. e편한세상금빛그랑메종

주소	경기도 성남시 중원구 금광동 1001				
준공연월	2022.11	용적률	256%	인근 지하철	8호선 단대오거리역
세대수	5,320세대	건폐율	19%	인근 초등학교	금상초등학교

별점평가표	정비사업성 N/A (신축)	실거주 가치 ★★★☆

e편한세상금빛그랑메종은 2022년에 준공된 약 5,320세대 규모의 대단지 신축 단지이다. 성남 금광동 일대를 재개발하여 탄생한 단지로, 지하철 8호선 단대오거리역까지 대략 10분 정도 소요된다.

이 단지에서 가장 잘 살펴봐야 할 것은 1~5단지의 입지적 특성이다. 같은 이름을 가지고 있지만 1단지가 대장이며, 그다음 4, 3, 2, 5단지 순서로 지하철역과 가까워서 이에 따른 실거래가가 단지별로 다르게 반영되어 있기 때문이다.

또한 단지별로 이용 가능한 커뮤니티도 다른데, 상대적으로 세대수가 적은 2단지의 경우 커뮤니티 또한 1, 3, 4, 5단지에 비해 협소하다.

매매가격도 언덕의 각도에 따라서 미세한 차이가 있다. 23평형의 경우 1단지가 가격이 가장 높고 그다음 4, 3, 2, 5단지 순서로 가격이 높게 형성되었다. 이 단지뿐 아니라 구성남의 경우 전반적으로 24평형이 강세이며 이 현상은 앞으로도 지속될 것으로 보인다.

입지적으로 판교까지 자차 20분 내외로 접근할 수 있고, 서울 송파구와 위례까지의 접근성이 뛰어나, 신축 아파트 거주를 희망하는 신혼부부에게 인기가 많다.

광명

55. 철산자이더헤리티지

주소	경기도 광명시 철산동 235번지				
준공연월	2025.5	용적률	279%	인근 지하철	7호선 철산역
세대수	3,804세대	건폐율	15%	인근 초등학교	도덕초등학교

별점평가표	정비사업성 N/A (신축)	실거주 가치 ★★★★

철산자이더헤리티지는 경기도 광명시에 위치한 총 3,804세대 규모의 대단지 신축 아파트이다. 철산주공8, 9단지를 재건축하여 GS건설의 자이 브랜드가 적용된 랜드마크 단지로서, 2025년 입주 예정이다. 지하철 7호선 철산역 도보 10분 거리의 역세권 입지와 광명시청, 가산디지털단지 등 업무지구로의 우수한 접근성, 광명 뉴타운 조성에 따른 생활 편의시설까지 두루 갖추고 있어, 실거주 편의성 및 자산가치 모두에서 높은 평가를 받고 있다.

자이 브랜드 특유의 고급 마감재와 커뮤니티 설계가 적용되었고, 도덕초, 광명중, 광명고 등 교육 환경이 우수하며, 단지 주변 현충근린공원과 안양천을 통한 산책 인프라도 풍부하다.

인근에 광명센트럴아이파크, 광명자이더샵포레나, 트리우스광명 등 신축 공급이 쏟아지고 있음에도, 철산자이더헤리티지의 상품성은 광명 뉴타운 중 최고라고 봐도 무방하다. 향후 철산 일대 재건축 시세를 견인할 핵심 단지로 평가된다.

광 명

56. 광명역U플래닛데시앙

주소	경기도 광명시 양지로 7				
준공연월	2019.12	용적률	482%	인근 지하철	1호선 광명역
세대수	1,500세대	건폐율	21%	인근 초등학교	빛가온초등학교

별점평가표	정비사업성 N/A (신축)	실거주 가치 ★★★★

광명역U플래닛데시앙은 광명시 일직동 광명역세권 복합개발지구 내 위치한 대규모 주거단지로, 2019년에 준공된 총 1,500세대 규모의 중대형 신축 아파트이다. 인근 광명역에 KTX가 정차하며, 신안산선 역사 신설 등으로 광역교통망의 핵심이 될 수 있다. 자차 이용 시에도 일직IC를 통해 서해안 고속도로, 제2경인 고속도로, 강남순환도시 고속도로로 빠르게 접근할 수 있고, 동서남북 어디로든 쉽게 이동할 수 있다는 것이 장점이다.

광명역세권 개발지 내 주거·상업·문화 복합 인프라가 집약된 중심축에 위치하여, 대형 상업시설(AK플라자, 롯데몰, 이케아)과 연결되는 입지적 장점과 신도시급 우수한 생활 편의성까지 갖췄다.

그러나 서울 주요 핵심지인 강남 권역과의 물리적 거리가 멀고, 이를 관통하는 핵심 지하철 노선이 부재하여 추후 신안산선 개통을 기대하고 있는 지역이다. 다만, 신안산선 역시 여의도 권역까지만 커버 가능하기에 CBD, GBD까지의 대중교통 편의에는 한계가 있을 것으로 보인다. 광명 일직동의 주거 안정성과 쾌적함, 상권시설에 비해, 대중교통 문제는 개선이 필요하다.

대한민국 최상급지
사다리 갈아타기

초판 1쇄 발행 2025년 7월 7일
초판 2쇄 발행 2025년 7월 17일

지은이 임실장
펴낸이 김선준, 김동환

편집이사 서선행
책임편집 송병규 **편집4팀** 이은애
디자인 엄재선 **부록 디자인** STUDIO 보글
마케팅팀 권두리, 이진규, 신동빈
홍보팀 조아란, 장태수, 이은정, 권희, 박미정, 조문정, 이건희, 박지훈, 송수연, 김수빈
경영관리 송현주, 윤이경, 임해랑, 정수연

펴낸곳 페이지2북스
출판등록 2019년 4월 25일 제2019-000129호
주소 서울시 영등포구 여의대로 108 파크원타워1 28층
전화 070)4203-7755 **팩스** 070)4170-4865
이메일 page2books@naver.com
종이 ㈜월드페이퍼 **출력·인쇄·후가공** 더블비 **제본** 책공감

ISBN 979-11-6985-145-9 (03320)

- 책값은 뒤표지에 있습니다.
- 파본은 구입하신 서점에서 교환해드립니다.
- 이 책은 저작권법에 의하여 보호를 받는 저작물이므로 무단 전재와 복제를 금합니다.